流动性约束下的家庭行为研究

Household Behavior under Liquidity Constraints

岳鹏鹏 著

中国财经出版传媒集团

经济科学出版社
Economic Science Press

图书在版编目（CIP）数据

流动性约束下的家庭行为研究/岳鹏鹏著. --北京：经济科学出版社，2021.6
ISBN 978-7-5218-2653-1

Ⅰ.①流… Ⅱ.①岳… Ⅲ.①消费者行为论 Ⅳ.①F713.55

中国版本图书馆 CIP 数据核字（2021）第 130491 号

责任编辑：杜 鹏 常家凤
责任校对：刘 娅
责任印制：王世伟

流动性约束下的家庭行为研究
岳鹏鹏 著
经济科学出版社出版、发行 新华书店经销
社址：北京市海淀区阜成路甲 28 号 邮编：100142
编辑部电话：010-88191441 发行部电话：010-88191522
网址：www.esp.com.cn
电子邮箱：esp_bj@163.com
天猫网店：经济科学出版社旗舰店
网址：http://jjkxcbs.tmall.com
固安华明印业有限公司印装
710×1000 16 开 13.5 印张 240000 字
2021 年 6 月第 1 版 2021 年 6 月第 1 次印刷
ISBN 978-7-5218-2653-1 定价：69.00 元

序　一

本人在金融学研究领域从事教学科研工作已有三十余年，长期关注中国金融业的发展，也一直跟进科研工作前沿进展。金融系青年教师岳鹏鹏邀我为其编写的专著《流动性约束下的家庭行为研究》作序，我欣然接受。我一向支持青年学者投身金融学的研究领域，勤奋工作，贡献知识增量。青年学者需具有坚韧不拔、开拓进取、勇往直前的探索精神，不断拓展研究领域，发现和提出有价值的研究问题，要善于深入思考，针对现实问题提出独到、深刻的见解。青年学者要不忘初心，坐得住冷板凳，永葆对学术研究的热情和激情，埋头深耕，深入理解和分析中国现实问题，为中国现代化进程的发展贡献自己的光和热。在学院和学校一流专业建设和国际化建设的背景下，青年学者还需“走出去、带回来”，加强与国内外同行和前辈交流合作，夯实科研能力，提高学术声誉，积极参与国内外学术会议，拥有国际视野。青年学者要有社会责任感和历史使命感，勇为青年经济学者发声，誓为中国发声。

家庭是社会的细胞。以家庭为微观主体的家庭金融学术研究有很强的现实意义。中国家庭高储蓄之谜、家庭消费低迷和金融市场有限参与等问题，值得学者们深入研究。本书是岳鹏鹏在家庭金融领域的部分研究成果，涵盖其金融学本科教学课程——家庭金融学的部分内容。基于生命周期理论和永久收入理论，本书关注家庭流动性约束，使用西南财经大学中国家庭金融调查数据，研究发现流动性约束会显著降低家庭储蓄、增加家庭负储蓄概率，提高家庭消费，减少低风险投资而增加高风险投资，促进家庭参与劳动市场，降低家庭幸福的可能性。本书是以家庭微观数据研究中国问题的学术专著，主要有两点贡献：一是基于生命周期理论和永久收入理论，从劳动者收入角度定义家庭流动性约束，丰富了现有文献；二是围绕家庭金融重要研究问题如储蓄、消费和金融市场参与，探究流动性约束下的家庭行为，并提供初步的实证证据。本书可作为青年学者岳鹏鹏科研之路的初期里程碑，对于家庭金融研究领域亦有其边际贡献。

2020 年，北京工商大学金融学成功入选国家级一流本科专业和北京市重点建设一流专业。金融系全体教师和教学科研团队斗志昂扬，砥砺奋进，为专业建设贡献力量，本书亦是北京工商大学金融学一流本科专业建设的成果之一。作为金融学专业学科责任教授，我对一流专业建设取得成功充满信心。

阅读本书，开卷有益。

是为序。

杨德勇

2021 年 5 月

序　二

2015 年 8 月，我调任首都经济贸易大学金融学院。2015 年 10 月，岳鹏鹏来到我的办公室，申请成为硕博连读培养对象并请我做其导师。始于此，岳鹏鹏成为我的学生已五年有余。曾经的青涩博士研究生初出茅庐，而今隐隐有青年学者之姿，我很欣慰。为人师者之大幸，莫过于桃李芬芳。

岳鹏鹏跟随我研究家庭金融。家庭金融以家庭为研究对象，研究家庭使用金融工具实现家庭目标。家庭金融学在不断地快速向前发展。2015 年，诺贝尔经济学奖获得者安格斯·迪顿（Angus Deaton）在其 1997 年所著的 *The Analysis of Household Surveys* 一书中讨论家庭调查数据、计量方法和使用家庭调查数据分析发展政策的问题，启发家庭金融调查数据在学术研究中的应用，进而推动了家庭金融领域的发展。吉斯、哈利阿索斯和亚佩利（Guiso，Haliassos & Jappelli，2002）从理论和实证两个角度深入分析家庭投资组合结构，同时为理解国家间家庭投资组合比较分析提供了原创性研究。在资产定价和公司金融这两个传统金融研究领域外，时任美国金融学协会主席的约翰·坎贝尔（John Campbell）于 2007 年提出探索家庭金融这一新兴研究领域的特征，定义家庭金融研究领域的主要内容是研究家庭如何使用金融工具实现家庭目标，确立了家庭金融领域的研究框架。吉斯和索迪尼（Guiso & Sodini，2013）综述了家庭金融领域近十年研究和进展，凸显了家庭金融研究领域的重要性。亚佩利和皮斯塔费尔（Jappelli & Pistaferr，2017）关注消费，研究内容与储蓄、风险偏好和流动性约束等家庭金融研究问题密切相关，启发了家庭金融领域的研究。坎贝尔（Campbell，2018）通过将收入风险纳入资产定价模型讨论劳动收入对优化投资组合的影响，为建立家庭金融和资产定价的联系提供了新思路。时至今日，越来越多的研究者开始对家庭金融领域的学术问题展开研究。

罗西和特鲁基（Rossi & Trucchi，2016）将流动性约束和劳动市场参与联系在一起，基于生命周期和永久收入理论从个人收入角度定义流动性约束，研究流动性约束对劳动者劳动供给的影响。岳鹏鹏在博士期间关注流动性约束，跟进罗西和特鲁基的研究，检验了我国家庭流动性约束对劳动供给的影响。本书是岳鹏鹏博士论文的延续之作，继续从家庭流动性约束角度研究家庭行为，关注家庭储蓄、消费和金融市场参与等家庭决策。本书使用家庭微观调查数据，研究家庭金融领域的相关问题，建立实证模型估计流动性约束对家庭决策的影响，对理解流动性约束影响家庭行为有着理论贡献。

欣闻北京工商大学金融学入选国家级一流本科专业和北京市重点建设一流专业，经济学院亦获批应用经济学博士点，学校进入了快速发展时期，青年教师获得了更大的成长空间。期望岳鹏鹏抓住机遇，再接再厉，为学校发展、学科建设而努力奋斗！

尹志超

2021 年 5 月

前　言

2015年秋，我开始跟随尹志超教授在家庭金融领域进行学术研究。五年学术训练使我从一名博士生转变为青年科研人员。我逐渐熟悉家庭金融研究范式，也慢慢融入学术界。然而，我的科研之路并非总是坦途。在美国访问期间，当我参加国际学术会议向学者们介绍研究领域时，大多数学者对家庭金融并不熟悉，这让我很忧虑。2019年11月，我在奥兰多参加南方金融协会年会（Southern Finance Association Conference）时，惊讶地发现会场600余名金融学领域的同行中，国内学者少于10人；会议安排的近200篇学术文章报告中，家庭金融领域论文少于10篇。我不禁怀疑家庭金融领域的发展前景，但我丝毫没有放弃，反而激发了很强的使命感。我必须做些什么，我要不遗余力地为家庭金融发声。踏实苦干，既为学院和学校一流专业的国际化建设，也为家庭金融领域的发展。家庭金融是我过往五年的研究领域，也是我未来三十年的学术研究方向，更是我科研热情之所在。在家庭金融领域的研究工作被同行认可，是我的科研理想。因此，我很荣幸能出版一本家庭金融领域的学术专著。

金融学的主要研究领域是资产定价、公司金融、行为金融和家庭金融。家庭金融研究家庭如何使用金融工具实现家庭目标，其研究问题包括家庭金融市场参与、资产配置和投资组合、住房贷款等内容。家庭金融领域发展迅速，研究脉络日益清晰。美国国家经济研究所家庭金融研究组关注的内容有家庭储蓄、投资行为、借贷决策和投资决策；国内学者们关注家庭储蓄与消费、金融市场参与、投资组合、金融知识以及普惠金融等家庭金融研究问题。本书是我在家庭金融领域的部分研究成果，在现有文献的基础上解释了流动性约束下的家庭行为。

家庭流动性约束受到国内外学者的广泛关注，但研究多集中在信贷约束对消费、储蓄、就业和教育等家庭行为的影响。由于信贷配给市场的信息不完全和信息不对称，金融市场的道德风险和逆向选择引起家庭信贷约束，导致家庭在金融资源使用中存在困难和障碍。当家庭无法通过信贷市场获得所需的资金时，开始受到信贷约束。但是，信贷约束不等同于流动性约束。信贷约束是狭义的流动性约束。基于生命周期理论和永久收入理论，本书从劳动者收入角度出发，将当期收入小于永久性收入定义为流动性约束，这是更广义的流动性约束概念。劳动者消费取决于自身的永久性收入。劳动者根据一生收入分配自身消费，实现消费效用最高，而流动性约束成为解释家庭消费行为的主要因素。流动性约束家庭可以参与信贷市场，平滑家庭消费。本书将基于生命周期理论和永久收入理论定义流动性约束，使用中国家庭金融调查的微观数据，研究流动性约束对家庭储蓄、消费、金融市场参与、劳动市场参与和家庭幸福的影响。

感谢北京工商大学对本书出版的资助。本书涵盖金融学本科课程家庭金融学的部分内容，是北京工商大学金融学一流本科专业建设的成果之一。在此，特别感谢杨德勇教授（北京工商大学经济学院金融系专业负责人）、李飞教授（北京工商大学经济学院金融系主任）、倪国华教授（北京工商大学经济学院院长）和尹志超教授（首都经济贸易大学金融学院院长）对我的大力支持。感谢我的学生丁鑫、安正昊、孔曼玉和耿子琪对我的帮助。丁鑫参与了初稿撰写，安正昊、孔曼玉和耿子琪参与了文稿校对。

本书关于流动性约束对家庭行为的影响研究仅仅是起步，未深入分析流动性约束影响家庭行为的机制，还有很多研究问题尚需回答。期待更多学者关注家庭金融领域，对家庭流动性约束相关问题展开进一步研究。同时，敬请广大读者对本书提出宝贵意见。

岳鹏鹏

2021 年 5 月

目　录

第1章　引　　言

1.1　家庭金融简介

家庭金融领域的研究发展迅速。家庭金融、资产定价、公司金融和行为金融成为当前金融学的四大主要研究领域。坎贝尔（Campbell，2006）类比公司金融，将家庭金融定义为家庭如何使用金融工具实现家庭目标。在分析家庭金融研究的两大挑战（数据和模型）后，坎贝尔（2006）分别从家庭金融参与、家庭资产配置、家庭投资组合、家庭住房贷款等角度，给出家庭金融领域的研究框架。

吉斯和索迪尼（Guiso and Sodini，2013）在坎贝尔（2006）将家庭金融定义为家庭如何使用金融工具实现家庭目标的基础上，从理论和实证两方面综述了家庭金融领域近十年的研究，总结分析了包含家庭资产和负债、家庭风险偏好和认知、家庭投资组合决策和家庭信贷参与等内容在内的家庭金融领域研究进展。巴达林扎等（Badarinza et al.，2016）将家庭金融国际比较研究作为家庭金融研究的子领域，在比较13个发达国家家庭资产负债表后，进一步从家庭金融参与、资产和负债、投资组合等方面进行分析并研究家庭金融决策。

在此之后，贝希尔斯等（Beshears et al.，2018）基于美国制度背景和实证研究结果，对家庭金融行为研究领域进行回顾：一方面，家庭金融行为的主要内容包括家庭消费与储蓄、家庭信贷、家庭致富、家庭资产配置和家庭保险五个方面；另一方面，来自企业、政府和其他机构对家庭金融行为的干预主要包括教育（金融知识）、同侪效应与社会影响、金融产品设计、金融顾问与信息披露等。戈梅斯等（Gomes et al.，2020）从四个方面的文献回顾家庭金融研究领域的发展：（1）资产市场参与和生命周期资产配置的理论和实证研究；（2）家庭决策如家庭保险市场决策、家庭交易行为、家庭退休储蓄决策和退休者金融决策等；

(3) 家庭负债如住房贷款、再融资和违约、信用卡短期贷等信贷参与等；(4) 家庭行为受社会的影响如同侪效应、文化因素、家庭内部金融决策、金融知识、认知和教育干预、金融建议等。

在美国国家经济研究所（National Bureau of Economic Research，NBER）家庭金融研究组中，经济学家们对家庭金融领域展开广泛的探索。塞尔德斯（Zeldes，2020）指出，家庭金融研究组主要关注的内容有家庭储蓄、投资组合行为、借贷决策和家庭投资决策。

国内学者对家庭金融领域的研究也日渐丰富。甘犁、尹志超、吴卫星、李涛、易行健、马双、周广肃和张川川等学者的研究为家庭金融领域发展做出贡献。学者们关注家庭金融领域中家庭储蓄、家庭信贷、金融市场参与、家庭投资组合、家庭消费、家庭创业决策、家庭金融知识、家庭房产投资和住房贷款以及家庭普惠金融等重要研究问题。家庭金融领域研究脉络日渐清晰。

1.2 调查数据

中国家庭金融调查（China household finance survey，CHFS）是西南财经大学中国家庭金融调查与研究中心在全国范围内开展的抽样调查项目，旨在收集有关家庭金融微观层次的相关信息，主要内容包括住房资产与金融财富、负债与信贷约束、收入与消费、社会保障与保险、代际转移支付、人口特征与就业，以及支付习惯等相关信息，以便为学术研究和政府决策提供高质量的微观家庭金融数据，对家庭经济、金融行为进行了全面细致的刻画。表 1 - 1 简要报告了本书所使用的 2011 年、2013 年、2015 年和 2017 年中国家庭金融调查数据样本情况。

表 1 - 1　　中国家庭金融调查数据样本　　单位：个

年份	省份	城市	区县	社区	家庭	个人
2011	25	NA*	80	320	8 438	29 324
2013	29	168	268	1 021	28 142	97 916
2015	29	172	351	1 362	37 289	133 183
2017	29	172	355	1 417	40 011	127 012

注：NA* 表示数据缺失。

1.3 家庭特征

1.3.1 收入不平衡

党的十九大明确提出，到21世纪中叶要把我国建设成富强民主文明和谐美丽的社会主义现代化强国。实现社会主义现代化强国这一目标，要求消除家庭收入不平衡，做到收入分配公平。近些年来，越来越多的国内外学者开始关注我国的居民收入问题，关于收入不平衡的研究主要集中于地区之间的收入不平衡、城乡之间的收入不平衡和城乡内部之间的收入不平衡。图1-1使用中国家庭金融调查数据和司尔亚司数据信息有限公司提供的全球数据库，报告了全球主要国家的收入基尼系数。2019年中国家庭收入基尼系数为0.55，高于美国、英国、德国等发达国家。

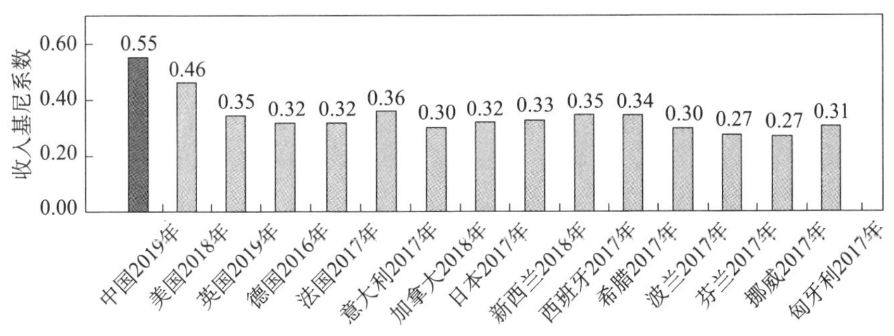

图1-1 世界主要国家收入基尼系数

资料来源：司尔亚司数据信息有限公司（CEIC）全球数据库。

国外学者对家庭收入在区域之间不平衡的研究始于20世纪80年代（Demurger，2002；Wei and Kim，2002；Kanbur and Zhang，2005），不过这些文献在解释导致上述现象的原因时各有侧重，德默格等（Demurger et al.，2002）认为，自然禀赋是影响区域间收入差距的主要因素；很多研究指出政策是导致区域间收入不平衡的最关键因素（Kanbur and Zhang，2005；Wang，2007）；还有部分文献探讨了工业化、资源的流动等因素对区域间收入不平等的影响（Wei and Kim，2002）。万等（Wan et al.，2007）根据面板数据，利用Shape分解法发现，国内资本已成为影响区域间收入不平等的最主要因素，全球化是影响区域间收入不平等的重要因素且其贡献率呈上升趋势，私有化对区域间收入不平等的影响也快速增长，而城镇化则有利于降低区域间的不平等。

就我国城乡间的收入不平衡而言，欧阳志刚（2014）基于一价定律和泰尔指数度量了中国城乡经济一体化和城乡收入差距，研究发现，改革初期城乡经济的持续分割导致城乡收入差距的扩大；20 世纪末期，随着城乡再平衡政策的实施，城乡经济呈现一体化趋势，城乡经济的一体化阻止了城乡收入差距的扩大。基于 ESDA - GIS、空间变异函数、重心迁移与趋势面分析等方法，潘竟虎（2014）对 2000 年和 2011 年全国 343 个地级及以上城市城乡收入差距的空间分异格局、总体趋势、空间异质性和相关性进行研究发现，中国地级城乡收入差距空间差异显著。基于政府发展战略的视角而言，陈斌开和林毅夫（2013）发现，旨在鼓励资本密集型部门优先发展的政府战略，会造成城市部门就业需求的相对下降，进而延缓城市化进程，使得农村居民不能有效地向城市转移，城乡收入差距扩大。

1.3.2 家庭债务

家庭信贷是家庭金融研究领域的关键问题。很多学者关注家庭信贷（Mian et al.，2017；Cloyne and Surico；2017；Donaldson et al.，2018；Donaldson et al.，2019）。金融发展使得金融市场在多个维度拓展，例如，传统方式上金融机构消除借贷歧视（Ladd，1998）以及其他的借贷方式如 P2P（Davis and Murphy，2016）和小微金融服务公司（Mushtaq and Bruneau，2019）等。金融机构在持续不断地创新和发展，实现资金的融通与分配，支持经济增长。金融科技衍生出更多方式实现金融普惠（Gabor and Brooks，2017）。随着各国政府和世界银行开始重视通过数字金融实现金融普惠，学术界也展开了广泛研究（Demirguc-Kunt and Klapper，2013；Gabor and Brooks，2017；Ozili，2018；Mushtaq and Bruneau，2019）。

融资决策是家庭金融的重要研究方向（陶春生，2017）。微观融资需求的多样性，如生产性、消费性和习惯性，导致民间借贷是必然的金融现象（张文俊和文良旭，2002）。熊学萍等（2007）认为，农村家庭信用意识强烈，但金融参与意识薄弱。尽管钟春平等（2010）认为安徽农村家庭融资需求基本可以满足，但余泉生和周亚虹（2014）认为农村家庭在农业生产、工商业经营、消费等资金需求方面受到的约束程度较高，显著降低了农村家庭的福祉和平均生产收入，并认为民间金融在缓解农村家庭信贷上比正规金融作用更大。相比于正规金融，民间借贷的比较优势在于更低的交易成本和更直接的自发激励机制（张胜林等，

2002)，例如，关系和社交网影响家庭非正规信贷（孙永苑等，2016；周小刚和陈熹，2017)，这使得民间借贷发展迅速，1978～2008 年，民间金融市场贷款规模年均增长率达 17.8%（李建军，2010)。在数字金融发展之前，农村家庭对民间互助性借贷意愿更为强烈，这可能与借贷抵押品相关。杨汝岱等（2011）指出，在现有农村残缺产权制度体系安排下，农村主要生产要素土地和主要财产住房都无法作为抵押品进入市场，极大地制约了农村正规金融市场的发展。徐丽鹤和袁燕（2013）认为，低收入群体由于拥有较低的社会资本，向高收入群体借贷时，需要支付较高利率。孔荣等（2009）使用农户调查数据，发现农村家庭难以从正规渠道取得信用贷款的主要原因是缺乏从正规金融机构获得无抵押条件下的信任。人际信任和制度信任对农村家庭接待有显著作用（周小刚和陈熹，2017)。陈鹏和刘锡良（2011）研究农村家庭融资选择行为，通过分析全国 10 个省区市的调查数据发现，农户融资显著偏向内源融资。正规金融机构在农村金融市场上信息处理能力存在不足（王元，2006)，依托互联网和数字技术的新型借贷服务模式，在信息采集和使用方面比传统银行模式更有优势（刘征驰和赖明勇，2015)。张三峰等（2013）发现，信用评级后的农村家庭更愿意从农村信用社融资，指出信用评级在促进农村家庭借贷行为方面有积极作用。邓路等（2014）研究民间金融、制度环境与地区经济增长发现，民间金融对民营企业的业绩有显著负面影响。孙同全（2017）使用农业部农村固定观察点数据，以信贷供给视角分析需求方的家庭财务状况发现，借款家庭缺乏流动资金、现金流不稳定、缺乏信贷抵押物，信用评价体系和信用资产价值可改善农户家庭资产结构。宋全云等（2017）发现，金融知识水平的提高能显著提升家庭正规信贷可得性。

过度负债会使家庭承担落入负债陷阱的风险（Karlan et al.，2019)。涂荣庭等（2008）研究信用卡市场，建立“卡奴”形成机制理论，指出台湾地区消费者因无力偿还信用卡欠款而导致严重社会问题，影响经济发展。涂荣庭等（2008）认为，“卡奴”现象爆发是因为银行营销和无门槛滥发、诱导消费者消费、提供过高信用额度和高额贷款利率导致。陈斌开和李涛（2011）利用中国家庭城镇居民经济状况与心态调查数据，考察我国城镇居民家庭资产与负债的现状和成因，研究发现户主年龄较小、教育水平较低和健康状况较差以及人口规模较大的家庭更容易受到金融市场不利冲击的影响。同时，陈斌开和李涛（2011）指出，不利的金融冲击不仅影响低收入家庭，对高收入家庭也有重要影响。尽管数字金融发展可以提高融资效率，但是在 P2P 网络借贷等数字金融形式中的借款者却主要是无法从银行等传统金融机构中获得贷款、没有财产抵押、信用等级不高的低收入群体（李悦雷等，2013）。李悦雷等（2013）使用拍拍贷数据，发现“羊群效应”影响投资人的决策，并强于借款人信息描述。周雄伟等（2017）使用拍拍贷平台的“拍活宝”数据研究 P2P 平台借款人的筹资效率发现，P2P 平台参与度可以加强“羊群效应”，提高借款人的筹资效率。但投资者风险识别能力较低（王修华等，2016），这可能引发违约风险，从而使得借款者落入负债陷阱。王会娟和廖理（2014）指出，当前“人人贷”信用认证机制存在评级指标单一的局限性。何启志和彭明生（2016）发现网贷利率波动的风险累积效应，指出网贷市场对风险冲击的反应能力和识别能力有待加强。刘哲希和李子昂（2018）研究结构性去杠杆进程中家庭部门是否应该加杠杆的问题，并通过数值模拟实验发现，家庭部门加杠杆将抑制居民消费支出的增长，导致居民投机性行为显著增加，引起经济产出水平更大幅度的下滑。塞兹和扎克曼（Saez and Zucman，2016）发现，收入分配最低的家庭债务显著增加。尹志超和仇化（2019）关注金融知识的作用，发现金融知识显著促进互联网金融参与，建议普惠金融知识教育，推动投资者理性决策。

中国人民银行对我国住户部门债务风险重视程度不断提升。自 2005 年起，中国人民银行每年发布《中国金融稳定报告》，评估我国金融体系的稳健性，积极防范化解金融风险。笔者通过追踪阅读《中国金融稳定报告》发现，中国人民银行于 2010 ~ 2013 年在报告中增设住户部门财务状况分析，2014 ~ 2017 年把住户部门财务状况纳入中国经济金融运行报告内容，2018 年和 2019 年连续两年以专题形式重点报告我国住户部门债务分析。《中国金融稳定报告（2019）》指出，与其他国家相比，我国住户部门债务风险并不突出，住房信贷政策也更为审慎，但债务分布不均衡，部分地区住户部门和一些低收入家庭杠杆率相对较高。

关注住户部门债务风险变化，防范家庭部门债务水平过快上涨，是中国人民银行的重点工作。武汉大学的潘敏和荆阳在《光明日报》发文，分析我国家庭部门杠杆率变化趋势及影响，他们指出发达经济体居民杠杆率平均为 61.20%，发展中经济体居民杠杆率平均为 39.80%，而我国家庭杠杆率由 2008 年的 17.90% 上升至 2017 年的 48.40%，建议通过增加家庭收入和财富水平降低杠杆。基于世界银行数据，通过横向比较 1960 ~ 2018 年我国与世界部分国家的家庭杠杆率情况发现，我国家庭部门杠杆率上升速度相对较快，2018 年，我国家庭部门杠杆率仅低于美国和日本，高于英国、世界平均水平、法国、德国、俄罗斯和印度。

当前我国住户部门杠杆率相对较高，已超过发达经济体居民平均杠杆率（61.20%）。根据《中国金融稳定报告》、中国人民银行统计调查司数据和2019年中国家庭金融调查数据，图1－2具体地展示了我国住户部门杠杆率的变化趋势。2018年我国住户部门杠杆率增加至60.40%；使用2019年中国家庭金融调查数据，测算2019年我国住户部门杠杆率约为63.30%。

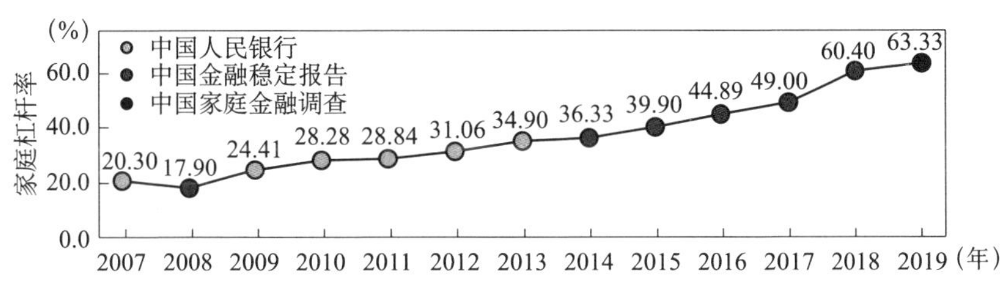

图1－2 中国住户部门杠杆率

资料来源：国家统计局、中国人民银行和中国家庭金融调查数据。

使用2019年中国家庭金融调查数据和国家统计局数据测算估计，我国约有189万户家庭落入负债陷阱，无力偿还贷款。中国社科院学部委员李扬建议用居民债务和可支配收入之比作为居民债务除以国内生产总值（GDP）的替代方法。使用居民债务和可支配收入计算住户部门杠杆率发现，我国住户部门杠杆率从2013年的79.67%上升至2019年的128.57%。西南财经大学和蚂蚁金服联合发表的《中国居民杠杆率和家庭消费信贷问题研究报告》指出，2018年人均可支配收入被低估了约18万亿元。将18万亿元补充到可支配收入后发现，2018年住户部门杠杆率为74.61%，仍表明我国住户部门杠杆率相对较高。

1.4 流动性约束

发达国家和发展中国家的家庭都可能面临流动性约束问题。美国流动性约束家庭比例大约为19%（Hubbard et al.，1986），日本流动性约束家庭比例约为16%（Hayashi，1985）；尹志超等（2015）基于2011年中国家庭金融调查数据测算中国有大约21.6%的家庭受到流动性约束。大量学者研究指出，中国农村家庭普遍面临着较为严重的流动性约束（朱喜和李子奈，2006；许圣道和田霖，2008；黄祖辉等，2009；程郁等，2009；程恩江和刘西川，2010）。因此，家庭流动性约束问题普遍存在于各个国家，在中国也很突出。

家庭流动性约束一直受到国内外学者的广泛关注和研究，但已有研究多集中在研究信贷约束对消费、储蓄、就业、教育等家庭行为的影响。信贷约束影响家庭耐用品（Mariger，1986）和房产购买（Yamashita，2007）等消费行为，且会提高家庭储蓄率（Jappelli and Pagano，1994），增加预防性储蓄（Carroll，2001；Gross and Souleles，2002；Nirei，2006；Lee and Sawada，2010）。政策支持可缓解家庭信贷约束，引导家庭行为，如退耕还林项目缓解家庭信贷约束，鼓励参与非农就业（Uchida et al.，2009）；正规信贷约束抑制农户创业（刘杰和郑风田，2011），信贷约束可以解释创业收入的性别差异（Rybczynski，2009）。信贷约束会降低农户家庭收入（Dong et al.，2010；余泉生和周亚虹，2014），在家庭成员受教育方面也起决定性作用（Sun and Yannelis，2016）。

在生命周期理论和永久收入假说下，流动性约束成为解释家庭消费行为的主要因素（Attanasio and Weber，2010；Deaton，1992）。弗莱文（Flavin，1981）指出，因未来收入预期的改变影响消费，体现了流动性约束的影响。同时，消费偏好也会受到流动性约束的影响（Garcia et al.，1997；Jappelli et al.，1998）。万广华等（2001）发现，流动性约束和不确定性降低了居民现期消费水平和预期消费增长率。流动性约束也影响家庭储蓄和创业等行为。甘犁等（2018）从收入分配和流动性约束视角研究中国家庭储蓄率问题发现，流动性约束会显著提高家庭储蓄率。在创业行为方面，周京奎和黄征学（2014）发现，住房政策改革降低流动性约束，提高职工创业可能性。

基于生命周期和永久收入假说理论，劳动者消费取决于自身的永久性收入，劳动者根据一生收入分配自身消费，实现消费效用最高。流动性约束家庭可以通过信贷平滑家庭消费。当个体无法通过信贷市场获得所需的资金时，开始受到信贷约束。由于信贷配给市场的信息不完全和信息不对称（程郁等，2009），金融市场的道德风险和逆向选择引起家庭信贷约束，导致家庭金融资源使用存在困难和障碍（Stiglitz and Weiss，1981），这是家庭信贷约束产生的根本原因。亚佩利（Jappelli，1990）利用美国消费者金融调查（SCF）数据进行研究，表明年龄、资产、当年收入与家庭受信贷约束的概率负相关，而单身、没有住房和非白人家庭更有可能面临信贷约束。贝尼托和穆姆塔兹（Benito and Mumtaz，2009）使用1992~2002年英国家庭面板调查数据（British household panel survey，BHPS），以转换回归框架研究受约束家庭，联合似然方程和家庭欧拉方程评估家庭是否受到流动性约束发现，缺少流动性资产、房屋净值为负、年轻、未婚及更高受教育水平的家庭更容易受流动性约束。法鲁基和托尔恰尼（Faruqui and Torchani，2012）使用2000～2007年加拿大家庭金融信息的微观数据进行研究，指出持有较少流动性资产、较高受教育水平、房屋净值较低及未婚的年轻家庭更容易受流动性约束。

研究流动性约束对家庭行为的影响，识别流动性约束家庭是本书研究的关键。在很多研究中，学者们将流动性约束与信贷约束视作相同概念；也有学者认为信贷约束与流动性约束存在差异，从其他角度如家庭资产、信用卡持有、收入与永久性收入的比较关系等定义流动性约束。接下来，本书梳理了文献中流动性约束的多种定义方式。

从信贷约束角度（Black and Strahan，2002；程郁和罗丹，2009），信贷约束有两方面来源：信贷需求和信贷供给。在信贷需求方面，交易成本和贷款拒绝率较高，无信心借款人将主动放弃贷款申请（Baydas et al.，1994）；在信贷供给方面，金融机构严格的信贷条件（Boucher et al.，2008）增加了家庭申请被拒的可能性，或是仅满足家庭部分信贷需求。家庭信贷申请被拒、有需求未申请和需求未满足是家庭受到信贷约束的三种主要原因。费德等（Feder et al.，1990）、亚佩利（1990）和吉斯等（1996）等在研究信贷约束家庭时，使用美国消费者金融调查数据，用贷款担心被拒而未申请和申请贷款被拒定义信贷约束。本韦努蒂等（Benvenuti et al.，2015）参考亚佩利（1990）定义信贷约束的方式，从申请贷款被拒和贷款担心被拒而未申请的角度，定义流动性约束家庭。

从家庭财富水平角度，埃文斯和礼顿（Evans and Leighton，1989）通过创业者面临流动性约束解释财富和创业之间的正向关系。埃文斯和约万诺维奇（Evans and Jovanovic，1989）构建流动性约束静态模型，发现受流动性约束影响的创业者有财富水平低的特征。蔡栋梁等（2018）也用家庭净财富水平解释流动性约束对创业概率的影响。

流动性约束也可以从个体缺乏金融资产（Zeldes，1989；Johnson et al.，2006）角度定义。林（Hayashi，1985）指出，缺乏足够流动性资产的家庭受到流动性约束。赛尔德斯（Zeldes，1989）提出，家庭持有少于2个月价值的存款或非住房资产少于12个月平均可支配收入的2倍时，家庭受到流动性约束。尼雷（Nirei，2006）认为，消费超过家庭平均3个月的工资收入时，家庭受到流动性约束。根据现有文献的研究，流动性约束指标可以从信贷约束、资产不足、收入与永久性收入比较等多个角度考虑。费德等（1990）、亚佩利（1990）和吉斯等（1996）等在研究信贷约束家庭时，使用的美国消费者金融调查数据，用“贷款担心被拒而未申请”和“申请贷款被拒”作为信贷约束的度量，考察了信贷约束。本韦努蒂等（2015）参考亚佩利（1990）定义信贷约束的方式，从申请贷款被拒和贷款担心被拒而未申请的角度，定义了受流动性约束家庭。林（1985）同时指出，缺乏足够流动性资产的家庭受到流动性约束。塞尔德斯（1989）也提出，家庭持有少于2个月价值的存款或非住房资产少于12月平均可支配收入的两倍时受到流动性约束。尼雷（2006）参考赛尔德斯（1989），认为消费超过家庭平均3个月的工资收入时，受到流动性约束。

流动性约束还可以从个体当前收入低于永久性收入来定义。罗西和特鲁基（Rossi and Trucchi，2016）使用2000～2010年意大利银行对家庭收入和财富调查（SHIW）数据比较意大利男性劳动者的当前收入与永久性收入，定义流动性约束的男性劳动者，研究流动性约束与劳动供给之间的关系。

在比较文献中流动性约束的多种定义方式时，本书研究发现，从信贷约束或家庭资产等角度定义流动性约束时，局限在家庭单位；研究个体劳动约束时，或在生命周期理论和永久收入假说下定义流动性约束时，使用劳动者收入小于永久性收入的定义方式更为恰当；同时，定义家庭流动性约束时，数据可得性是重要因素。

1.5 本章小结

家庭金融研究家庭如何使用金融工具实现家庭目标。家庭金融领域的研究框架包括家庭金融参与、家庭资产配置、家庭投资组合、家庭住房贷款等内容。美国国家经济研究所家庭金融研究组主要关注的内容有家庭储蓄、投资组合行为、借贷决策和家庭投资决策。国内学者们关注家庭金融领域中家庭储蓄、家庭信贷、金融市场参与、家庭投资组合、家庭消费、家庭创业决策、家庭金融知识、家庭房产投资和住房贷款，以及家庭普惠金融等重要研究问题。家庭金融领域的研究脉络日渐清晰。

研究家庭金融问题需要微观家庭数据。中国家庭金融调查与研究中心的中国家庭金融调查数据是在全国范围内开展的抽样调查项目，收集有关家庭金融微观层次的相关信息，主要内容包括住房资产与金融财富、负债与信贷约束、收入与消费、社会保障与保险、代际转移支付、人口特征与就业，以及支付习惯等相关信息，对家庭经济、金融行为进行了全面细致的刻画。

本章简要介绍了中国家庭的两个特征：收入不平衡和家庭债务。党的十九大明确提出，到21世纪中叶要把我国建设成富强民主文明和谐美丽的社会主义现代化强国。实现社会主义现代化强国，就必须消除家庭收入不平衡，实现收入分配公平。近年来，越来越多的国内外学者开始关注我国的居民收入问题，关于收入不平衡的研究主要集中于地区之间的收入不平衡、城乡之间的收入不平衡和城乡内部之间的收入不平衡。我国家庭收入基尼系数相对较高。

家庭信贷是家庭金融研究领域的关键问题，融资决策是家庭金融学的重要研究方向。过度负债会使家庭承担落入负债陷阱的风险。近年来，中国人民银行对我国住户部门债务风险重视程度不断提升。关注住户部门债务风险变化，防范家庭部门债务水平过快上涨，成为中国人民银行的重点工作。当前，我国住户部门杠杆率已超过发达经济体居民平均杠杆率，住户部门杠杆率相对较高。使用2019年中国家庭金融调查数据和国家统计局数据测算估计，我国约有189万户家庭落入负债陷阱，无力偿还贷款。使用居民债务和可支配收入计算住户部门杠杆率发现，我国住户部门杠杆率已经从2013年的79.67%上升至2019年的128.57%。西南财经大学和蚂蚁金服联合发表的《中国居民杠杆率和家庭消费信贷问题研究报告》指出，2018年人均可支配收入被低估了约18万亿元。将18万亿元补充到可支配收入后发现，2018年住户部门杠杆率为74.61%，仍表明我国住户部门杠杆率相对较高。

发达国家和发展中国家的家庭都可能面临流动性约束问题。家庭流动性约束一直受到国内外学者的广泛关注和研究，但已有研究多集中在研究信贷约束对消费、储蓄、就业、教育等家庭行为的影响。在生命周期理论和永久收入假说下，流动性约束成为解释家庭消费行为的主要因素。基于生命周期和永久收入假说理论，劳动者消费取决于自身的永久性收入，劳动者根据一生收入分配自身消费，实现消费效用最高。流动性约束家庭可以通过信贷平滑家庭消费。当个体无法通过信贷市场获得所需的资金时，开始受到信贷约束。由于信贷配给市场的信息不完全和信息不对称，金融市场的道德风险和逆向选择引起家庭信贷约束，导致家庭金融资源使用存在困难和障碍，这是家庭信贷约束产生的根本原因。

研究流动性约束对家庭行为的影响，识别流动性约束家庭是本书研究的关键。本章梳理了文献中对流动性约束的定义方式。在很多研究中，学者们将流动性约束与信贷约束视作相同概念；也有学者认为信贷约束与流动性约束存在差异，从其他角度如家庭资产、信用卡持有、收入与永久性收入的比较关系等定义流动性约束。本书认为，在生命周期和永久收入假说下定义流动性约束时，使用劳动者收入小于永久性收入的定义方式更为恰当。

第 2 章　流动性约束与储蓄

中国家庭高储蓄率之谜一直备受研究者关注。根据国家统计局计算储蓄率的方法，即居民储蓄率为住户部门总储蓄与住户部门可支配收入之比，图 2－1 报告了 2013～2019 年我国家庭储蓄率。可见，我国家庭储蓄率不断上升，接近 30%。

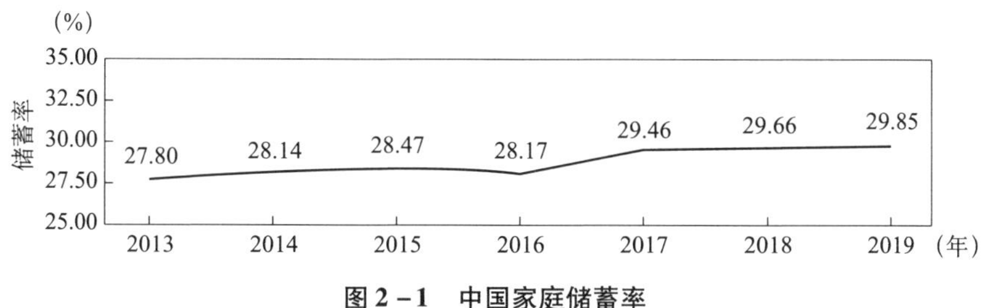

图 2－1　中国家庭储蓄率

资料来源：国家统计局。

我国家庭储蓄率水平与其他国家比较是怎样的？为进一步横向比较我国家庭储蓄率在世界主要国家中所处的水平，本章使用司尔亚司数据信息有限公司（CEIC）全球数据库得到世界主要国家储蓄率，如图 2－2 所示。由图 2－2 可知，中国、日本、德国、芬兰和挪威等储蓄率相对较高，而美国、英国、法国、加拿大等储蓄率相对较低。

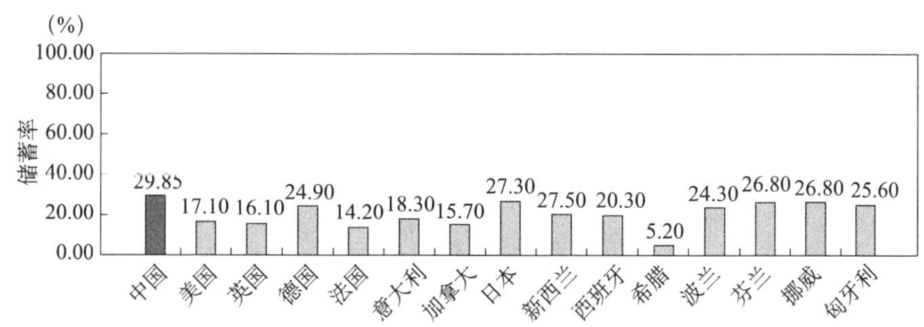

图 2－2　世界主要国家储蓄率

资料来源：司尔亚司数据信息有限公司（CEIC）全球数据库。

2.1 家庭储蓄

家庭储蓄行为是家庭金融研究领域的重要议题。家庭储蓄率和国家民主、经济发展、家庭状况、个体退休计划等密切相关（Leff，1969；Levhari and Srinivasan，1969；Hubbard and Judd，1987；Hurd，1987；Thaler，1990；Cole et al.，1992；Thaler，1994；Banks et al.，1998；Kraay，2000；袁志刚和宋铮，2000；Krusell and Smith，2003；Modigliani and Cao，2004；Horioka and Wan，2006；Curtis et al.，2011；Cobb-Clark et al.，2016；Duchin et al.，2017；Faulkender et al.，2019）。从 1970 年开始，中国家庭储蓄率保持稳定上升趋势（周俊山和尹银，2011），中国家庭有“低消费、高储蓄”的特点（沈坤荣和谢勇，2012），高储蓄也是国内外关注的“中国谜”（白重恩等，2012），从 1992 年开始居民部门储蓄率呈逐步下降趋势（李扬和殷剑峰，2007）。

很多学者就中国家庭储蓄率问题展开研究，例如，何立新等（2008）研究养老金财富对家庭储蓄率的影响，周俊山和尹银（2011）研究计划生育政策对储蓄率的影响，格鲁伯和叶洛兹（Gruber and Yelowitz，1999）以及麦克林（McLean，2011）研究保险和储蓄，沈坤荣和谢勇（2012）关注不确定性收入对城镇居民储蓄率的促进作用，白重恩等（2012）探索养老保险缴费对家庭储蓄率影响，刘生龙等（2012）在生命周期模型基础上检验预期寿命对家庭储蓄率的影响，董丽霞和赵文哲（2013）研究经济发展、人口转变和家庭储蓄率之间的关系，杨继军和张二震（2013）关注人口年龄结构对家庭储蓄率的影响，易行健等（2008）、易行健等（2012）、易行健等（2014）、张勋等（2014）和尹志超等（2020）则重点研究农村家庭储蓄率行为。

相比学者从不同角度研究储蓄率的影响因素，本书的主要不同之处在于，基于凯恩斯货币需求理论，从流动性偏好理论回顾家庭货币需求动机，即在交易动机、预防动机和投机动机的基础上，引入风险敏感理论假设（Mishra et al.，2015），认为流动性约束家庭更偏爱风险而降低预防性储蓄，其家庭行为则会表现为储蓄率降低、金融市场风险投资参与增加等。这将是本书的主要研究假设和视角。

2.2　消失的储蓄与负储蓄

2.2.1　实证策略

参考尹志超和张诚（2019）的做法，本章使用家庭收入与消费之差同家庭收入的比计算家庭储蓄率。考虑到部分家庭在借贷或使用存款消费时，存在家庭消费大于家庭收入而产生负储蓄的情况，本章定义当家庭储蓄率为负值时家庭储蓄率为0。同时，本章定义家庭负储蓄哑变量，将负储蓄家庭赋值为1，否则为0。因此，本章将从家庭储蓄率和家庭负储蓄两个角度研究流动性约束对家庭储蓄的影响。

本章的关键是如何定义家庭流动性约束。本章将使用“劳动者收入小于永久性收入”的定义方式来定义劳动个体的流动性约束，主要原因是中国家庭金融调查数据在追踪家庭中存在统计口径差异，不同年份的问卷内容存在调整。本章使用“劳动者收入小于永久性收入”的方式来定义劳动个体的流动性约束，然后将成员受到流动性约束的家庭定义为流动性约束家庭。已有文献常从信贷约束视角和资产不足视角等对流动性约束进行定义。因此，本章也将采用亚佩利（1990）对家庭信贷约束的定义方式，将信贷申请被拒和有信贷需求却不敢申请的家庭定义为信贷约束家庭，然后估计信贷约束家庭对家庭储蓄的影响，并将其估计结果与流动性约束对家庭储蓄的影响进行比较分析。

参考罗西和特鲁基（2016）的做法，本章基于生命周期和永久收入理论，将当前收入低于永久性收入的劳动者定义为流动性约束劳动者。永久性收入包含对未来收入的预期。劳动者个体通过参考生活在同一地区相同性别和教育水平人群在具体年龄时的历史收入来预期自己的未来收入。具体而言，使用 2011 年和 2013 年生活在同一省内的劳动者样本，通过当前收入在性别、年龄、年龄平方和受教育层次进行回归，然后针对该地区 2013 年劳动者具体的性别、年龄、受教育层次进行拟合，计算出该劳动个体 2013 年的收入预期。类似地，使用 2011 ~ 2015 年调查数据，计算 2015 年劳动个体的收入预期；使用 2011 ~ 2017 年调查数据，计算 2017 年劳动个体的收入预期。参考罗西和特鲁基（2016）和迪顿（Deaton，1992），计算劳动者在年龄 t 的永久性收入：

$$y^{P} = \frac{r}{1+r}\left[1-\frac{1}{(1+r)^{(T-t+1)}}\right]^{-1}[H_t + A_t] \qquad (2-1)$$

其中，个体寿命 T 设定为 80 岁，利率 r 设定为 2%。劳动者个体的永久性收入包含了对未来预期的劳动收入 H_t 和财富 A_t。

参考罗西和特鲁基（2016）的研究，在计算得到劳动者永久性收入后，本章通过比较当前收入和永久性收入确定劳动者是否受到流动性约束，然后将受到流动性约束成员的家庭定义为流动性约束家庭。表 2-1 报告了所用样本的变量描述性统计结果。

表 2-1　　变量描述性统计

变量	样本量	均值	标准差	最小值	最大值
家庭储蓄率	53 112	0. 321 0	0. 289 0	0	0. 986 4
负储蓄	53 112	0. 313 9	0. 464 1	0	1
流动性约束	53 112	0. 553 1	0. 497 2	0	1
年龄	53 112	37. 792 8	10. 726 1	16	60
女性	53 112	0. 384 9	0. 486 6	0	1
受教育年限	53 112	4. 398 0	1. 810 8	1	9
家庭有 1 个孩子	53 112	0. 338 3	0. 473 1	0	1
家庭有多个孩子	53 112	0. 123 4	0. 328 9	0	1
在私企工作	53 112	0. 860 9	0. 346 0	0	1
已婚	53 112	0. 737 4	0. 440 0	0	1
有房	53 112	0. 911 3	0. 284 3	0	1
家庭收入	53 112	91 411	83 279	0. 350 0	438 250
家庭净财富	53 112	934 587	1 437 996	-23 517	8 791 854
农村	53 112	0. 261 8	0. 439 6	0	1

本章关注家庭储蓄，被解释变量为家庭储蓄率。从表 2-1 可知，我国家庭之间的储蓄率存在较大差异，储蓄率最小的家庭为 0，储蓄率最大的家庭为 0. 986 4，均值为 0. 321 0。样本中负储蓄家庭比例为 31. 39%。主要解释变量为流动性约束，样本中有 55. 31% 家庭为流动性约束家庭。

实证模型中控制变量有户主和家庭两个层面变量。在户主层面，本章选取户主年龄、性别、受教育年限、在私企工作、婚姻状况作为控制变量。其中，户主年龄的最小值为 16，最大值为 60，均值为 37. 792 8。户主性别上，本章定义女性哑变量，当家庭户主为女性时赋值为 1，否则为 0。从表 2-1 可以得知，在本章的 53 112 个样本家庭中，女性户主家庭比例约为 38. 49%。在家庭层面，本章选取家庭中有 1 个孩子、家庭中有多个孩子、家庭住房情况、家庭收入与家庭净财富、家庭所在地为农村作为控制变量。其中，家庭有 1 个孩子、家庭有多个孩子、户主婚姻状况、有房、家庭在农村均为哑变量。在样本家庭中，户主受教育年限最大值为 9 年，最小值为 1 年，均值为 4.40 年。家庭收入的最小值为 0.350 0 元，最大值为 438 250 元，均值为 91 411 元。家庭净财富的最小值为 -23 517 元，最大值为 8 791 854 元，均值为 934 587 元。

本章将使用线性模型，实证检验流动性约束对家庭储蓄率的影响。模型设定如下：

$$SavingRate_{it} = \alpha + \beta LiquidityConstraint_{it} + X_{it}\gamma + u_{it} \tag{2-2}$$

其中，$SavingRate_{it}$是家庭储蓄率。$LiquidityConstraint_{it}$是家庭流动性约束，是哑变量，当家庭有成员受到流动性约束时赋值为 1，否则为 0。X_{it}是控制变量，残差项是u_{it}。同时，考虑到调查发生在不同年份和省份，本章控制了年份和省份固定效应。本章将使用最小二乘估计方法和面板固定效应估计方法，检验流动性约束对家庭储蓄率的影响。

实证模型中可能存在的内生性问题主要来自逆向因果和遗漏变量两方面。第一，家庭储蓄可能对成员工作勤奋等产生影响，影响劳动者流动性约束。第二，实证模型可能遗漏一些共同影响家庭储蓄行为和流动性约束状态的变量，如家庭内部和谐程度等变量，而潜在的遗漏变量对模型估计结果的影响程度是不确定的。因此，为了消除模型可能存在内生性导致估计结果有偏的担忧，本章使用社区其他家庭流动性约束比例作为家庭流动性约束的工具变量，在稳健性检验部分使用两阶段最小二乘法进行估计。

为了估计流动性约束对家庭负储蓄可能性的影响，本章建立线性概率模型进行检验。模型设定如下：

$$NegativeSaving_i = \alpha + \beta LiquidityConstraint_i + X_i\gamma + \varepsilon_i \tag{2-3}$$

其中，$\varepsilon_i \sim N(0, \sigma^2)$。其中，$NegativeSaving_i$是家庭负储蓄，是哑变量，当家庭收入小于家庭储蓄，即家庭储蓄为负值时赋值为 1，否则为 0。$LiquidityConstraint_i$是家庭流动性约束，X_i是控制变量，ε_i是残差项。

2.2.2　基准回归

为了检验流动性约束对我国家庭储蓄率的影响，本章通过构建线性模型进行实证检验。表2-2报告了流动性约束对家庭储蓄率的估计结果。其中，第（1）列和第（2）列分别使用最小二乘法（OLS）和面板固定效应（FE）的估计方法。两种估计方法的结果都显示流动性约束对家庭储蓄率有显著的负向影响，这表明流动性约束会显著降低家庭储蓄率。由第（2）列面板固定效应的估计结果可知，家庭流动性约束对家庭储蓄率的估计系数为-0.027 2，在1%的显著性水平显著。这意味着，当家庭受到流动性约束时，家庭储蓄率会降低2.72%，即流动性约束可导致我国家庭储蓄水平下降8.5%。从控制变量来看，家庭有孩子会显著降低储蓄率。户主在私企工作，家庭储蓄率会更高，这可被预防性储蓄理论所解释。本章也发现，家庭收入与家庭储蓄率显著正相关，而家庭净财富与家庭储蓄之间并没有显著关系。

表2-2　　流动性约束对家庭储蓄率的影响

变量	（1）OLS 家庭储蓄率	（2）FE 家庭储蓄率
流动性约束	-0.046 0*** (0.002 8)	-0.027 2*** (0.005 7)
年龄	-0.005 4*** (0.000 8)	-0.002 3 (0.002 4)
年龄平方	0.000 1*** (0.000 0)	0.000 0 (0.000 0)
女性	-0.009 6*** (0.002 1)	
受教育年限	-0.006 5*** (0.000 8)	
家庭有1个孩子	-0.033 6*** (0.002 5)	-0.020 3** (0.008 5)
家庭有多个孩子	-0.053 8*** (0.003 6)	-0.042 7*** (0.014 0)
在私企工作	0.016 9*** (0.003 3)	0.014 4*** (0.005 4)
已婚	-0.026 0*** (0.003 3)	-0.011 8 (0.008 8)
有房	0.074 1*** (0.004 0)	-0.005 8 (0.010 1)
ln（家庭收入）	0.178 4*** (0.002 5)	0.216 4*** (0.005 0)

续表

变量	(1) OLS 家庭储蓄率	(2) FE 家庭储蓄率
ln（家庭净财富）	-0.011 0*** (0.001 0)	-0.000 7 (0.001 7)
农村	0.065 9*** (0.002 8)	
省份固定效应	Yes	
年份固定效应	Yes	Yes
样本量	53 112	53 112
Adj R-sq	0.332 0	0.318 4

注：表内 *、**、*** 分别表示估计系数在 10%、5%、1% 的置信水平显著，括号内为稳健标准误。考虑到调查发生在不同的年份和省份，本书控制了年份和省份的固定效应。在使用面板固定效应估计方法时，户主性别、受教育年限和省份作为不随时间变化的变量将不会出现在估计模型的结果中。

表 2-3 报告了家庭流动性约束对负储蓄可能性的估计结果。本章发现，家庭流动性约束将显著提高家庭负储蓄的可能性。在表 2-3 中，第（1）列使用普通最小二乘法进行估计，得到家庭流动性约束对负储蓄可能性的估计系数为 0.130 4，在 1% 的显著性水平显著。这表明，当家庭受到流动性约束时，家庭负储蓄的可能性显著提高 13.04%。这意味着，当我国家庭受到流动性约束时，家庭负储蓄比例将提高 41.54%。第（2）列使用面板固定效应估计家庭流动性约束对家庭负储蓄可能性的影响，得到流动性约束对家庭负储蓄可能性的估计系数是 0.140 2，在 1% 的显著性水平显著。关于控制变量的结果，户主在私企工作、家庭收入和家庭净财富均对负储蓄存在显著的负向影响。

表 2-3　　流动性约束与负储蓄可能性

变量	(1) OLS 负储蓄	(2) FE 负储蓄
流动性约束	0.130 4*** (0.004 8)	0.140 2*** (0.011 0)
年龄	0.004 9*** (0.001 5)	0.002 8 (0.004 6)
年龄平方	-0.000 1*** (0.000 0)	-0.000 0 (0.000 1)
女性	0.010 6*** (0.003 9)	

续表

变量	(1) OLS 负储蓄	(2) FE 负储蓄
受教育年限	-0.011 7 *** (0.001 3)	
家庭有1个孩子	0.024 1 *** (0.004 6)	0.023 8 (0.016 6)
家庭有多个孩子	0.053 2 *** (0.006 8)	0.025 4 (0.027 2)
在私企工作	-0.017 9 *** (0.006 1)	-0.027 7 *** (0.010 7)
已婚	-0.000 6 (0.005 8)	-0.006 1 (0.016 2)
有房	-0.081 8 *** (0.007 8)	-0.014 9 (0.021 1)
ln（家庭收入）	-0.104 4 *** (0.003 9)	-0.110 6 *** (0.009 4)
ln（家庭净财富）	-0.019 8 *** (0.001 7)	-0.020 1 *** (0.003 5)
农村	-0.031 0 *** (0.005 1)	
省份固定效应	Yes	
年份固定效应	Yes	Yes
样本量	53 483	53 483
Adj. R-sq	0.135 5	0.094 4

注：表内 *、**、*** 分别表示估计系数在10%、5%、1%的置信水平显著，括号内为稳健标准误。考虑到调查发生在不同的年份和省份，本书控制了年份和省份的固定效应。在使用面板固定效应估计方法时，户主性别、受教育年限和省份作为不随时间变化的变量将不会出现在估计模型的结果中。

2.2.3 流动性约束状态的变化

本章将考察流动性约束状态的变化对家庭储蓄率的影响。具体做法是：本章通过比较追踪家庭两期流动性约束状态变化，定义家庭开始受到流动性约束和家庭结束流动性约束两个状态变化哑变量，然后使用最小二乘法及面板固定效应进行估计，得到流动性约束变化对家庭储蓄率的影响，实证结果见表2-4。研究发现，家庭在开始受到流动性约束时将显著降低家庭储蓄率。第（2）列固定面板效应结果显示，家庭开始受到流动性约束对家庭储蓄率的估计系数是-0.057 4，在

1% 的显著性水平显著。这表明，当家庭开始受到流动性约束时，家庭储蓄率显著降低 5.74%；而家庭流动性约束结束时，家庭储蓄率将显著提高。从第（3）列最小二乘法的估计结果来看，家庭结束流动性约束对家庭储蓄率的影响系数是 0.019 1，且在 1% 的显著性水平显著。这表明，当家庭流动性约束结束时，家庭储蓄率会提高 1.91%。

表 2－4　　开始约束和结束约束对家庭储蓄率的异质性影响

变量	（1）OLS 家庭储蓄率	（2）FE 家庭储蓄率	（3）OLS 家庭储蓄率	（4）FE 家庭储蓄率
开始约束	－0.007 4 （0.005 4）	－0.057 4*** （0.018 7）		
结束约束			0.019 1*** （0.005 9）	0.001 9 （0.015 4）
年龄	－0.005 1*** （0.001 0）	0.001 9 （0.004 6）	－0.005 2*** （0.001 0）	0.002 4 （0.004 6）
年龄平方	0.000 1*** （0.000 0）	－0.000 0 （0.000 1）	0.000 1*** （0.000 0）	－0.000 0 （0.000 1）
女性	－0.011 0*** （0.002 5）		－0.011 0*** （0.002 5）	
受教育年限	－0.005 7*** （0.000 9）		－0.005 7*** （0.000 9）	
家庭有 1 个孩子	－0.039 7*** （0.003 0）	－0.023 7 （0.016 4）	－0.039 8*** （0.003 0）	－0.024 4 （0.016 4）
家庭有多个孩子	－0.061 2*** （0.004 2）	－0.045 2* （0.024 4）	－0.061 1*** （0.004 2）	－0.046 8* （0.024 4）
在私企工作	0.017 0*** （0.003 7）	0.017 7 （0.010 8）	0.017 2*** （0.003 7）	0.017 8 （0.010 8）
已婚	－0.022 3*** （0.003 8）	－0.019 0 （0.016 0）	－0.022 4*** （0.003 8）	－0.020 8 （0.016 0）
有房	0.064 1*** （0.004 9）	0.012 5 （0.020 3）	0.063 8*** （0.004 9）	0.008 5 （0.020 3）
ln（家庭收入）	0.172 6*** （0.002 8）	0.209 6*** （0.010 8）	0.172 4*** （0.002 8）	0.211 6*** （0.010 9）
ln（家庭净财富）	－0.014 3*** （0.000 9）	－0.005 1 （0.003 4）	－0.014 1*** （0.000 9）	－0.007 5** （0.003 5）
农村	0.071 5*** （0.003 3）		0.071 5*** （0.003 3）	

续表

变量	（1）OLS 家庭储蓄率	（2）FE 家庭储蓄率	（3）OLS 家庭储蓄率	（4）FE 家庭储蓄率
省份固定效应	Yes		Yes	
年份固定效应	Yes	Yes	Yes	Yes
样本量	38 421	38 421	38 421	38 421
Adj. R-sq	0.328 5	0.331 0	0.328 6	0.328 5

注：表内 *、**、*** 分别表示估计系数在10%、5%、1%的置信水平显著，括号内为稳健标准误。考虑到调查发生在不同的年份和省份，本书控制了年份和省份的固定效应。在使用面板固定效应估计方法时，户主性别、受教育年限和省份作为不随时间变化的变量将不会出现在估计模型的结果中。

需要注意的是，理解估计结果应认识到最小二乘法和面板固定效应估计的结果差异。本章使用2015年和2017年的调查数据所形成的样本，最小二乘法估计是将两期面板数据视为混合横截面，尽管本章控制了时间上的年份固定效应和空间上的省份固定效应，但依然存在一些潜在的混淆变量，特别是不随时间变化的混淆变量对估计结果造成偏误。相较而言，面板固定效应的结果更为可靠，主要是因为固定效应的处理方法解决了不随时间变化的混淆变量对结果无偏性的影响。因此，本章认为，在流动性约束状态变化对家庭储蓄率的异质性影响方面，家庭开始受到流动性约束将显著降低家庭储蓄率，而家庭结束流动性约束对家庭储蓄率没有显著的影响。

2.3 再思考

2.3.1 信贷约束

如同本书前述对流动性约束概念的讨论，很多学者常从信贷约束的角度定义流动性约束。本书认为信贷约束仅是流动性约束的一种体现，是流动性约束较为狭义的定义方式，本章在讨论流动性约束对家庭储蓄率的影响时，参考亚佩利（1990）定义信贷约束变量，并使用最小二乘法和面板固定效应估计信贷约束对家庭储蓄率的影响。实证结果见表2－5。由第（1）列可知，信贷约束对家庭储蓄率有显著负向影响。最小二乘法估计结果显示，信贷约束对家庭储蓄率的影响系数是－0.018，在1%的显著性水平显著。这表明，当家庭受到信贷约束时，家庭储蓄率显著降低1.80%。第（2）列使用面板固定效应估计信贷约束对家庭储蓄率的影响，发现信贷约束对储蓄率影响并不显著。

表 2－5　信贷约束对家庭储蓄率的影响

变量	(1) OLS 家庭储蓄率	(2) FE 家庭储蓄率
信贷约束	－0.018 0 *** (0.004 7)	－0.010 4 (0.008 6)
年龄	－0.004 8 *** (0.000 8)	－0.001 9 (0.002 4)
年龄平方	0.000 1 *** (0.000 0)	0.000 0 (0.000 0)
女性	－0.012 1 *** (0.002 1)	
受教育年限	－0.007 1 *** (0.000 8)	
家庭有 1 个孩子	－0.033 4 *** (0.002 5)	－0.020 3 ** (0.008 5)
家庭有多个孩子	－0.053 0 *** (0.003 6)	－0.043 5 *** (0.014 1)
在私企工作	0.016 7 *** (0.003 3)	0.013 6 ** (0.005 4)
已婚	－0.025 0 *** (0.003 3)	－0.012 5 (0.008 8)
有房	0.068 5 *** (0.004 1)	－0.008 9 (0.010 1)
ln（家庭收入）	0.182 5 *** (0.002 5)	0.220 2 *** (0.004 8)
ln（家庭净财富）	－0.017 4 *** (0.000 9)	－0.003 1 * (0.001 6)
农村	0.070 5 *** (0.002 9)	
省份固定效应	Yes	
年份固定效应	Yes	Yes
样本量	53 112	53 112
Adj. R-sq	0.328 3	0.317 0

注：表内 *、**、*** 分别表示估计系数在 10%、5%、1% 的置信水平显著，括号内为稳健标准误。考虑到调查发生在不同的年份和省份，本书控制了年份和省份的固定效应。在使用面板固定效应估计方法时，户主性别、受教育年限和省份作为不随时间变化的变量将不会出现在估计模型的结果中。

2.3.2 异质性分析

家庭特征可能引起流动性约束对家庭储蓄的异质性影响。本章继续考察不同收入分组下流动性约束对家庭储蓄率与负储蓄的异质性影响，表2－6报告了使用最小二乘法的估计结果。其中，第（1）列考察低收入家庭中流动性约束对家庭储蓄率的影响，第（2）列考察低收入家庭中流动性约束对负储蓄的影响。估计结果显示，相较于高收入家庭，低收入样本家庭流动性约束对储蓄率的影响并不明显，而对负储蓄有正向的影响。在第（2）列，流动性约束与低收入家庭的交互项对负储蓄的估计系数为0.081 2，且在1%的显著性水平显著，这表示当低收入家庭受到流动性约束时，家庭负储蓄的概率会显著提升8.12%。

表2－6　　收入分组下流动性约束对家庭储蓄率的影响

变量	(1) OLS 家庭储蓄率	(2) OLS 负储蓄
流动性约束×低收入家庭	0.004 7 (0.004 2)	0.081 2*** (0.007 3)
流动性约束	−0.045 1*** (0.003 4)	0.065 0*** (0.004 8)
低收入家庭	−0.123 3*** (0.004 5)	0.272 0*** (0.006 5)
年龄	−0.005 1*** (0.000 8)	0.004 2*** (0.001 4)
年龄平方	0.000 1*** (0.000 0)	−0.000 1*** (0.000 0)
女性	−0.011 3*** (0.002 1)	0.017 5*** (0.003 7)
受教育年限	−0.008 8*** (0.000 7)	0.001 0 (0.001 2)
家庭有1个孩子	−0.034 3*** (0.002 5)	0.028 0*** (0.004 4)
家庭有多个孩子	−0.053 1*** (0.003 6)	0.054 2*** (0.006 5)
在私企工作	0.018 4*** (0.003 3)	−0.025 2*** (0.005 8)
已婚	−0.028 6*** (0.003 2)	0.015 0*** (0.005 6)

续表

变量	(1) OLS 家庭储蓄率	(2) OLS 负储蓄
有房	0.072 0 *** (0.003 9)	-0.077 3 *** (0.007 5)
ln（家庭收入）	0.138 6 *** (0.003 0)	-0.048 6 *** (0.003 4)
ln（家庭净财富）	-0.013 3 *** (0.000 9)	-0.004 8 *** (0.001 5)
农村	0.068 5 *** (0.002 8)	-0.039 7 *** (0.004 9)
省份固定效应	Yes	Yes
年份固定效应	Yes	Yes
样本量	53 112	53 483
Adj. R-sq	0.135 5	0.094 4

注：表内 *、**、*** 分别表示估计系数在 10%、5%、1% 的置信水平显著，括号内为稳健标准误。考虑到调查发生在不同的年份和省份，本书控制了年份和省份的固定效应。

类似地，本章考察了不同家庭财富分组下流动性约束对家庭储蓄率与负储蓄的异质性影响。表 2-7 报告使用最小二乘法的估计结果。其中，第（1）列考察低财富家庭流动性约束对家庭储蓄率的影响，第（2）列考察低财富家庭流动性约束对负储蓄的影响。实证结果显示，低财富家庭流动性约束对家庭储蓄率与负储蓄均有正向的影响。具体而言，流动性约束与低财富家庭的交互项对家庭储蓄率的估计系数为 0.020 2，在 1% 的显著性水平显著，即当低财富家庭受到流动性约束时，家庭储蓄率相较于高财富家庭显著提高 2.02%；流动性约束与低财富家庭的交互项对负储蓄的估计系数为 0.026 6，在 1% 的显著性水平显著，这表示低财富家庭受到流动性约束时，家庭负储蓄的概率会显著提高 2.66%。

表 2-7　财富分组下流动性约束对家庭储蓄率的影响

变量	(1) OLS 家庭储蓄率	(2) OLS 负储蓄
流动性约束 × 低财富家庭	0.020 2 *** (0.005 1)	0.026 6 *** (0.008 7)
流动性约束	-0.049 7 *** (0.004 1)	0.122 0 *** (0.006 3)
低财富家庭	0.014 3 *** (0.004 6)	0.008 8 (0.007 1)

续表

变量	(1) OLS 家庭储蓄率	(2) OLS 负储蓄
年龄	-0.005 2*** (0.000 8)	0.005 1*** (0.001 5)
年龄平方	0.000 1*** (0.000 0)	-0.000 1*** (0.000 0)
女性	-0.009 6*** (0.002 1)	0.010 7*** (0.003 9)
受教育年限	-0.005 9*** (0.000 8)	-0.011 0*** (0.001 3)
家庭有1个孩子	-0.033 5*** (0.002 5)	0.024 2*** (0.004 6)
家庭有多个孩子	-0.053 9*** (0.003 6)	0.053 1*** (0.006 8)
在私企工作	0.015 9*** (0.003 3)	-0.019 0*** (0.006 1)
已婚	-0.025 7*** (0.003 3)	-0.000 2 (0.005 8)
有房	0.075 5*** (0.004 1)	-0.080 7*** (0.007 8)
ln(家庭收入)	0.180 5*** (0.002 6)	-0.103 5*** (0.004 0)
ln(家庭净财富)	-0.008 4*** (0.001 0)	-0.017 2*** (0.001 7)
农村	0.063 4*** (0.002 9)	-0.033 3*** (0.005 1)
省份固定效应	Yes	Yes
年份固定效应	Yes	Yes
样本量	53 112	53 483
Adj. R-sq	0.333 1	0.135 9

注：表内 *、**、*** 分别表示估计系数在10%、5%、1%的置信水平显著，括号内为稳健标准误。考虑到调查发生在不同的年份和省份，本书控制了年份和省份的固定效应。

在中国，很多家庭从事农业生产活动或经营工商业。本章继续考察生产经营分组下流动性约束对家庭储蓄率与负储蓄的异质性影响。表2-8报告了使用最小二乘法的估计结果。其中，第（1）列估计生产经营家庭流动性约束对家庭储蓄率的影响，第（2）列估计生产经营家庭流动性约束对家庭负储蓄的影响。实证结果显示，家庭从事生产经营活动时受到流动性约束将显著降低家庭储蓄率，该结论可以由流动性约束与生产经营家庭的交互项对家庭储蓄率的估计系数为 -0.029 5 得出。具体来说，从事生产经营的家庭受到流动性约束时，家庭储蓄率会下降 2.95%。而家庭从事生产经营不会影响家庭流动性约束对负储蓄的作用。

表 2-8　　生产经营分组下流动性约束对家庭储蓄率的影响

变量	(1) OLS 家庭储蓄率	(2) OLS 负储蓄
流动性约束×生产经营家庭	-0.029 5*** (0.004 5)	-0.005 2 (0.008 1)
流动性约束	-0.035 2*** (0.003 2)	0.133 4*** (0.005 6)
生产经营家庭	0.033 4*** (0.003 7)	-0.029 5*** (0.006 4)
年龄	-0.004 8*** (0.000 8)	0.004 0*** (0.001 5)
年龄平方	0.000 1*** (0.000 0)	-0.000 1*** (0.000 0)
女性	-0.009 1*** (0.002 1)	0.010 4*** (0.003 9)
受教育年限	-0.006 0*** (0.000 8)	-0.012 7*** (0.001 4)
家庭有 1 个孩子	-0.033 8*** (0.002 5)	0.025 0*** (0.004 6)
家庭有多个孩子	-0.055 3*** (0.003 6)	0.056 3*** (0.006 8)
在私企工作	0.016 7*** (0.003 3)	-0.017 0*** (0.006 1)
已婚	-0.025 4*** (0.003 3)	-0.000 7 (0.005 8)
有房	0.068 2*** (0.004 1)	-0.079 0*** (0.007 9)
ln（家庭收入）	0.178 0*** (0.002 5)	-0.104 4*** (0.003 9)
ln（家庭净财富）	-0.010 9*** (0.001 0)	-0.019 6*** (0.001 7)
农村	0.057 0*** (0.003 1)	-0.018 0*** (0.005 5)

续表

变量	(1) OLS 家庭储蓄率	(2) OLS 负储蓄
省份固定效应	Yes	Yes
年份固定效应	Yes	Yes
样本量	53 112	53 483
Adj. R-sq	0. 333 1	0. 136 3

注：表内 *、**、*** 分别表示估计系数在 10%、5%、1% 的置信水平显著，括号内为稳健标准误。考虑到调查发生在不同的年份和省份，本书控制了年份和省份的固定效应。

城乡二元经济结构是我国经济发展的特征之一。本章在研究流动性约束和家庭储蓄时，也考察了城乡分组下流动性约束对家庭储蓄率与负储蓄的异质性影响。表 2-9 汇报了实证模型使用最小二乘法估计的结果。表 2-9 中，第（1）列估计农村家庭流动性约束对家庭储蓄率的影响，第（2）列估计农村家庭流动性约束对家庭负储蓄的影响。估计结果显示，农村家庭流动性约束对家庭储蓄率有显著的负向影响，对家庭负储蓄有显著的正向作用。农村家庭流动性约束对家庭储蓄率的估计系数为 -0. 023 7，在 1% 的显著性水平显著，即当农村家庭受到流动性约束时，储蓄率会显著降低 2. 37%；而农村家庭流动性约束对家庭负储蓄的估计系数为 0. 029 8，即受流动性约束的农村家庭，产生负储蓄的可能性显著提高 2. 98%。

表 2-9　　城乡分组下流动性约束对储蓄率的影响

变量	(1) OLS 家庭储蓄率	(2) OLS 负储蓄
流动性约束 × 农村	-0. 023 7*** (0. 005 1)	0. 029 8*** (0. 009 2)
流动性约束	-0. 039 3*** (0. 003 0)	0. 122 0*** (0. 005 3)
年龄	-0. 005 4*** (0. 000 8)	0. 004 9*** (0. 001 5)
年龄平方	0. 000 1*** (0. 000 0)	-0. 000 1*** (0. 000 0)
女性	-0. 009 6*** (0. 002 1)	0. 010 6*** (0. 003 9)
受教育年限	-0. 006 5*** (0. 000 8)	-0. 011 7*** (0. 001 3)

续表

变量	(1) OLS 家庭储蓄率	(2) OLS 负储蓄
家庭有 1 个孩子	-0.033 5*** (0.002 5)	0.024 0*** (0.004 6)
家庭有多个孩子	-0.053 8*** (0.003 6)	0.053 3*** (0.006 8)
在私企工作	0.017 2*** (0.003 3)	-0.018 3*** (0.006 1)
已婚	-0.025 6*** (0.003 3)	-0.001 1 (0.005 8)
有房	0.071 2*** (0.004 1)	-0.078 1*** (0.007 9)
ln（家庭收入）	0.178 2*** (0.002 5)	-0.104 2*** (0.003 9)
ln（家庭净财富）	-0.010 9*** (0.001 0)	-0.019 9*** (0.001 7)
农村	0.076 4*** (0.003 7)	-0.044 3*** (0.006 3)
省份固定效应	Yes	Yes
年份固定效应	Yes	Yes
样本量	53 112	53 483
Adj. R-sq	0.332 3	0.135 6

注：表内 *、**、*** 分别表示估计系数在 10%、5%、1% 的置信水平显著，括号内为稳健标准误。考虑到调查发生在不同的年份和省份，本书控制了年份和省份的固定效应。

2.3.3　稳健性检验

在实证模型部分，本章讨论了实证模型潜在的内生性问题。为消除内生性导致的估计偏误，在稳健性检验部分，本章构建社区其他家庭流动性约束比例作为家庭流动性约束的工具变量，使用两阶段最小二乘法（2SLS）估计流动性约束对家庭储蓄率、负储蓄的影响。表 2-10 报告了估计结果。在表 2-10 中，第（1）列检验了流动性约束对家庭储蓄率的影响，从估计结果可以看出，在使用工具变量后流动性约束对家庭储蓄率依然存在显著的负向影响，这与前述的结果保持一致，表明本章的结果是稳健的。在第（2）列，本章检验流动性约束对家庭负储蓄的影响，结果显示家庭流动性约束会显著提高负储蓄的可能性，结果稳健。

表 2-10　稳健性检验 1：使用工具变量估计流动性对储蓄率的影响

变量	(1) 2SLS 家庭储蓄率	(2) 2SLS 负储蓄
流动性约束	-0.171 8*** (0.015 3)	0.203 2*** (0.027 2)
年龄	-0.007 1*** (0.000 8)	0.005 9*** (0.001 5)
年龄平方	0.000 1*** (0.000 0)	-0.000 1*** (0.000 0)
女性	-0.002 8 (0.002 3)	0.006 9* (0.004 1)
受教育年限	-0.005 3*** (0.000 8)	-0.012 0*** (0.001 3)
家庭有 1 个孩子	-0.034 0*** (0.002 6)	0.024 5*** (0.004 7)
家庭有多个孩子	-0.054 9*** (0.003 7)	0.054 0*** (0.006 8)
在私企工作	0.017 7*** (0.003 4)	-0.018 4*** (0.006 1)
已婚	-0.029 1*** (0.003 3)	0.001 9 (0.005 9)
有房	0.091 6*** (0.004 7)	-0.092 0*** (0.008 7)
ln（家庭收入）	0.167 0*** (0.002 7)	-0.100 9*** (0.004 0)
ln（家庭净财富）	0.006 4*** (0.002 3)	-0.029 4*** (0.003 9)
农村	0.055 0*** (0.003 2)	-0.024 8*** (0.005 6)
省份固定效应	Yes	Yes
年份固定效应	Yes	Yes
样本量	53 112	53 483
Adj. R-sq	0.302 9	0.131 6
Kleibergen-Paap rk LM statistic	1 421.242	1 421.242
Cragg-Donald Wald F statistic	1 688.374	1 688.374
Kleibergen-Paap rk Wald F statistic	1 566.572	1 566.572

注：表内 *、**、*** 分别表示估计系数在 10%、5%、1% 的置信水平显著，括号内为稳健标准误。考虑到调查发生在不同的年份和省份，本书控制了年份和省份的固定效应。本章使用社区其他家庭流动性约束的比例作为家庭流动性约束的工具变量。

本章使用家庭是否有成员受到流动性约束来定义家庭流动性约束。在稳健性检验部分，本章替换关注变量，使用家庭流动性约束人数作为关注变量，估计家庭流动性对家庭储蓄率、负储蓄的影响。实证结果见表 2－11。估计结果显示，家庭流动性约束人数对家庭储蓄率的负向影响在 1% 的显著性水平显著，这表明结果是稳健的。类似地，家庭流动性约束人数对负储蓄的影响估计显著为正，结果稳健。

表 2－11　　稳健性检验 2：替换关注变量估计流动性对储蓄率的影响

变量	（1）OLS 家庭储蓄率	（2）OLS 负储蓄
家庭流动性约束人数	－0.022 2*** (0.001 7)	0.055 0*** (0.002 9)
年龄	－0.005 2*** (0.000 8)	0.004 3*** (0.001 5)
年龄平方	0.000 1*** (0.000 0)	－0.000 1*** (0.000 0)
女性	－0.010 0*** (0.002 1)	0.012 5*** (0.003 9)
受教育年限	－0.006 7*** (0.000 8)	－0.011 6*** (0.001 3)
家庭有 1 个孩子	－0.033 6*** (0.002 5)	0.024 0*** (0.004 7)
家庭有多个孩子	－0.054 1*** (0.003 6)	0.053 6*** (0.006 8)
在私企工作	0.016 7*** (0.003 3)	－0.017 1*** (0.006 1)
已婚	－0.024 0*** (0.003 3)	－0.006 7 (0.005 8)
有房	0.071 6*** (0.004 0)	－0.073 1*** (0.007 8)
ln（家庭收入）	0.180 9*** (0.002 5)	－0.108 5*** (0.004 0)
ln（家庭净财富）	－0.013 0*** (0.000 9)	－0.013 1*** (0.001 6)
农村	0.067 2*** (0.002 8)	－0.035 6*** (0.005 1)
省份固定效应	Yes	Yes

续表

变量	(1) OLS 家庭储蓄率	(2) OLS 负储蓄
年份固定效应	Yes	Yes
样本量	53 112	53 483
Adj. R-sq	0. 330 4	0. 128 5

注：表内 *、**、*** 分别表示估计系数在 10%、5%、1% 的置信水平显著，括号内为稳健标准误。考虑到调查发生在不同的年份和省份，本书控制了年份和省份的固定效应。

2.4 本章小结

我国家庭储蓄率不断上升，家庭高储蓄率之谜备受研究者关注。横向比较来看，我国在世界主要国家中储蓄率水平相对较高。家庭储蓄行为是家庭金融研究领域的重要议题。家庭储蓄率和国家民主、经济发展、家庭状况、个体退休计划等密切相关。很多学者就中国家庭储蓄率问题展开研究，如从不同角度研究储蓄率的影响因素。本书的主要不同之处在于，基于凯恩斯货币需求理论，从流动性偏好理论回顾家庭货币需求动机，即在交易动机、预防动机和投机动机的基础上，引入风险敏感理论假设，认为流动性约束家庭更偏爱风险而降低预防性储蓄，其家庭行为则会表现为储蓄率降低、金融市场风险投资参与增加等。

本章从家庭储蓄率和家庭负储蓄两个角度研究流动性约束对家庭储蓄的影响。本书基于生命周期和永久收入理论，将当前收入低于永久性收入的劳动者定义为流动性约束劳动者。在计算得到劳动者永久性收入后，本章通过比较当前收入和永久性收入确定劳动者是否受到流动性约束，然后将有受到流动性约束成员的家庭定义为流动性约束家庭。从描述性统计结果来看，我国家庭之间储蓄率存在较大的差异，储蓄率均值为 32. 10%，负储蓄家庭比例为 31. 39%，55. 31% 家庭为流动性约束家庭。

本章采用线性模型，使用最小二乘法和面板固定效应估计方法，实证检验流动性约束对家庭储蓄率的影响。研究发现，当家庭受到流动性约束时，家庭储蓄率会降低 2. 72%，即流动性约束会导致我国家庭储蓄水平下降 8. 50%，具有显著的经济意义。当家庭受到流动性约束时，家庭负储蓄的可能性显著提高 13. 04%。这意味着，当我国家庭受到流动性约束时，家庭负储蓄比例将提高 41. 54%。

本章考察了流动性约束状态变化对家庭储蓄率的影响。本章通过比较追踪家庭两期流动性约束状态变化，定义家庭开始受到流动性约束和家庭结束流动性约束两个状态变化哑变量，然后使用最小二乘法及面板固定效应进行估计，得到流动性约束变化对家庭储蓄率的影响。研究发现，在流动性约束状态变化对家庭储蓄率的异质性影响方面，家庭开始受到流动性约束将显著降低家庭储蓄率，而家庭结束流动性约束对家庭储蓄率没有显著的影响。具体而言，当家庭开始受到流动性约束时，家庭储蓄率显著降低 5.74%。

本书认为信贷约束是流动性约束的一种体现，是流动性约束较为狭义的定义方式，在讨论流动性约束对家庭储蓄率的影响时，参考亚佩利（1990）定义信贷约束变量，使用最小二乘法和面板固定效应估计信贷约束对家庭储蓄率的影响。使用最小二乘法发现当家庭受到信贷约束时，家庭储蓄率显著降低 1.80%，但是，使用面板固定效应估计信贷约束对家庭储蓄率的影响时，信贷约束对储蓄率影响并不显著。

家庭特征可能引起流动性约束对家庭储蓄存在异质性影响。本章继续考察收入分组、财富分组、生产经营分组和城乡家庭分组情况下，流动性约束对家庭储蓄率与负储蓄的异质性影响。研究发现，相较于高收入家庭，低收入样本家庭流动性约束对储蓄率的影响并不明显，而对负储蓄有正向的影响；低财富家庭流动性约束对家庭储蓄率与负储蓄均有正向的影响作用；家庭从事生产经营活动时受到流动性约束将显著降低家庭储蓄率；农村家庭流动性约束对家庭储蓄率显著降低，对家庭负储蓄有显著的正向作用。具体而言，当低收入家庭受到流动性约束时，家庭负储蓄的概率会显著提升 8.12%；当低财富家庭受到流动性约束时，家庭储蓄率相较于高财富家庭显著提高 2.02%，家庭负储蓄的概率会显著提高 2.66%；从事生产经营的家庭受到流动性约束时，家庭储蓄率会下降 2.95%；当农村家庭受到流动性约束时，储蓄率会显著降低 2.37%，负储蓄的可能性显著提高 2.98%。

在稳健性检验部分，本章构建社区其他家庭流动性约束比例作为家庭流动性约束的工具变量，使用两阶段最小二乘法估计流动性约束对家庭储蓄率、负储蓄的影响；替换关注变量，使用家庭流动性约束人数作为关注变量，估计家庭流动性对家庭储蓄率、负储蓄的影响。根据稳健性检验结果，本章的研究发现是稳健的。

第 3 章　流动性约束与消费

中国家庭往往倾向于储蓄，而消费低迷。横向比较来看，图 3 - 1 展示了世界主要国家家庭消费占 GDP 比重情况。相比于欧美国家，我国家庭消费水平较低。具体来说，2020 年我国家庭消费占 GDP 比重为 38.80%，远低于美国（66.70%）、英国（61.60%）、德国（51.40%）以及法国（53.10%）。如何理解家庭消费是学术界关心的重要研究问题。

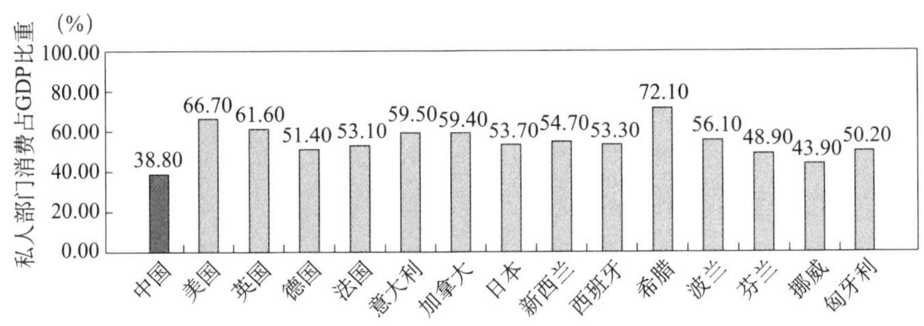

图 3 - 1　世界主要国家家庭消费占 GDP 比重

资料来源：司尔亚司数据信息有限公司（CEIC）全球数据库。

生命周期和持久收入理论认为，消费者的当期消费不取决于当期收入，而是依赖于其一生的收入与财富的折现值。消费者以一生预算约束为条件进行跨期决策和资产配置，从而实现一生消费效用最大化目标（Friedman，1957）。当消费者预期未来收入增加时，他们会通过金融市场进行借贷，增加当前消费；当消费者预期未来收入减少时，他们会通过储蓄来增加未来收入以平滑消费，保证将来的消费水平不低于最优消费水平。生命周期—持久收入理论的实现是以市场完全信息和完美的信贷市场为前提的。但是由于信贷市场存在信息不对称，银行最优信贷额度低于市场出清水平，信贷需求大于供给，导致部分消费者遇到流动性约束问题（Stiglitz and Weiss，1981）。当以信贷约束定义流动性约束时，流动性约束减少消费，限制了消费者平滑一生中消费的能力，导致生命周期—持久收入理论不成立（Flavin，1985；Zeldes，1989）。其作用机制如下：一方面，当消费者面临当期流动性约束时，即使未来预期有高收入，由于不能借贷以平滑消费，他们不得不在当期维持低消费水平。消费者提高消费的唯一途径是进行储蓄或等待未来高收入时期的到来。另一方面，当消费者预期未来会遇到流动性约束时，由于不能从金融市场借贷资金，他们不得不减少当期消费以增加预防性储蓄，应对未来消费水平降低的风险，平滑一生的消费。合理跨期消费实现效用最优，是理解消费的关键。从永久性收入理论来看，在当前收入低于永久性收入而产生流动性约束时，消费者应通过信贷市场平滑消费，即提高消费实现生命周期内消费平滑，从而效用最优。

3.1　理解消费

家庭的收入和财富与家庭的消费具有紧密的联系。根据凯恩斯的消费理论，家庭的当期消费是当期收入的一个固定函数。随后弗里德曼（1957）提出了著名的“持久收入假说”，该理论认为，家庭的消费支出不是由现期收入决定的，而是由持久收入决定的，家庭在面临短期的收入冲击时，会通过降低或增加储蓄来平滑消费水平，这又将消费和财富联系在一起。在这种情况下，家庭收入和财富的不平衡必然会导致家庭消费出现不平衡的现象。与此同时，家庭的消费会直接影响家庭成员的效用水平，而诸如教育服务产品的消费，还会直接影响到家庭未来的收入水平，从而反作用于收入和财富不平等。

坎贝尔和曼奇（Cambell and Mankiw，1989）把消费者分为两类：一类是富有远见的消费者；另一类是缺乏远见的消费者。富有远见的消费者消费自己的持久收入，却不会因为利率的变动而跨期调整消费，缺乏远见的消费者根据经验法则消费自己的当期收入。预期收入的变化会引起预期消费的变化，两者之间存在非常强的相关关系，居民消费并不像持久收入假说描述的那样服从随机游走过程。预期消费增长与预期收入增长有关而与预期利率不相关。迪顿（1991）认为，伴随着流动性约束而产生的预防性储蓄动机会使消费者储蓄存款和持有资产，在收入不测的情况下，这种储蓄行为能够在一定程度上对消费起到缓冲作用。巴凯塔和格拉克（Bacchetta and Gerlach，1997）使用美国、日本、加拿大、法国、英国 5 个国家 1970 ~ 1995 年的宏观时间序列数据进行研究发现，住房贷款、消费信贷的增长会使非耐用品和服务消费显著增加，借贷利差增大会使消费显著减少。

研究者在关注消费时，往往仅从信贷约束角度考虑，即将信贷约束等同于流动性约束。叶海云（2000）认为，存在消费信贷条件下的消费水平高于不存在消费信贷的情况，所以发展我国信贷市场尤其是消费信贷能够促进消费、拉动内需。万广华等（2001）研究发现，流动性约束和不确定性导致我国居民消费增长率下降、消费水平降低，导致居民消费不足。此后，理论研究和实证研究都表明不确定因素增多以及流动性约束问题会显著降低我国居民消费水平（周好文和潘朝顺，2002；刘金全和邵欣炜，2002；申朴和刘康兵，2003）。臧旭恒和李燕桥（2012）使用我国省际面板数据进行研究，发现消费信贷能够显著缓解居民当期流动性约束问题，促进城镇居民耐用品消费的增长。此外，流动性约束会引起居民预防性储蓄增加，这也会降低消费水平（臧旭恒和裴春霞，2004；裴春霞和孙世重，2004）。杭斌和修磊（2016）基于北大中国家庭追踪调查（CFPS）数据，使用面板回归分析发现，收入不平等对消费的负向影响与流动性约束有关。杭斌和余峰（2018）认为，收入不平等引起的住房攀比效应导致家庭可能遇到潜在的流动性约束问题，潜在流动性约束对家庭消费的抑制作用与家庭社会地位存在负相关关系。

类似地，国外很多研究者也是将流动性约束简单定义为信贷约束，以信贷约束的分析框架讨论金融排斥对消费的影响。林（1985）研究发现，高储蓄的家庭和低储蓄的家庭在消费方面表现出了截然不同的特点。高储蓄家庭能够达到期望的消费水平，低储蓄家庭不能达到期望的消费水平，因为这部分家庭受到了流动性约束。马里格（Mariger，1987）研究发现，流动性约束会降低家庭资产配置能力，富有的家庭会规划未来的遗产，受到流动性约束的家庭很少做资产跨期配置。如果不存在流动性约束，财政政策会更加有效。亚佩利（1990）使用美国消费金融调查（SCF）数据进行研究发现，1982 年美国有 19% 的消费者仍然受到流动性约束，非白人家庭、单亲家庭、没有房产家庭、年轻人家庭更加容易受到流动性约束。恩格尔巴特（Engelhardt，1996）研究了美国新购住房家庭行为，他认为购房预付定金制度容易导致家庭陷入流动性约束，进而减少消费。克罗斯利和洛（Crossley and Low，2014）使用加拿大失业面板（COEP）调查数据进行研究发现，失业的人更容易受到流动性约束。在失业的人中，有一小部分学历更低的人受到了流动性约束，因无法平滑消费而导致福利的损失。多格拉和戈尔巴乔夫（Dogra and Gorbachev，2018）研究认为，流动性约束提高家庭消费波动率。霍尔姆（Holm，2018）从理论上证明了当家庭受到流动性约束时，家庭消费低于不受流动性约束的消费水平，边际消费倾向对家庭财富变得更加敏感。

此外，消费不平等也是家庭消费领域的重要研究问题。加纳（Garner，1993）采用1987年美国消费支出调查（CEX）数据研究美国家庭各项消费支出的不平等情况，研究表明，美国家庭在经营、衣着、家庭服务与娱乐活动方面消费的基尼系数相对较高，增加对这些商品和服务的征税可以降低经济不平等产生的社会影响。贝里（Berri，2009）采用1978年、1984年、1989年、1994年和2000年法国家庭预算调查数据，研究法国家庭在交通消费支出方面的不平等情况，研究发现，私家车的购买是导致家庭消费不平等的主要原因。伊德里斯和艾哈迈德（Idrees and Ahmad，2010）采用巴基斯坦1992～1993年、1998～1999年和2004～2005年家庭综合经济调查数据（HIES）研究巴基斯坦家庭消费不平等情况，研究表明，1992～2005年巴基斯坦家庭消费不平等略有增加，家庭食品消费的不平等显著低于非食品消费项目；家庭在教育方面消费支出的不平等程度高于总体不平等程度。阿塔纳西奥等（Attanasio et al.，2004）将美国家庭的消费支出划分为耐用品与非耐用品两类消费支出，并采用非耐用品消费对数的标准差对消费不平等进行测度，发现在20世纪90年代这一时期，非耐用品消费的不平等大约增长5%。邹红等（2013）利用1989～2009年中国健康与营养调查（China Health and Nurition Survey，CHNS）数据对耐用品存量消费不平等进行了度量和出生组分解，发现20世纪90年代以来，耐用品消费不平等大于收入不平等。

在研究消费不平等时，收入不平等是必须要讨论的因素。克鲁格和佩里（Krueger and Perri，2006）采用1980～2003年美国消费者支出调查（CEX）数据，讨论美国收入不平等与消费不平等的关系，发现在1980～2003年这一时期，美国家庭收入不平等显著增加，而消费不平等的增长则十分缓慢；并从理论上分析了受约束的有效消费分布如何随着收入波动而变化。迪顿和帕克森（Deaton and Paxson，1994）以永久收入假说作为理论基础，认为老龄一代人中的消费不平等要高于年轻一代人，随着年龄的增长，在年轻一代人逐渐取代老龄一代人的过程中，总体消费不平等程度的变化主要取决于家庭资产由老龄一代向下一代的转移以及人口年龄结构的变化。杨继东（2013）采用1992～2010年城镇居民调查数据，对消费不平等的成因进行了考察，发现收入不平等对消费不平等具有显著影响，永久性收入不平等也是导致消费不平等程度加深的重要因素。阿吉亚尔和比尔斯（Aguiar and Bils，2011）采用1980～2007年美国消费者支出调查数据，将家庭储蓄与税后收入考虑进来，对预算约束下的消费进行测度，发现1980～2007年消费不平等在很大程度上反映了收入不平等。

国内外文献研究表明，流动性约束会降低家庭居民消费水平（Hayashi，1985；Deaton，1991；申朴和刘康兵，2003；李锐和朱喜，2007；甘犁等，2018）。预期未来面临流动性约束的风险会使居民降低现期消费，增加预防性储蓄（Deaton，1991；汪红驹和张慧莲，2002）。此外，流动性约束还会降低财政政策的有效性（Mariger，1987）。受到流动性约束的居民不能进行资产的跨期配置，降低了自身的效用水平，是一种社会福利的损失（Carroll，2001；Crossley and Low，2014）。根据赛尔德斯（1989）和尼雷（2006）的方法，通过中国家庭金融调查数据测算，有50.02%的家庭流动性资产不足，有43.62%的家庭没有储蓄。没有储蓄、流动性资产不足都会使家庭有很大的可能性面临流动性约束问题。

本书已讨论信贷约束和流动性约束之间的联系和区别。基于生命周期和永久收入假说理论，劳动者消费取决于自身的永久性收入，劳动者根据一生收入分配自身消费，实现消费效用最高。流动性约束家庭可以通过信贷平滑家庭消费。当个体无法通过信贷市场获得所需的资金时，开始受到信贷约束。由于信贷配给市场的信息不完全和信息不对称（程郁等，2009），金融市场的道德风险和逆向选择引起家庭信贷约束，导致家庭金融资源使用存在困难和障碍（Stiglitz and Weiss，1981），这是家庭信贷约束产生的根本原因。现有文献往往关注信贷约束对消费的影响，而混淆流动性约束的作用。因此，本书认为，梳理流动性约束对家庭消费的影响是有必要的。基于生命周期和永久收入假说理论，本章将通过比较劳动者当前收入和永久性收入，定义家庭流动性约束，进而检验流动性约束对家庭消费的影响，丰富现有文献研究。

3.2 约束家庭的消费

3.2.1 实证策略

本章研究流动性约束对家庭消费的影响，直接使用中国家庭金融调查数据中的家庭消费变量，作为本章的被解释变量。关于关注变量家庭流动性约束，本章沿用本书对家庭流动性约束的定义，即使用哑变量，将有成员受到流动性约束的家庭定义为流动性约束家庭，赋值为 1，否则为 0。正如前述讨论，如何定义家庭流动性约束是本章的关键。参考罗西和特鲁基（2016）的研究，本章将比较劳动者当前收入和永久性收入，定义其是否受到流动性约束，然后统计家庭是否有成员受到流动性约束和流动性约束成员数量，进而估计流动性约束对家庭消费的影响。

表 3－1 报告了本章所用变量的描述性统计结果。在本章中，被解释变量为家庭消费，家庭平均消费为 60 752 元。本章主要解释变量为流动性约束，均值为 0. 553 7，即有 1/2 以上家庭受到流动性约束。本章控制变量分为户主与家庭两个层面，变量选取与前一章保持一致。具体而言，在户主层面，控制变量选取了年龄、性别、受教育年限、婚姻状况、在私企工作。在样本家庭中，有 38. 55% 的家庭户主为女性，有 86. 12% 的家庭户主在私企工作，有 73. 66% 的家庭户主为已婚状态。表 3－1 显示，户主的平均年龄为 37. 77 岁，平均受教育年限为 4. 40 年。在家庭层面，本章选取家庭中孩子的数量、家庭有住房、家庭收入、家庭净财富、农村家庭等作为控制变量。在样本家庭中，有 33. 84% 的家庭有 1 个孩子，有 12. 33% 的家庭有多个孩子，有 91. 15% 的家庭有住房，有 26. 26% 的家庭来自农村。家庭收入的最小值为 0 元，最大值为 438 250 元，均值为 90 777 元。家庭净财富的最小值为－23 517 元，最大值为 8 791 854 元，均值为 936 578 元。

表 3－1　　变量描述性统计

变量	样本量	均值	标准差	最小值	最大值
家庭消费	53 483	60 752	48 400	5 360	258 060
流动性约束	53 483	0. 553 7	0. 497 1	0	1
年龄	53 483	37. 770 2	10. 730 6	16	60
女性	53 483	0. 385 5	0. 486 7	0	1
受教育年限	53 483	4. 397 1	1. 810 2	1	9
家庭有 1 个孩子	53 483	0. 338 4	0. 473 2	0	1
家庭有多个孩子	53 483	0. 123 3	0. 328 8	0	1
在私企工作	53 483	0. 861 2	0. 345 7	0	1
已婚	53 483	0. 736 6	0. 440 5	0	1
有房	53 483	0. 911 5	0. 284 1	0	1
家庭收入	53 483	90 777	83 336	0	438 250
家庭净财富	53 483	936 578	1 441 849	－23 517	8 791 854
农村	53 483	0. 262 6	0. 440 0	0	1

本章使用线性模型检验流动性约束对家庭消费的影响。实证模型设定如下：

$$Consumption_{it} = \alpha + \beta LiquidityConstraint_{it} + X_{it}\gamma + u_{it} \tag{3-1}$$

其中，$Consumption_{it}$是家庭消费。$LiquidityConstraint_{it}$是家庭流动性约束，是哑变量，当家庭有成员受到流动性约束时赋值为1，否则为0。X_{it}是控制变量，残差项是u_{it}。本章在估计中也控制了年份和省份固定效应，使用最小二乘估计方法和面板固定效应估计方法检验流动性约束对家庭消费的影响。

考虑到家庭特征导致流动性约束对家庭消费的异质性影响，本章根据收入分组、财富分组和生产经营家庭分组，定义相应交互项，进行异质性分析。

在收入分组中，本章根据不同调查年份下家庭收入中位数，对每个调查年份家庭进行低收入家庭和高收入家庭分组，然后在实证模型中加入流动性约束与低收入家庭哑变量的交互项。模型设定如下：

$$Consumption_i = \alpha + \beta_1 LiquidityConstraint_i + \beta_2 LiquidityConstraint_i \times LowIncome_i + \beta_3 LowIncome_i + X_i\gamma + u_i \tag{3-2}$$

其中，$Consumption_i$是家庭消费，$LiquidityConstraint_i$是家庭流动性约束。$LowIncome_i$是低收入家庭，是哑变量，当家庭收入低于该年样本中收入中位数时赋值为1，否则为0。在异质性检验中，本章重点分析流动性约束和低收入分组所产生交互项的系数，即β_2。

类似地，在财富分组和生产经营家庭异质性检验中，本章设定模型如下：

$$Consumption_i = \alpha + \beta_1 LiquidityConstraint_i + \beta_2 LiquidityConstraint_i \times LowWealth_i + \beta_3 LowWealth_i + X_i\gamma + u_i \tag{3-3}$$

$$Consumption_i = \alpha + \beta_1 LiquidityConstraint_i + \beta_2 LiquidityConstraint_i \times LowProd_i + \beta_3 LowProd_i + X_i\gamma + u_i \tag{3-4}$$

其中，$Consumption_i$是家庭消费，$LiquidityConstraint_i$是家庭流动性约束。$LowWealth_i$是低净财富家庭，是哑变量，当家庭净财富低于该年样本中家庭净财富中位数时赋值为1，否则为0。$LowProd_i$是有生产经营活动的家庭，也是哑变量，当家庭有农业生产或工商业经营时赋值为1，否则为0。

3.2.2 基准回归

本章比较劳动者当前收入与永久性收入，确定流动性约束劳动者，定义有成员受到流动性约束的家庭为家庭流动性约束，然后检验家庭流动性约束对家庭消费的影响。本章使用最小二乘法与面板固定效应估计流动性约束对家庭消费的影响，估计结果见表3－2。由表3－2可知，家庭流动性约束对家庭消费具有显著的正向影响。其中，第（1）列使用最小二乘法得到流动性约束对家庭消费的估计系数为0.055 2，在1%的显著性水平显著；第（2）列使用面板固定效应得到流动性约束对家庭消费的估计系数为0.033 3，在5%的显著性水平显著。由第（2）列可知，当家庭受到流动性约束时，家庭消费显著提高3.33%，即家庭平均提高2 005元。该发现与永久性收入理论一致。当家庭受到流动性约束，本质上是劳动者当前收入小于其永久性收入，理性劳动者将选择跨期消费，实现其生命周期内效用最优。需要说明的是，本章使用的流动性约束概念不等同于信贷约束概念，受到流动性约束的家庭，可以参与信贷市场，平滑消费。

表3－2　　流动性约束对家庭消费的影响

变量	（1）OLS	（2）FE
流动性约束	0.055 2*** （0.007 3）	0.033 3** （0.014 0）
年龄	0.005 1** （0.002 1）	0.001 2 （0.006 2）
年龄平方	－0.000 1*** （0.000 0）	－0.000 1 （0.000 1）
女性	0.049 2*** （0.005 5）	
受教育年限	0.069 0*** （0.001 9）	
家庭有1个孩子	0.102 2*** （0.006 6）	0.052 9** （0.020 8）
家庭有多个孩子	0.163 8*** （0.009 7）	0.141 0*** （0.036 7）
在私企工作	－0.068 5*** （0.008 7）	－0.054 9*** （0.013 0）
已婚	0.159 3*** （0.008 6）	0.091 1*** （0.022 3）
有房	－0.209 4*** （0.010 8）	0.047 8* （0.024 8）
ln（家庭收入）	0.077 2*** （0.003 6）	0.054 9*** （0.006 2）
ln（家庭净财富）	0.094 3*** （0.003 2）	0.022 1*** （0.004 8）

续表

变量	(1) OLS	(2) FE
农村	-0.204 6*** (0.007 6)	-0.315 2*** (0.099 0)
省份固定效应	Yes	
年份固定效应	Yes	Yes
样本量	53 483	53 483
Adj. R-sq	0.319 9	0.054 0

注：表内 *、**、*** 分别表示估计系数在 10%、5%、1% 的置信水平显著，括号内为稳健标准误。考虑到调查发生在不同的年份和省份，本章控制了年份和省份的固定效应。在使用面板固定效应估计方法时，省份作为不随时间变化的变量将不会出现在估计模型的结果中。

在控制变量上，家庭有孩子、户主已婚、家庭有住房、家庭收入与家庭净财富均对家庭消费有显著的正向促进作用。而户主在私企工作以及农村家庭的家庭消费会较低。具体而言，从面板固定效应的估计结果来看，当家庭户主在私企工作，家庭消费会显著降低 5.49%，而农村家庭的家庭消费显著降低 31.52%。

3.3 异质性和稳健性

3.3.1 异质性分析

如前述讨论的那样，家庭特征的确会引致流动性约束对家庭行为的异质性影响。本章考察不同收入分组下流动性约束对家庭消费的异质性影响。根据收入中位数分组，本章定义低收入家庭哑变量，即当家庭收入小于收入中位数时赋值为 1，否则为 0。然后本章生成流动性约束和低收入家庭的交互项，检验低收入家庭流动性约束对家庭消费的影响。表 3-3 报告了模型的估计结果。估计结果显示，低收入家庭流动性约束对家庭消费有显著的抑制作用，估计系数为 -0.083 4，且在 1% 的显著性水平显著。这表示，当低收入家庭受到流动性约束时，家庭消费会显著降低 8.34%，约 5 067 元。根据本章前述的分析，流动性约束家庭可能参与信贷市场，平滑消费；而低收入家庭可能在参与信贷市场上存在一定困难，信贷约束抑制家庭消费。

表 3 – 3　　收入分组下流动性约束对家庭消费的影响

变量	(1) OLS
流动性约束 × 低收入家庭	–0. 083 4 *** (0. 010 7)
流动性约束	0. 117 8 *** (0. 008 7)
低收入家庭	–0. 222 8 *** (0. 009 4)
年龄	0. 005 7 *** (0. 002 1)
年龄平方	–0. 000 1 *** (0. 000 0)
女性	0. 043 5 *** (0. 005 4)
受教育年限	0. 058 2 *** (0. 001 9)
家庭有 1 个孩子	0. 098 8 *** (0. 006 5)
家庭有多个孩子	0. 162 8 *** (0. 009 6)
在私企工作	–0. 062 0 *** (0. 008 6)
已婚	0. 146 4 *** (0. 008 5)
有房	–0. 213 0 *** (0. 010 5)
ln（家庭收入）	0. 029 7 *** (0. 003 3)
ln（家庭净财富）	0. 081 6 *** (0. 003 0)
农村	–0. 197 3 *** (0. 007 5)
省份固定效应	Yes
年份固定效应	Yes
样本量	53 483
Adj. R-sq	0. 339 4

注：表内 *、**、*** 分别表示估计系数在 10%、5%、1% 的置信水平显著，括号内为稳健标准误。考虑到调查发生在不同的年份和省份，本章控制了年份和省份的固定效应。

类似地，本章还考察了不同家庭财富分组下流动性约束对家庭消费影响的异质性。通过比较家庭净财富和样本中净财富中位数，本章定义低财富哑变量，然后生成流动性约束和低财富家庭的交互项。表 3 -4 报告了模型的估计结果。研究发现，低财富家庭流动性约束对家庭消费的估计系数为 -0. 038 8，在 1% 的显著性水平显著。这表明，低财富家庭流动性约束对家庭消费有显著的负向影响，当低财富家庭受到流动性约束时，家庭消费显著降低 3. 88% 。

表 3 -4　　财富分组下流动性约束对家庭消费的影响

变量	（1） OLS
流动性约束 × 低财富家庭	-0. 038 8 *** （0. 012 9）
流动性约束	0. 008 3 （0. 010 0）
低财富家庭	-0. 222 6 *** （0. 011 4）
年龄	0. 003 9 * （0. 002 1）
年龄平方	-0. 000 1 *** （0. 000 0）
女性	0. 047 8 *** （0. 005 5）
受教育年限	0. 061 9 *** （0. 001 9）
家庭有 1 个孩子	0. 101 1 *** （0. 006 5）
家庭有多个孩子	0. 165 3 *** （0. 009 6）
在私企工作	-0. 059 9 *** （0. 008 6）
已婚	0. 152 2 *** （0. 008 5）
有房	-0. 228 1 *** （0. 010 5）
ln（家庭收入）	0. 069 2 *** （0. 003 4）
ln（家庭净财富）	0. 067 3 *** （0. 003 2）

续表

变量	(1) OLS
农村	-0.180 1*** (0.007 6)
省份固定效应	Yes
年份固定效应	Yes
样本量	53 483
Adj. R-sq	0.331 9

注：表内 *、**、*** 分别表示估计系数在 10%、5%、1% 的置信水平显著，括号内为稳健标准误。考虑到调查发生在不同的年份和省份，本章控制了年份和省份的固定效应。

表 3-5 报告了在生产经营分组下流动性约束对家庭消费的异质性影响以及使用最小二乘法的估计结果。由表 3-5 可知，生产经营家庭流动性约束对家庭消费的估计系数为 0.096 0，在 1% 的显著性水平显著。这表明，当生产经营家庭受到流动性约束时，家庭消费显著提高 9.60%。这可能是因为，生产经营家庭更积极地参与信贷市场，更容易通过信贷平滑家庭消费。在当前收入小于永久性收入时，生产经营家庭利用信贷实现跨期消费。

表 3-5　　生产经营分组下流动性约束对家庭消费的影响

变量	(1) OLS
流动性约束 × 生产经营家庭	0.096 0*** (0.011 9)
流动性约束	0.017 3** (0.008 3)
生产经营家庭	-0.034 1*** (0.009 7)
年龄	0.005 4** (0.002 1)
年龄平方	-0.000 1*** (0.000 0)
女性	0.048 4*** (0.005 5)
受教育年限	0.069 7*** (0.001 9)
家庭有 1 个孩子	0.101 0*** (0.006 6)
家庭有多个孩子	0.161 8*** (0.009 7)

续表

变量	(1) OLS
在私企工作	-0.069 6*** (0.008 7)
已婚	0.158 0*** (0.008 6)
有房	-0.198 2*** (0.010 9)
ln(家庭收入)	0.077 5*** (0.003 5)
ln(家庭净财富)	0.093 7*** (0.003 2)
农村	-0.206 5*** (0.008 3)
省份固定效应	Yes
年份固定效应	Yes
样本量	53 483
Adj. R-sq	0.320 9

注：表内 *、**、*** 分别表示估计系数在10%、5%、1%的置信水平显著，括号内为稳健标准误。考虑到调查发生在不同的年份和省份，本章控制了年份和省份的固定效应。

3.3.2 稳健性检验

为消除内生性导致的估计偏误，在稳健性检验部分，本章构建社区其他家庭流动性约束比例作为家庭流动性约束的工具变量，使用两阶段最小二乘法和面板工具变量固定效应方法，估计流动性约束对家庭消费的影响，表3-6报告了估计结果。表3-6中，第(1)列使用两阶段最小二乘法，检验了流动性约束对家庭消费的影响，从估计结果可以看出，在使用工具变量后流动性约束对家庭消费依然存在显著的正向影响，这与前述的结果保持一致，表明本章的结果是稳健的。第(2)列使用面板工具变量固定效应估计方法，得到流动性约束对家庭消费没有显著影响，该发现影响了本章研究发现的稳健性。这也是该研究问题尚需深入思考之处，本书建议潜在的研究者从机制角度，深入分析家庭流动性约束对家庭消费的影响。但总体来说，两阶段最小二乘法的估计结果也有一定参考意义，即家庭流动性约束显著促进家庭消费。

表3-6 稳健性检验1：使用工具变量估计流动性对家庭消费的影响

变量	(1) 2SLS	(2) FE 2SLS
流动性约束	0.539 2 *** (0.041 1)	0.163 4 (0.106 8)
年龄	0.011 8 *** (0.002 3)	0.003 0 (0.005 9)
年龄平方	-0.000 2 *** (0.000 0)	-0.000 1 (0.000 1)
女性	0.024 3 *** (0.006 1)	
受教育年限	0.067 0 *** (0.002 0)	
家庭有1个孩子	0.104 5 *** (0.006 9)	0.053 7 *** (0.020 6)
家庭有多个孩子	0.169 2 *** (0.010 1)	0.137 4 *** (0.034 3)
在私企工作	-0.072 0 *** (0.009 1)	-0.057 4 *** (0.013 9)
已婚	0.176 1 *** (0.009 0)	0.090 1 *** (0.020 9)
有房	-0.277 8 *** (0.012 1)	0.032 0 (0.028 7)
ln（家庭收入）	0.100 5 *** (0.004 4)	0.063 3 *** (0.008 4)
ln（家庭净财富）	0.031 0 *** (0.006 0)	0.011 0 (0.009 9)
农村	-0.163 7 *** (0.008 6)	-0.329 5 *** (0.093 6)
省份固定效应	Yes	
年份固定效应	Yes	Yes
样本量	53 483	53 483
Adj. R-sq	0.253 9	0.254 5
Kleibergen-Paap rk LM statistic	1 441.156	1 441.156
Cragg-Donald Wald F statistic	1 694.375	1 694.375
Kleibergen-Paap rk Wald F statistic	1 587.484	1 587.484

注：表内 *、**、*** 分别表示估计系数在10%、5%、1%的置信水平显著，括号内为稳健标准误。考虑到调查发生在不同的年份和省份，本章控制了年份和省份的固定效应。同时，为处理实证模型中可能存在的内生性问题，本章使用社区其他家庭流动性约束的比例作为工具变量，在使用面板工具变量固定效应估计方法时，省份作为不随时间变化的变量将不会出现在估计模型的结果中。

本章主要使用家庭是否有成员受到流动性约束来定义家庭流动性约束。在稳健性检验部分，本章替换关注变量，使用家庭流动性约束人数作为关注变量，估计家庭流动性对家庭消费的影响。实证结果见表3-7。估计结果显示，家庭流动性约束人数显著促进家庭消费，这表明结果是稳健的。

表3-7　　稳健性检验2：替换关注变量估计流动性对家庭消费的影响

变量	（1）OLS	（2）FE
家庭流动性约束人数	0.047 2*** （0.004 5）	0.016 3* （0.008 8）
年龄	0.005 4** （0.002 1）	0.001 1 （0.006 2）
年龄平方	-0.000 1*** （0.000 0）	-0.000 1 （0.000 1）
女性	0.047 9*** （0.005 5）	
受教育年限	0.068 8*** （0.001 9）	
家庭有1个孩子	0.102 4*** （0.006 6）	0.052 6** （0.020 8）
家庭有多个孩子	0.164 8*** （0.009 7）	0.140 8*** （0.036 7）
在私企工作	-0.068 3*** （0.008 7）	-0.055 2*** （0.013 0）
已婚	0.156 0*** （0.008 6）	0.090 9*** （0.022 3）
有房	-0.210 0*** （0.010 8）	0.049 8** （0.024 8）
ln（家庭收入）	0.076 4*** （0.003 5）	0.053 9*** （0.006 1）
ln（家庭净财富）	0.092 7*** （0.003 1）	0.023 0*** （0.004 8）
农村	-0.203 8*** （0.007 6）	-0.313 3*** （0.099 0）
省份固定效应	Yes	
年份固定效应	Yes	Yes
样本量	53 483	53 483
Adj. R-sq	0.320 6	0.053 7

注：表内*、**、***分别表示估计系数在10%、5%、1%的置信水平显著，括号内为稳健标准误。考虑到调查发生在不同的年份和省份，本章控制了年份和省份的固定效应。在使用面板固定效应估计方法时，省份作为不随时间变化的变量将不会出现在估计模型的结果中。

3.4　本章小结

中国家庭往往倾向于储蓄，而消费低迷。横向比较世界主要国家家庭消费占GDP比重发现，我国家庭消费水平较低。生命周期—持久收入理论认为，消费者的当期消费不取决于当期收入，而是依赖于其一生的收入与财富的折现值。消费者以一生预算约束为条件进行跨期决策和资产配置，从而实现一生消费效用最大化目标。当消费者预期未来收入增加时，他们会通过金融市场进行借贷，增加当前消费；当消费者预期未来收入减少时，他们会通过储蓄来增加未来收入以平滑消费，保证将来的消费水平不低于最优消费水平。合理跨期消费实现效用最优，是理解消费的关键。基于永久性收入理论，在当期收入低于永久性收入而产生流动性约束时，消费者应通过信贷市场平滑消费，即增加当期消费实现生命周期内消费平滑，从而达到效用最优。

本章研究流动性约束对家庭消费的影响，直接使用中国家庭金融调查数据中的家庭消费变量，作为本章的被解释变量。关于关注变量家庭流动性约束，本章沿用本书对家庭流动性约束的定义，将有成员受到流动性约束的家庭定义为流动性约束家庭。然后，本章建立线性模型，使用最小二乘估计方法和面板固定效应估计方法，检验流动性约束对家庭消费的影响。考虑到家庭特征导致流动性约束对家庭消费的异质性影响，本章根据收入分组、财富分组和生产经营家庭分组定义相应交互项，进行异质性分析。

本章发现，家庭流动性约束对家庭消费具有显著的正向影响。当家庭受到流动性约束时，家庭消费显著提高3.33%，即家庭平均提高2 005元。该发现与永久性收入理论一致。当家庭受到流动性约束，本质上是劳动者当前收入小于其永久性收入，理性劳动者将选择跨期消费，实现其生命周期内效用最优。

本章考察不同收入分组下流动性约束对家庭消费的异质性影响。根据收入中位数分组，本章定义低收入家庭哑变量，生成流动性约束和低收入家庭的交互项。研究发现，当低收入家庭受到流动性约束时，家庭消费会显著降低8.34%，约5 067元。流动性约束家庭可能参与信贷市场，平滑消费；而低收入家庭可能在参与信贷市场上存在一定困难，信贷约束抑制家庭消费。类似地，本章还考察了不同家庭财富分组下流动性约束对家庭消费影响的异质性。通过比较家庭净财富和样本中净财富中位数，本章定义低财富哑变量，然后生成流动性约束和低财富家庭的交互项。研究发现，低财富家庭流动性约束对家庭消费有显著的负向影响，当低财富家庭受到流动性约束，家庭消费显著降低3.88%。在生产经营分组下，当生产经营家庭受到流动性约束时，家庭消费显著提高9.60%。生产经营家庭积极参与信贷市场，更容易通过信贷平滑家庭消费。在当前收入小于永久性收入时，生产经营家庭可以利用信贷实现跨期消费。

为消除内生性导致的估计偏误，在稳健性检验部分，本章构建社区其他家庭流动性约束比例作为家庭流动性约束的工具变量，使用两阶段最小二乘法和面板工具变量固定效应方法，估计流动性约束对家庭消费的影响。在使用工具变量后流动性约束对家庭消费依然存在显著的正向影响，这与前述的结果保持一致，表明本章的结果是稳健的；但使用面板工具变量固定效应估计方法，得到流动性约束对家庭消费没有显著影响，该发现影响了本章研究发现的稳健性。本书建议潜在的研究者从机制角度，深入分析家庭流动性约束对家庭消费的影响。此外，本章替换关注变量，使用家庭流动性约束人数作为关注变量，估计家庭流动性对家庭消费的影响。估计结果显示，家庭流动性约束人数显著促进家庭消费，并在1%的显著性水平显著，这表明结果是稳健的。

第4章　流动性约束与金融市场参与

家庭资产选择对提高家庭收入水平、将储蓄转化为投资继而实现家庭财富目标，具有重要意义。家庭金融投资有利于增加家庭财产性收入。家庭金融资产投资所获得的利息和红利收入是中国居民财产性收入的重要来源，占比超过80%（梁达，2013）。财产性收入是衡量一个国家市场化和国民富裕程度的重要指标。美国居民的财产性收入占总收入的40%，仅次于工资性收入，而中国家庭财产性收入在总收入中的占比还不到3%（梁达，2013）。参与金融市场、增加家庭资产投资比例，将部分储蓄转化为投资，优化家庭金融资产组合可能成为我国家庭的重要行为决策。

正如本书前述讨论的那样，中国是世界上储蓄率较高的国家。根据中国人民银行数据，2015年中国城乡居民储蓄存款高达55.19万亿元，储蓄率为46%。我国人均储蓄超过4万元，储蓄水平仅次于卡塔尔和科威特，位居世界第三。中国家庭的平均储蓄率29.20%，但股市参与率仅为8.80%（甘犁等，2012）。图4-1使用中国家庭金融调查数据报告近年来我国家庭金融资产占总资产的比例。2019年我国家庭金融资产占总资产的比例仅为8.40%。可见，我国家庭金融市场参与十分有限。本章从流动性约束角度拓展影响家庭金融市场参与和资产选择行为的研究。

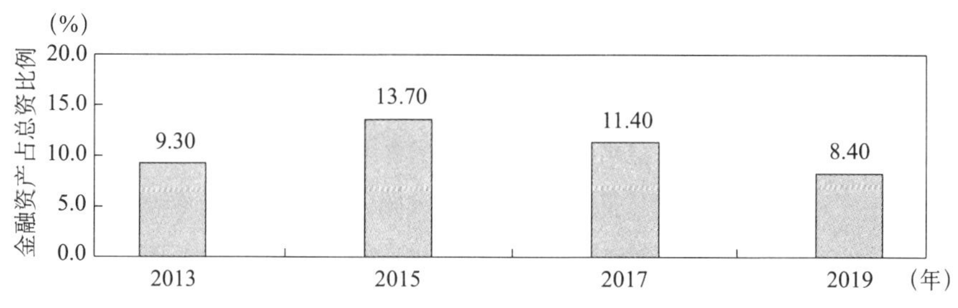

图4-1　中国家庭金融资产占总资产比例

资料来源：中国家庭金融调查。

4.1 金融市场有限参与

在发展中国家，金融市场参与依旧存在严重问题。世界上大约有2.5亿家庭没有参与传统金融市场（Gabor and Brooks，2017）。由于信贷配给市场的信息不完全和信息不对称（程郁等，2009），金融市场的道德风险和逆向选择引起家庭信贷约束，导致家庭金融资源使用存在困难和障碍（Stiglitz and Weiss，1981）。在信贷需求方面，交易成本和贷款拒绝率较高，部分借款人将主动放弃贷款申请（Baydas et al.，1994；Kon and Storey，2003）；而在信贷供给方面，金融机构有严格的信贷条件（Boucher et al.，2008）。

本书已讨论流动性约束和信贷约束的关系。从文献研究来看，家庭信贷约束问题普遍存在于各个国家，在中国尤其突出。美国信贷约束家庭比例为19%～20%（Hall and Mishikin，1982；Hubbard et al.，1986），日本信贷约束家庭约16%（Hayashi，1985；Kohara and Horioka，2006）；尹志超等（2015）基于2011年中国家庭金融调查（CHFS）数据测算，有21.6%的家庭受到信贷约束。中国农村家庭普遍面临着较为严重的信贷约束（林毅夫，2000；朱喜和李子奈，2006；李锐和朱喜，2007；许圣道和田霖，2008；黄祖辉等，2009；程郁等，2009；程恩江和刘西川，2010）。信贷排斥家庭部分是由于主观原因，如金融知识缺乏（Demirguc-Kunt and Klapper，2013；Ren et al.，2018）、对传统金融机构的不信任（Demirguc-Kunt and Klapper，2013；Allen et al.，2016）或个人偏好（Demirguc-Kunt and Klapper，2013；Fungacova and Weill，2015），部分是由于客观原因，如地理绝缘（Fungacova and Weill，2015；Ren et al.，2018；Allen et al.，2016）、信用历史文件的缺失（Demirguc-Kunt and Klapper，2013；Allen et al.，2016）或成本原因（Demirguc-Kunt and Klapper，2013；Allen et al.，2016）。

信贷市场是家庭参与金融市场的重要途径，而家庭资产组合也尤为重要。家庭资产选择理论主要研究家庭可供选择的资产种类和资产配置的决定因素。现实中，家庭同时面临两个决策：消费和储蓄之间如何分配，以及金融资产中风险资产的配置比例。生命周期理论（Modigliani，1954）和持久收入理论（Friedman，1957）主要分析了家庭的第一个决策，认为家庭通过资产的跨期配置来平滑消费，实现家庭长期效用的最大化。然而家庭能否实现资产的有效跨期配置在很大程度上取决于家庭能否自由借贷，并且受流动性及短期出售资产的限制，家庭的消费储蓄行为和资产选择行为密切相关。预期未来收入下降的家庭，为了维持一定的消费水平，会选择流动性好且没有短期出售限制或可以抵押的资产。霍尔和米世金（Hall and Mishikin，1982）采用美国收入动态面板数据，估计有 20% 的美国家庭受流动性约束；马里格（1986）采用美国截面数据，估计流动性约束家庭占 19.40%；哈伯德等（Hubbard et al.，1986）采用模拟净值约束的方法，发现大约 19% 的家庭受到流动性约束。由此可以看出，在美国大约有 20% 的家庭受到流动性约束的限制，难以通过资产的跨期配置来平滑消费，家庭行为与传统的生命周期理论和持久收入理论是不一致的。林（1985）估计约 16% 的日本家庭无法足额借贷；程郁等（2009）基于农村调研数据进行研究，表明我国有 34% 的农户受到正规信贷约束，有贷款需求的农户受信贷约束高达 45%。综上所述，流动性约束问题在不同的国家普遍存在，而中国的情况更为突出。

流动性约束将制约部分家庭的资产跨期配置，进而影响家庭的资产选择行为。叶海云（2000）通过理论模型推导认为，在不存在个人消费信贷的条件下，全国人均期望消费水平低于消费者能够以实际利率 r 进行借贷所获得的消费水平。吴小丹和李俊文（2015）通过理论和实证模型研究发现，流动性约束会显著降低家庭的总体消费水平，其中，对耐用品消费、教育类消费的抑制作用更大。杭斌和修磊（2016）使用 2010 年和 2012 年北大 CFPS 数据，通过面板分析发现，使用收入基尼系数衡量的收入差距能够抑制消费，但当对住房面积超过 250 平方米的家庭进行单独回归时，发现不再显著。这说明收入差距扩大对消费的抑制作用与信贷约束有关。

金融资产中风险资产的配置比例是家庭重要的金融决策。根据资产组合理论，理性的投资者应该将财富按一定比例投资于所有的风险资产，投资者风险厌恶程度的差异导致风险资产投资比例的不同。但在现实中，投资环境的异质性会影响家庭是否投资风险资产以及投资的比例，如流动性约束就是减少风险资产需求的一个重要因素（Guiso et al.，1996）。

有学者认为，流动性约束家庭会降低风险资产持有。哈利阿索斯和贝尔托（Haliassos and Bertaut，1995）认为，受流动性约束家庭的行为与无流动性约束家庭的行为是有差异的，前者将选择持有较低比例的风险资产。库（Koo，1998）也发现那些预期会受到流动性约束的家庭会少持有风险资产。消费者的资产组合可能在当前没有受到流动性约束，但却会受到预期未来流动性约束的影响，如果销售风险资产和流动性不好的资产存在交易成本，则这些资产的实现价值会降低。帕克森（Paxson，1990）证明，当流动性约束是外生时，这种交易成本可以通过持有更加安全的、流动性更好的资产来避免；而当流动性约束是内生时（由利率决定），借贷将依赖于用流动性差的资产作为抵押物，家庭可通过减持流动性资产以降低未来受到流动性约束的概率。加基迪斯（Gakidis，1998）检验了生命周期中流动性约束和收入风险的交互作用。

风险偏好也是影响家庭金融参与的重要因素。科克等（Cocco et al.，2005）证明，流动性约束对不同风险厌恶和收入风险的资产组合具有重要影响，流动性约束会导致家庭预防性储蓄减少。康斯坦丁尼德斯等（Constantinides et al.，2002）考虑了一个三期家庭一般均衡模型，指出年轻人群未来的预期收入较高，他们面临的流动性约束对解释股权溢价之谜非常重要。斯托斯莱滕等（Storesletten et al.，1998）证明，在生命周期一般均衡模型中，流动性约束、持续的异质性冲击可解释大部分观察到的股权溢价之谜。哈利阿索斯和哈萨斯（Haliassos and Hassapis，1999）研究了抵押品型和收入型流动性约束对财富积累、资产组合和预防性储蓄动机的影响。

对可能面对流动性约束的投资者来说，在考虑投资组合的同时，考虑流动性约束是很有意义的。投资者最优投资选择需要考虑未来收入下降且流动性约束起作用时对效用的负面影响（Cambell and Cocco，2003）。尤其对于年轻人来说，他们积累的财富较少，流动性约束更有可能起作用。在投资者其他收入下降时，收益下降的资产对于投资者来说风险更大（Cambell，2006）。康斯坦丁尼德斯等（2002）构建了一个代际交叠模型，发现在受到借款约束的前提下，与中年人相比，年轻人的劳动收入与其股票收益的相关性较低，因此，年轻人有更多的股票投资需求来分散未来劳动收入变化的风险。而年轻人积累的财富少且存在流动性约束，这抑制了对股票投资的需求，产生了更高的股票风险溢价。吉斯等（1996）用意大利家庭收入和财富调查数据研究了收入风险、流动性约束和家庭资产组合之间的关系，发现由于交易成本的存在，流动性约束会降低家庭持有风险资产和非流动性资产的比例。因此，研究流动性约束和家庭资产选择的关系，对于改进家庭的资产配置决策、提高家庭福利水平具有重要意义。

在未区分流动性约束和信贷约束时，何秀红和戴光辉（2007）运用2004年美国消费者金融调查数据，用储蓄额和净财富作为信贷供给的代理变量，使用实业投资量和住房投资作为信贷需求的代理变量，从信贷供给和需求两个方面考虑了投资者的流动性约束问题，研究发现，预期未来流动性约束的投资者会降低股票资产的投资比例，同时也会降低包括股票、基金在内的广义资产持有比例。段军山和崔蒙雪（2016）研究发现，信贷约束会显著降低家庭持有房产的市值和持有房产的可能性，同时也会显著降低家庭参与股市和商业保险市场的概率。

许多研究者也注意到，流动性约束不仅来自银行的信贷配给，还来自需求者自身的风险规避、认知偏差和需求压抑等因素。贝达斯等（Baydas et al.，1994）认为，由于交易成本和贷款拒绝率较高，部分借款人将主动放弃贷款申请。孔和斯多里（Kon and Storey，2003）提出了“无信心借款人（discouraged borrowers）”的概念，认为金融机构不健全的甄别机制会向资金需求者传递有偏的信息，导致需求者认为自己不能获得贷款而放弃贷款申请。程郁等（2009）指出，信息不对称和缺乏有效抵押品使得借款者难以从正规金融机构获得贷款。

流动性约束表现出明显的异质性。亚佩利（1990）利用美国消费者金融调查数据进行研究发现，年龄、资产、当年收入与家庭受流动性约束的概率负相关，而单身、没有住房和非白人家庭更有可能面临流动性约束。朱喜和李子奈（2006）基于中国农户的调查数据研究也说明了信贷供给具有家庭异质性，农户承包土地面积、生产性固定资产原值和受教育水平都对正式金融机构的信贷决策具有正向影响。邓瑛和赵雪（2011）研究认为，房价上涨伴随着更多的房屋抵押贷款从而缓解家庭的流动性约束，而房价下跌会使负债的家庭破产，从而产生流动性约束。

4.2　流动性约束与风险偏好

4.2.1　实证策略

本章关注流动性约束对家庭金融市场参与的影响。参考尹志超等（2019）对金融市场参与的界定，本章定义无风险金融资产和风险投资。具体而言，将家庭持有的活期和定期存款作为无风险金融资产，家庭持有的其他风险资产如股票、基金、债券、衍生品、非人民币资产等资产作为风险投资。然后，本章将持有风险资产或无风险资产的家庭定义为参与金融市场家庭，将持有股票的家庭定义为参与股票市场家庭。因此，本章将金融市场参与和股票市场参与作为主要的被解释变量，均为哑变量。

在定义流动性约束时，本章定义流动性约束为哑变量，将有家庭成员作为劳动者收入小于其永久性收入的家庭定义为流动性约束家庭，赋值为 1；否则，赋值为 0。本章将详细讨论流动性约束的定义方式。根据 2013 ~2017 年中国家庭金融调查数据的劳动者收入信息，计算劳动者的永久性收入。正如本书前面讨论的那样，定义流动性约束的关键是计算劳动者的永久性收入。参考罗西和特鲁基（2016）以及迪顿（1992）的研究，本章计算劳动者在时间 t 的永久性收入：

$$y^p = \frac{r}{1+r}\left[1 - \frac{1}{(1+r)^{(T-t+1)}}\right]^{-1}[H_t + A_t] \tag{4-1}$$

个体寿命 T 设定为 80 岁，利率 r 设定为 2%。劳动者个体的永久性收入包含了对未来预期的劳动收入H_t和财富A_t。假设劳动者个体通过参考生活在同一地区的相同性别和教育水平人群在具体年龄时往年的收入来预期自己的未来收入。生活在同省的劳动者样本中，所有劳动者当前收入在个体特征变量回归，然后针对该地区具体年份中劳动者具体的性别、年龄、受教育层次进行拟合，计算出该年份劳动个体的收入预期。然后，根据计算公式可以得到劳动者的永久性收入。本章比较劳动者当前收入和永久性收入，定义当前收入小于永久性收入的劳动者为流动性约束劳动者，将有成员受到流动性约束的家庭定义为流动性约束家庭。变量描述性统计见表 4 -1。

表 4 -1　　变量描述性统计

变量	样本量	均值	标准差	最小值	最大值
家庭金融市场参与	53 483	0. 801 0	0. 399 3	0	1
家庭股票市场参与	53 483	0. 115 4	0. 319 5	0	1
无风险资产	53 483	0. 772 5	0. 419 2	0	1
风险资产	53 483	0. 319 3	0. 466 2	0	1
流动性约束	53 483	0. 553 7	0. 497 1	0	1
年龄	53 483	37. 770 2	10. 730 6	16	60
女性	53 483	0. 385 5	0. 486 7	0	1
受教育年限	53 483	4. 397 1	1. 810 2	1	9
家庭有 1 个孩子	53 483	0. 338 4	0. 473 2	0	1
家庭有多个孩子	53 483	0. 123 3	0. 328 8	0	1
在私企工作	53 483	0. 861 2	0. 345 7	0	1
已婚	53 483	0. 736 6	0. 440 5	0	1
有房	53 483	0. 911 5	0. 284 1	0	1
家庭收入	53 483	90 777	83 336	0	438 250
家庭净财富	53 483	936 578	1 441 849	-23 517	8 791 854
农村	53 483	0. 262 6	0. 440 0	0	1

本章使用微观家庭调查数据，定义金融市场参与变量和流动性约束变量，然后建立线性概率模型，实证检验流动性约束对家庭金融市场参与的影响。实证模型设定如下：

$$FinancialMarket_i = \alpha + \beta LiquidityConstraint_i + X_i\gamma + u_i \quad (4-2)$$

$$StockMarket_i = \alpha + \beta LiquidityConstraint_i + X_i\gamma + u_i \quad (4-3)$$

其中，$FinancialMarket_i$是家庭金融市场参与；$StockMarket_i$是家庭股票市场参与；$LiquidityConstraint_i$是家庭流动性约束，是哑变量，当家庭有成员受到流动性约束时赋值为1，否则为0。X_i是控制变量，残差项是u_i。本章在估计中也控制了年份和省份固定效应。

4.2.2　基准回归

本章关注流动性约束对家庭金融市场参与的影响。本章构建线性概率模型，使用微观家庭调查数据，检验流动性约束对家庭金融市场参与的影响；使用最小二乘法估计流动性约束对金融市场参与、股票市场参与的影响，结果见表 4－2。表 4－2 中，第（1）列报告了流动性约束对家庭金融市场参与的影响，发现家庭流动性约束对金融市场参与具有显著的负向影响，估计系数为－0.016 6，在 1% 的显著性水平显著。这表明，当家庭受到流动性约束时，家庭参与金融市场的概率显著降低 1.66%。从控制变量来看，女性户主、受教育年限、家庭收入与家庭净财富对家庭参与金融市场有显著的正向影响。第（2）列报告了流动性约束对家庭股票市场参与的估计结果。实证结果发现，当家庭受到流动性约束时，股票市场参与概率显著提高 1.56%，在 1% 的显著性水平显著。这意味着，流动性约束会促使我国家庭股票市场参与水平提高 13.52%，具有显著的经济意义。

表 4－2　　流动性约束对家庭金融市场参与的影响

变量	（1）OLS 金融市场参与	（2）OLS 股票市场参与
流动性约束	－0.016 6*** （0.004 3）	0.015 6*** （0.002 9）
年龄	0.006 0*** （0.001 3）	0.014 3*** （0.000 9）
年龄平方	－0.000 1*** （0.000 0）	－0.000 2*** （0.000 0）

续表

变量	(1) OLS 金融市场参与	(2) OLS 股票市场参与
女性	0.011 7*** (0.003 3)	0.006 3** (0.002 7)
受教育年限	0.021 4*** (0.001 1)	0.037 3*** (0.000 9)
家庭有1个孩子	-0.001 6 (0.004 0)	0.004 5 (0.003 1)
家庭有多个孩子	-0.022 2*** (0.006 1)	-0.015 2*** (0.003 6)
在私企工作	-0.035 7*** (0.004 8)	-0.018 5*** (0.005 0)
已婚	-0.002 4 (0.005 2)	-0.006 5* (0.003 8)
有房	-0.102 7*** (0.006 4)	-0.042 4*** (0.005 1)
ln(家庭收入)	0.015 6*** (0.001 4)	0.011 6*** (0.001 2)
ln(家庭净财富)	0.042 4*** (0.001 5)	0.023 4*** (0.000 9)
农村	-0.069 0*** (0.004 8)	-0.029 0*** (0.001 9)
省份固定效应	Yes	Yes
年份固定效应	Yes	Yes
样本量	53 483	53 483
Adj. R-sq	0.128 4	0.162 4

注：表内*、**、***分别表示估计系数在10%、5%、1%的置信水平显著，括号内为稳健标准误。考虑到调查发生在不同的年份和省份，本章控制了年份和省份的固定效应。

4.2.3 风险异质性

为了进一步考察流动性约束对家庭金融市场参与的影响，本章检验了流动性约束对家庭金融市场参与影响的风险异质性。本章使用最小二乘法进行估计，估计结果见表4-3。其中，第（1）列报告了流动性约束对家庭无风险投资的估计结果，第（2）列报告了流动性约束对家庭风险投资的估计结果。由第（1）列可知，家庭流动性约束对家庭参与无风险投资有显著的负向作用，估计系数为

-0.015 1，在 1% 的显著性水平显著。这意味着，当家庭受到流动性约束时，家庭参与无风险投资的可能性显著下降 1.51%。由第（2）列可知，流动性约束对家庭参与风险投资有显著的正向影响，估计系数为 0.017 8，在 1% 的显著性水平显著。这说明，当家庭受到流动性约束时，家庭参与风险投资的可能性会上升 1.78%。该发现与米什拉等（Mishra et al.，2015）的风险敏感理论一致，认为当家庭当前地位低于预期地位时，即处于相对不利位置时，家庭决策将更加偏好风险。本书研究流动性约束对家庭行为的影响，并认为，当家庭受到流动性约束时，在风险敏感理论下，家庭将更加偏好风险；在金融市场参与中，家庭会降低无风险投资，增加风险投资。

表 4-3　　流动性约束对家庭金融市场参与影响的风险异质性

变量	(1) OLS 无风险投资	(2) OLS 风险投资
流动性约束	-0.015 1 *** (0.004 5)	0.017 8 *** (0.004 7)
年龄	0.006 5 *** (0.001 4)	0.009 7 *** (0.001 4)
年龄平方	-0.000 1 *** (0.000 0)	-0.000 1 *** (0.000 0)
女性	0.011 5 *** (0.003 5)	0.010 9 *** (0.003 9)
受教育年限	0.020 1 *** (0.001 2)	0.040 1 *** (0.001 3)
家庭有 1 个孩子	-0.002 3 (0.004 3)	0.003 8 (0.004 5)
家庭有多个孩子	-0.025 8 *** (0.006 4)	-0.024 3 *** (0.006 2)
在私企工作	-0.034 1 *** (0.005 2)	-0.040 0 *** (0.006 5)
已婚	-0.002 3 (0.005 5)	0.005 8 (0.005 6)
有房	-0.095 5 *** (0.006 8)	-0.158 2 *** (0.007 6)
ln（家庭收入）	0.015 4 *** (0.001 5)	0.029 5 *** (0.001 8)

续表

变量	(1) OLS 无风险投资	(2) OLS 风险投资
ln(家庭净财富)	0.039 9 *** (0.001 6)	0.054 8 *** (0.001 5)
农村	-0.067 8 *** (0.005 0)	-0.057 1 *** (0.005 0)(0.004 5)
省份固定效应	Yes	Yes
年份固定效应	Yes	Yes
样本量	53 483	53 483
Adj. R-sq	0.109 7	0.169 4

注：表内 *、**、*** 分别表示估计系数在10%、5%、1%的置信水平显著，括号内为稳健标准误。考虑到调查发生在不同的年份和省份，本章控制了年份和省份的固定效应。

4.2.4 流动性约束状态变化

本章考察流动性约束状态的变化对家庭金融市场参与的影响。通过比较追踪家庭两期流动性约束状态变化，定义家庭开始受到流动性约束和家庭结束流动性约束两个状态变化哑变量，然后使用最小二乘法分别估计不同状态下流动性约束对家庭金融市场参与、股票市场参与的影响，结果见表4-4。研究发现，家庭开始受到流动性约束对家庭金融市场参与不存在显著影响，对家庭股票市场参与存在显著的负向影响。第（2）列估计结果显示，家庭开始流动性约束对家庭股票市场参与的估计系数是-0.017 7，在1%的显著性水平显著。这表明，当家庭开始受到流动性约束时，家庭参与股票市场的可能性会降低1.77%。此外，家庭结束流动性约束对家庭金融市场参与的影响不显著，对家庭股票市场参与存在显著的负向影响。从第（4）列估计结果可知，家庭结束流动性约束对家庭股票市场参与的影响系数是-0.014 8，在5%的显著性水平显著。这表明，当家庭流动性约束结束时，家庭参与股票市场的概率会降低1.48%。研究表明，尽管家庭流动性约束促使家庭偏好风险，降低低风险投资，增加高风险投资，但是，当流动性约束状态发生变化，家庭开始受到流动性约束或结束流动性约束时，均显著降低家庭股票市场参与的可能性。

表 4－4　　开始约束和结束约束对家庭金融市场参与的影响

变量	（1） OLS 金融市场参与	（2） OLS 股票市场参与	（3） OLS 金融市场参与	（4） OLS 股票市场参与
开始约束	－0. 001 9 （0. 008 4）	－0. 017 7 *** （0. 006 8）		
结束约束			0. 015 2 （0. 009 3）	－0. 014 8 ** （0. 006 1）
年龄	0. 006 2 *** （0. 001 5）	0. 013 3 *** （0. 001 0）	0. 006 2 *** （0. 001 5）	0. 013 3 *** （0. 001 0）
年龄平方	－0. 000 1 *** （0. 000 0）	－0. 000 1 *** （0. 000 0）	－0. 000 1 *** （0. 000 0）	－0. 000 1 *** （0. 000 0）
女性	0. 009 6 ** （0. 003 7）	0. 010 4 *** （0. 003 2）	0. 009 6 *** （0. 003 7）	0. 010 3 *** （0. 003 2）
受教育年限	0. 015 7 *** （0. 001 2）	0. 039 6 *** （0. 001 1）	0. 015 7 *** （0. 001 2）	0. 039 6 *** （0. 001 1）
家庭有 1 个孩子	－0. 004 7 （0. 004 5）	0. 000 9 （0. 003 7）	－0. 004 7 （0. 004 5）	0. 000 8 （0. 003 7）
家庭有多个孩子	－0. 012 5 * （0. 006 7）	－0. 016 8 *** （0. 004 3）	－0. 012 5 * （0. 006 7）	－0. 016 9 *** （0. 004 3）
在私企工作	－0. 046 1 *** （0. 005 3）	－0. 019 8 *** （0. 005 4）	－0. 046 0 *** （0. 005 3）	－0. 019 9 *** （0. 005 4）
已婚	－0. 004 0 （0. 005 9）	－0. 002 1 （0. 004 5）	－0. 004 0 （0. 005 9）	－0. 002 2 （0. 004 5）
有房	－0. 077 9 *** （0. 007 3）	－0. 039 8 *** （0. 006 3）	－0. 078 1 *** （0. 007 3）	－0. 039 5 *** （0. 006 3）
ln（家庭收入）	0. 015 0 *** （0. 001 6）	0. 010 5 *** （0. 001 4）	0. 014 9 *** （0. 001 6）	0. 010 7 *** （0. 001 4）
ln（家庭净财富）	0. 033 9 *** （0. 001 4）	0. 023 3 *** （0. 000 9）	0. 034 0 *** （0. 001 4）	0. 023 0 *** （0. 000 9）
农村	－0. 056 2 *** （0. 005 4）	－0. 034 2 *** （0. 002 3）	－0. 056 2 *** （0. 005 4）	－0. 034 5 *** （0. 002 3）
省份固定效应	Yes	Yes	Yes	Yes
年份固定效应	Yes	Yes	Yes	Yes
样本量	38 706	38 706	38 706	38 706
Adj. R-sq	0. 100 1	0. 168 5	0. 100 1	0. 168 4

注：表内 * 、 ** 、 *** 分别表示估计系数在 10% 、5% 、1% 的置信水平显著，括号内为稳健标准误。考虑到调查发生在不同的年份和省份，本章控制了年份和省份的固定效应。

4.3 进一步分析

4.3.1 信贷约束

尽管流动性约束与信贷约束在概念上不同，但不少文献将信贷约束视为狭义的流动性约束。因此，本章参考亚佩利（2019）定义家庭信贷约束，检验信贷约束对家庭金融市场参与的影响。具体而言，本章使用最小二乘估计方法，估计信贷约束对家庭金融市场参与、家庭股票市场参与的影响，估计结果见表4－5。表4－5中，由第（1）列估计结果可知，信贷约束在1%的显著性水平上对家庭金融市场有显著负向影响，即当家庭受到信贷约束时，参与金融市场的可能性显著降低6.06%；由第（2）列估计结果可知，信贷约束对家庭股票市场参与没有显著影响。

表4－5　　信贷约束对家庭金融市场参与的影响

变量	（1）OLS 金融市场参与	（2）OLS 股票市场参与
信贷约束	－0.060 6*** （0.008 5）	－0.003 7 （0.003 7）
年龄	0.006 0*** （0.001 3）	0.014 0*** （0.000 9）
年龄平方	－0.000 1*** （0.000 0）	－0.000 1*** （0.000 0）
女性	0.010 7*** （0.003 3）	0.007 1*** （0.002 7）
受教育年限	0.021 0*** （0.001 1）	0.037 4*** （0.000 9）
家庭有1个孩子	－0.001 3 （0.004 0）	0.004 4 （0.003 1）
家庭有多个孩子	－0.020 9*** （0.006 1）	－0.015 3*** （0.003 6）
在私企工作	－0.035 9*** （0.004 8）	－0.018 4*** （0.005 0）
已婚	－0.002 4 （0.005 2）	－0.007 1* （0.003 8）

续表

变量	(1) OLS 金融市场参与	(2) OLS 股票市场参与
有房	-0.102 5*** (0.006 3)	-0.040 1*** (0.005 1)
ln（家庭收入）	0.016 0*** (0.001 4)	0.010 8*** (0.001 2)
ln（家庭净财富）	0.040 1*** (0.001 3)	0.025 4*** (0.000 8)
农村	-0.065 2*** (0.004 8)	-0.030 1*** (0.001 9)
省份固定效应	Yes	Yes
年份固定效应	Yes	Yes
样本量	53 483	53 483
Adj. R-sq	0.129 3	0.162 0

注：表内 *、**、*** 分别表示估计系数在 10%、5%、1% 的置信水平显著，括号内为稳健标准误。考虑到调查发生在不同的年份和省份，本章控制了年份和省份的固定效应。

4.3.2 异质性分析

由于家庭特征可能会引起流动性约束对家庭金融市场参与的异质性影响，因此，本章定义低收入家庭，考察了在不同收入分组下流动性约束对家庭金融市场参与、股票市场参与的异质性影响。表 4-6 报告了使用最小二乘法的估计结果。其中，第（1）列考察了低收入家庭流动性约束对家庭金融市场参与的影响，第（2）列考察低收入家庭流动性约束对家庭股票市场参与的影响。估计结果显示，低收入家庭流动性约束对家庭金融市场参与没有显著影响，而对家庭股票市场参与有显著的负向影响。具体而言，流动性约束与低收入家庭的交互项对家庭股票市场参与的估计系数为 -0.082 3，在 1% 的显著性水平显著。这表明，当低收入家庭受到流动性约束时，家庭参与股票市场的概率显著下降 8.23%。

表 4-6　　收入分组下流动性约束对家庭金融市场参与的影响

变量	(1) OLS 金融市场参与	(2) OLS 股票市场参与
流动性约束 × 低收入家庭	-0.006 0 (0.006 7)	-0.082 3*** (0.004 9)
流动性约束	-0.009 0* (0.004 8)	0.059 6*** (0.004 5)

续表

变量	(1) OLS 金融市场参与	(2) OLS 股票市场参与
低收入家庭	-0.053 4*** (0.006 0)	-0.001 7 (0.003 4)
年龄	0.006 2*** (0.001 3)	0.014 1*** (0.000 9)
年龄平方	-0.000 1*** (0.000 0)	-0.000 1*** (0.000 0)
女性	0.010 4*** (0.003 3)	0.005 6** (0.002 7)
受教育年限	0.019 2*** (0.001 1)	0.035 2*** (0.000 9)
家庭有 1 个孩子	-0.002 2 (0.004 0)	0.003 6 (0.003 1)
家庭有多个孩子	-0.022 3*** (0.006 1)	-0.016 1*** (0.003 6)
在私企工作	-0.034 6*** (0.004 8)	-0.016 0*** (0.005 0)
已婚	-0.005 4 (0.005 2)	-0.007 2* (0.003 8)
有房	-0.103 6*** (0.006 3)	-0.042 2*** (0.005 1)
ln（家庭收入）	0.005 7*** (0.001 6)	0.002 3* (0.001 3)
ln（家庭净财富）	0.039 6*** (0.001 6)	0.021 9*** (0.000 9)
农村	-0.067 3*** (0.004 8)	-0.028 5*** (0.001 9)
省份固定效应	Yes	Yes
年份固定效应	Yes	Yes
样本量	53 483	53 483
Adj. R-sq	0.131 3	0.169 2

注：表内*、**、***分别表示估计系数在10%、5%、1%的置信水平显著，括号内为稳健标准误。考虑到调查发生在不同的年份和省份，本章控制了年份和省份的固定效应。

类似地，本章定义了低财富家庭哑变量，生成流动性约束和低财富家庭的交互项，考察不同家庭财富分组下流动性约束对家庭金融市场参与的异质性影响。

本章使用最小二乘法分别估计了低财富家庭流动性约束对家庭金融市场参与、股票市场参与的影响，表 4 – 7 报告了估计结果。其中，由第（1）列估计结果可知，低财富家庭流动性约束对家庭金融市场参与有显著的负向影响。流动性约束与低财富家庭的交互项对金融市场参与在 1% 的显著性水平显著，估计系数为 – 0. 064 7，这表明，当低财富家庭受到流动性约束时，家庭金融市场参与概率显著降低 6. 47% 。由第（2）列的估计结果可知，低财富家庭流动性约束对家庭股票市场参与有显著的负向影响，流动性约束与低财富家庭的交互项对股票市场参与的估计系数为 – 0. 052 2，在 1% 的显著性水平显著，这表明，当低财富家庭受到流动性约束时，家庭股票市场参与概率显著降低 5. 22% 。

表 4 – 7　财富分组下流动性约束对家庭金融市场参与的影响

变量	（1）OLS 金融市场参与	（2）OLS 股票市场参与
流动性约束 × 低财富家庭	– 0. 064 7 *** （0. 006 3）	– 0. 052 2 *** （0. 003 5）
流动性约束	0. 013 9 *** （0. 004 7）	0. 040 2 *** （0. 003 7）
低财富家庭	– 0. 052 3 *** （0. 004 4）	– 0. 041 7 *** （0. 003 0）
年龄	0. 005 8 *** （0. 001 3）	0. 014 1 *** （0. 000 9）
年龄平方	– 0. 000 1 *** （0. 000 0）	– 0. 000 1 *** （0. 000 0）
女性	0. 010 5 *** （0. 003 3）	0. 005 4 ** （0. 002 7）
受教育年限	0. 018 4 *** （0. 001 1）	0. 034 9 *** （0. 000 9）
家庭有 1 个孩子	– 0. 002 2 （0. 004 0）	0. 004 0 （0. 003 1）
家庭有多个孩子	– 0. 022 2 *** （0. 006 1）	– 0. 015 2 *** （0. 003 6）
在私企工作	0. 032 7 *** （0. 004 8）	– 0. 016 1 *** （0. 005 0）
已婚	– 0. 005 6 （0. 005 2）	– 0. 009 0 ** （0. 003 8）
有房	– 0. 104 5 *** （0. 006 3）	– 0. 043 9 *** （0. 005 0）

续表

变量	(1) OLS 金融市场参与	(2) OLS 股票市场参与
ln(家庭收入)	0.005 1*** (0.001 6)	0.003 2** (0.001 3)
ln(家庭净财富)	0.035 8*** (0.001 6)	0.018 1*** (0.000 9)
农村	-0.063 8*** (0.004 8)	-0.024 8*** (0.001 9)
省份固定效应	Yes	Yes
年份固定效应	Yes	Yes
样本量	53 483	53 483
Adj. R-sq	0.133 3	0.167 4

注：表内*、**、***分别表示估计系数在10%、5%、1%的置信水平显著，括号内为稳健标准误。考虑到调查发生在不同的年份和省份，本章控制了年份和省份的固定效应。

考虑到部分家庭有农业生产活动或工商业经营活动，本章考察生产经营分组下流动性约束对家庭金融市场参与、股票市场参与的异质性影响。表4-8报告了使用最小二乘方法的估计结果。其中，第（1）列估计从事生产经营的家庭流动性约束对家庭金融市场参与的影响，第（2）列估计从事生产经营的家庭流动性约束对家庭股票市场参与的影响。由估计结果可知，生产经营的家庭受到流动性约束将显著提高家庭金融市场参与可能性。流动性约束与生产经营家庭交互项的估计系数为0.029 6，在1%的显著性水平显著，即生产经营家庭受到流动性约束时，家庭金融市场参与概率显著提高2.96%。生产经营家庭流动性约束在1%的显著水平上对股票市场参与有显著的负向影响，估计系数为-0.065 2。这表明，当生产经营家庭受到流动性约束时，参与股票市场的可能性显著下降6.52%。

表4-8　　生产经营分组下流动性约束对家庭金融市场参与的影响

变量	(1) OLS 金融市场参与	(2) OLS 股票市场参与
流动性约束×生产经营家庭	0.029 6*** (0.007 3)	-0.065 2*** (0.004 6)
流动性约束	-0.027 6*** (0.004 9)	0.041 7*** (0.004 0)
生产经营家庭	-0.031 1*** (0.006 2)	0.014 8*** (0.003 0)

续表

变量	(1) OLS 金融市场参与	(2) OLS 股票市场参与
年龄	0.005 5 *** (0.001 3)	0.013 8 *** (0.000 9)
年龄平方	-0.000 1 *** (0.000 0)	-0.000 1 *** (0.000 0)
女性	0.011 3 *** (0.003 3)	0.006 8 ** (0.002 7)
受教育年限	0.021 0 *** (0.001 1)	0.036 6 *** (0.000 9)
家庭有 1 个孩子	-0.001 4 (0.004 0)	0.005 5 * (0.003 1)
家庭有多个孩子	-0.020 9 *** (0.006 1)	-0.013 1 *** (0.003 6)
在私企工作	-0.035 5 *** (0.004 8)	-0.017 5 *** (0.005 0)
已婚	-0.002 9 (0.005 2)	-0.005 6 (0.003 8)
有房	-0.097 0 *** (0.006 4)	-0.049 1 *** (0.005 2)
ln（家庭收入）	0.015 7 *** (0.001 4)	0.011 4 *** (0.001 2)
ln（家庭净财富）	0.042 4 *** (0.001 5)	0.023 8 *** (0.000 9)
农村	-0.061 1 *** (0.005 1)	-0.024 2 *** (0.002 1)
省份固定效应	Yes	Yes
年份固定效应	Yes	Yes
样本量	53 483	53 483
Adj. R-sq	0.128 9	0.165 4

注：表内 *、**、*** 分别表示估计系数在 10%、5%、1% 的置信水平显著，括号内为稳健标准误。考虑到调查发生在不同的年份和省份，本章控制了年份和省份的固定效应。

本章也考察了城乡分组下流动性约束对家庭金融市场参与、股票市场参与的异质性影响。本章使用 OLS 估计方法，实证结果见表 4-9。其中，第（1）列报告了农村家庭流动性约束对金融市场参与的估计结果，第（2）列报告了农村家庭流动性约束对家庭股票市场参与的估计结果。研究发现，农村家庭流动性约束对家庭金融市场参与具有显著的正向作用，而对家庭股票市场参与具有显著的负向作用。具体而言，农村家庭流动性约束对金融市场参与的估计系数为0.024 0，在1%的显著性水平显著。这表明，当农村家庭受到流动性约束时，家庭金融市场参与的可能性会显著提高2.40%。农村家庭流动性约束对股票市场参与的估计系数为-0.084 5，在1%的显著性水平显著，即农村家庭受到流动性约束时，参与股票市场的可能性会显著降低8.45%。

表4-9　城乡分组下流动性约束对家庭金融市场参与的影响

变量	(1) OLS 金融市场参与	(2) OLS 股票市场参与
流动性约束×农村家庭	0.024 0*** (0.008 6)	-0.084 5*** (0.003 9)
流动性约束	-0.023 3*** (0.004 6)	0.039 5*** (0.003 7)
年龄	0.006 0*** (0.001 3)	0.014 1*** (0.000 9)
年龄平方	-0.000 1*** (0.000 0)	-0.000 1*** (0.000 0)
女性	0.011 7*** (0.003 3)	0.006 3** (0.002 7)
受教育年限	0.021 5*** (0.001 1)	0.037 2*** (0.000 9)
家庭有1个孩子	-0.001 7 (0.004 0)	0.004 8 (0.003 1)
家庭有多个孩子	-0.022 2*** (0.006 1)	-0.015 4*** (0.003 6)
在私企工作	-0.036 0*** (0.004 8)	-0.017 5*** (0.005 0)
已婚	-0.002 7 (0.005 2)	-0.005 3 (0.003 8)
有房	-0.099 8*** (0.006 4)	-0.052 8*** (0.005 1)
ln（家庭收入）	0.015 7*** (0.001 4)	0.011 2*** (0.001 2)
ln（家庭净财富）	0.042 4*** (0.001 5)	0.023 4*** (0.000 9)

续表

变量	(1) OLS 金融市场参与	(2) OLS 股票市场参与
农村	-0.079 7*** (0.006 3)	0.008 8*** (0.002 6)
省份固定效应	Yes	Yes
年份固定效应	Yes	Yes
样本量	53 483	53 483
Adj. R-sq	0.128 5	0.165 4

注：表内 *、**、*** 分别表示估计系数在 10%、5%、1% 的置信水平显著，括号内为稳健标准误。考虑到调查发生在不同的年份和省份，本章控制了年份和省份的固定效应。

4.3.3　稳健性检验

在实证模型部分，本章讨论了实证模型潜在的内生性问题。为消除模型内生性导致的估计偏误，本章构建社区其他家庭流动性约束比例作为家庭流动性约束的工具变量，使用两阶段最小二乘法分别估计流动性约束对家庭金融市场参与、股票市场参与的影响。表 4-10 报告了估计结果。其中，第（1）列检验了流动性约束对家庭金融市场参与的影响，在使用工具变量后，流动性约束对家庭金融市场参与的影响不显著；第（2）列检验了流动性约束对家庭股票市场参与的影响，结果显示，家庭流动性约束会显著提高家庭股票市场参与的可能性。

表 4-10　稳健性检验 1：使用工具变量估计流动性对家庭金融市场参与的影响

变量	(1) 2SLS 金融市场参与	(2) 2SLS 股票市场参与
流动性约束	-0.030 1 (0.023 7)	0.182 9*** (0.018 1)
年龄	0.005 8*** (0.001 4)	0.016 6*** (0.000 9)
年龄平方	-0.000 1*** (0.000 0)	-0.000 2*** (0.000 0)
女性	0.012 4*** (0.003 5)	-0.002 3 (0.002 9)
受教育年限	0.021 5*** (0.001 1)	0.036 6*** (0.000 9)
家庭有 1 个孩子	-0.001 6 (0.004 0)	0.005 3* (0.003 2)

续表

变量	（1）2SLS 金融市场参与	（2）2SLS 股票市场参与
家庭有多个孩子	-0.022 4*** (0.006 1)	-0.013 4*** (0.003 7)
在私企工作	-0.035 6*** (0.004 8)	-0.019 7*** (0.005 1)
已婚	-0.002 9 (0.005 2)	-0.000 7 (0.003 9)
有房	-0.100 8*** (0.007 2)	-0.066 0*** (0.005 7)
ln（家庭收入）	0.014 9*** (0.001 8)	0.019 6*** (0.001 6)
ln（家庭净财富）	0.044 2*** (0.003 5)	0.001 5 (0.002 4)
农村	-0.070 1*** (0.005 2)	-0.014 8*** (0.002 5)
省份固定效应	Yes	Yes
年份固定效应	Yes	Yes
样本量	53 112	53 483
Adj. R-sq	0.128 2	0.119 7
Kleibergen-Paap rk LM statistic	1 441.156	1 441.156
Cragg-Donald Wald F statistic	1 694.375	1 694.375
Kleibergen-Paap rk Wald F statistic	1 587.484	1 587.484

注：表内*、**、***分别表示估计系数在10%、5%、1%的置信水平显著，括号内为稳健标准误。考虑到调查发生在不同的年份和省份，本章控制了年份和省份的固定效应。同时，为处理实证模型中可能存在的内生性问题，本章使用社区其他家庭流动性约束的比例作为工具变量，在使用面板工具变量固定效应估计方法时，省份作为不随时间变化的变量将不会出现在估计模型的结果中。

为了进一步检验估计结果的稳健性，本章使用面板固定效应重新估计了流动性约束对无风险投资与风险投资的影响效应，估计结果见表4-11。其中，第（1）列报告了流动性约束对家庭无风险投资的估计结果，第（2）列报告了流动性约束对家庭风险投资的估计结果。由第（1）列可知，在面板固定效应的估计结果中，家庭流动性约束对家庭参与无风险投资没有显著影响；由第（2）列可知，流动性约束对家庭参与风险投资具有显著的正向影响，估计系数为0.028 2，在1%的显著性水平显著。这表明，当家庭受到流动性约束时，参与风险投资的可能性显著提高2.82%。

表 4 – 11　稳健性检验 2：使用固定效应估计流动性对家庭金融市场参与的影响

变量	(1) FE 无风险投资	(2) FE 风险投资
流动性约束	-0.004 1 (0.009 9)	0.028 2*** (0.009 0)
年龄	0.005 9 (0.004 4)	0.000 5 (0.003 9)
年龄平方	-0.000 1 (0.000 1)	-0.000 0 (0.000 0)
家庭有 1 个孩子	-0.007 3 (0.015 0)	0.001 6 (0.014 7)
家庭有多个孩子	0.020 5 (0.026 2)	-0.024 2 (0.022 7)
在私企工作	-0.014 9 (0.009 2)	-0.032 8*** (0.009 8)
已婚	-0.014 5 (0.016 0)	-0.010 5 (0.014 5)
有房	-0.049 4*** (0.018 6)	-0.031 2* (0.018 5)
ln（家庭收入）	0.018 3*** (0.003 9)	0.026 2*** (0.003 4)
ln（家庭净财富）	0.023 6*** (0.003 3)	0.021 9*** (0.002 4)
年份固定效应	Yes	Yes
样本量	53 483	53 483
Adj. R-sq	0.034 2	0.031 7

注：表内 *、**、*** 分别表示估计系数在 10%、5%、1% 的置信水平显著，括号内为稳健标准误。考虑到调查发生在不同的年份和省份，本章控制了年份和省份固定效应。在使用面板固定效应估计方法时，省份作为不随时间变化的变量将不会出现在估计模型的结果中。

本章也使用替换关注变量的方法，进一步检验本章研究发现的稳健性。本章使用家庭流动性约束成员数量作为关注变量，估计家庭流动性对金融市场参与、股票市场参与的影响，实证结果见表 4 – 12。家庭流动性约束成员数量对家庭金融市场参与有显著的负向影响，对股票市场参与有显著的正向影响。这表明，本章研究发现结果稳健。

表 4-12　稳健性检验 3：替换关注变量估计流动性对家庭金融市场参与的影响

变量	(1) OLS 金融市场参与	(2) OLS 股票市场参与
家庭流动性约束成员数量	-0.010 8*** (0.002 6)	0.020 6*** (0.002 2)
年龄	0.006 0*** (0.001 3)	0.014 5*** (0.000 9)
年龄平方	-0.000 1*** (0.000 0)	-0.000 2*** (0.000 0)
女性	0.011 8*** (0.003 3)	0.005 3** (0.002 7)
受教育年限	0.021 5*** (0.001 1)	0.037 2*** (0.000 9)
家庭有 1 个孩子	-0.001 6 (0.004 0)	0.004 6 (0.003 1)
家庭有多个孩子	-0.022 4*** (0.006 1)	-0.014 7*** (0.003 6)
在私企工作	-0.035 8*** (0.004 8)	-0.018 5*** (0.005 0)
已婚	-0.001 5 (0.005 2)	-0.007 6** (0.003 8)
有房	-0.103 1*** (0.006 3)	-0.043 9*** (0.005 1)
ln（家庭收入）	0.016 0*** (0.001 4)	0.011 6*** (0.001 2)
ln（家庭净财富）	0.042 3*** (0.001 5)	0.021 6*** (0.000 9)
农村	-0.068 8*** (0.004 8)	-0.027 9*** (0.001 9)
省份固定效应	Yes	Yes
年份固定效应	Yes	Yes
样本量	53 483	53 483
Adj. R sq	0.128 4	0.163 6

注：表内 *、**、*** 分别表示估计系数在 10%、5%、1% 的置信水平显著，括号内为稳健标准误。考虑到调查发生在不同的年份和省份，本章控制了年份和省份固定效应。

4.4　本章小结

在发展中国家，金融市场参与依旧存在严重问题。世界上大约有 2.5 亿家庭没有参与传统金融市场。我国家庭金融市场参与十分有限，2019 年我国家庭金融资产占总资产比例仅为 8.40%。家庭金融投资有利于增加家庭财产性收入，财产性收入是衡量国家市场化和国民富裕程度的重要指标。参与金融市场、增加家庭资产投资比例，优化家庭金融资产组合将是我国家庭的重要行为决策。

信贷市场是家庭参与金融市场的重要途径，而家庭资产组合也尤为重要。家庭资产选择理论主要研究家庭可供选择的资产种类和资产配置的决定因素。现实中，家庭同时面临两个决策：消费和储蓄之间如何分配，以及金融资产中风险资产的配置比例。流动性约束将制约部分家庭的资产跨期配置，进而影响家庭的资产选择行为。金融资产中，风险资产的配置比例是家庭重要的金融决策。根据资产组合理论，理性的投资者应该将财富按一定比例投资于所有的风险资产，投资者风险厌恶程度的差异导致风险资产投资比例的不同。

本章关注流动性约束对家庭金融市场参与的影响。本章定义无风险金融资产和风险投资，具体而言，将家庭持有的活期和定期存款作为无风险金融资产，家庭持有的其他风险资产如股票、基金、债券、衍生品、非人民币资产等资产作为风险投资。然后，将持有风险资产或无风险资产家庭定义为参与金融市场家庭，将持有股票的家庭定义为参与股票市场家庭。因此，本章将金融市场参与和股票市场参与作为主要的被解释变量。在样本家庭中，我国家庭股票市场参与比例仅为 11.54%。

本章构建线性概率模型，使用微观家庭调查数据，检验流动性约束对家庭金融市场参与的影响。研究发现，当家庭受到流动性约束时，家庭参与金融市场的概率显著降低 1.66%，股票市场参与概率显著提高 1.56%。流动性约束会促使我国家庭股票市场参与水平提高 13.52%，具有显著的经济意义。为了进一步考察流动性约束对家庭金融市场参与的影响，本章检验了流动性约束对家庭金融市场参与影响的风险异质性。家庭流动性约束对家庭参与无风险投资有显著的负向作用，当家庭受到流动性约束时，家庭参与无风险投资的可能性显著下降 1.51%。流动性约束对家庭参与风险投资有显著的正向影响，当家庭受到流动性约束时，家庭参与风险投资的可能性会上升 1.78%。该发现与风险敏感理论一致，认为当家庭当前地位低于预期地位，即处于相对不利位置时，家庭偏好风险。本书研究流动性约束对家庭行为的影响。当家庭受到流动性约束时，在风险敏感理论下，家庭将更加偏好风险；在金融市场参与中，家庭会降低无风险投资，增加风险投资。

通过比较追踪家庭两期流动性约束状态变化，本章定义家庭开始受到流动性约束和家庭结束流动性约束两个状态变化哑变量，然后使用最小二乘法分别估计流动性约束状态变化对家庭金融市场参与、股票市场参与的影响。研究发现，家庭开始受到流动性约束对家庭金融市场参与没有显著影响，对家庭股票市场参与存在显著的负向影响；家庭结束流动性约束对家庭金融市场参与的影响不显著，对家庭股票市场参与存在显著的负向影响。具体而言，当家庭开始受到流动性约束时，家庭参与股票市场的可能性会降低 1. 77%；当家庭流动性约束结束时，家庭参与股票市场的概率会降低 1. 48%。尽管家庭流动性约束促使家庭偏好风险，降低低风险投资而增加高风险投资，但是当流动性约束状态发生变化，家庭开始受到流动性约束或结束流动性约束时，均显著降低家庭股票市场参与。

在进一步分析中，本章参考亚佩利（2019）定义的家庭信贷约束，检验信贷约束对家庭金融市场参与的影响，并发现，当家庭受到信贷约束时，参与金融市场的可能性显著降低6. 06%。在异质性分析中，本章根据收入、财富、生产经营和城乡对家庭分组。在考察不同收入分组下流动性约束对家庭金融市场参与、股票市场参与的异质性影响时，本章发现，低收入家庭流动性约束对家庭金融市场参与没有显著影响，而对家庭股票市场参与有显著的负向影响，当低收入家庭受到流动性约束时，家庭参与股票市场的概率显著下降8. 23%。在考察不同家庭财富分组下流动性约束对家庭金融市场参与的异质性影响时，本章发现，低财富家庭流动性约束对家庭金融市场参与、股票市场参与均有显著的负向影响，低财富家庭受到流动性约束时，家庭金融市场参与概率显著降低6. 47%，家庭股票市场参与概率显著降低5. 22%。本章考察了生产经营分组下流动性约束对家庭金融市场参与、股票市场参与的异质性影响，发现生产经营的家庭受到流动性约束将显著提高家庭金融市场参与可能性 2. 96%，显著降低家庭股票市场参与可能性6. 52%。在考察城乡分组下流动性约束对家庭金融市场参与、股票市场参与的异质性影响时，发现农村家庭流动性约束对家庭金融市场参与具有显著的正向作用，而对家庭股票市场参与具有显著的负向作用。研究发现，当农村家庭受到流动性约束时，家庭金融市场参与的可能性会显著上升2. 40%，参与股票市场的可能性会显著降低 8.45%。

在稳健性检验部分，本章构建工具变量、使用面板固定效应估计以及替换关注变量流动性约束的定义方式，检验流动性约束对家庭金融市场参与的影响。首先，在使用工具变量后，流动性约束对家庭金融市场参与的影响不显著，但会显著提高家庭股票市场参与的可能性；其次，在面板固定效应的估计结果中，家庭流动性约束对家庭参与无风险投资没有显著影响，对家庭参与风险投资有显著的正向影响；最后，本章使用家庭流动性约束成员数量作为关注变量，发现家庭流动性约束成员数量对家庭金融市场参与有显著的负向影响，对股票市场参与有显著的正向影响。

第 5 章　流动性约束与劳动市场参与

本章关注流动性约束对家庭劳动市场参与的影响。关于流动性约束的文献很少将劳动供给引入。罗西和特鲁基（2016）使用意大利微观家庭数据，首次直接定义劳动者个体流动性约束，检验流动性约束对劳动供给的影响，发现流动性约束显著促进劳动者增加工作时长。在此启发下，本章将分析家庭劳动供给决策，构建流动性约束与劳动供给模型和家庭集体模型，检验家庭流动性约束对成员劳动市场参与的影响。

5.1　理论分析

本书关注家庭行为。本章的重点是讨论流动性约束对家庭劳动供给的影响。正如贝克尔（Becker，1976）提出的那样，家庭是劳动供给决策的单位，基亚波里（Chiappori，1998）建立了家庭劳动供给的集体模型（Collective Model），并指出，在家庭成员有各自的效用函数和市场工资率的情况下，当家庭的所有成员个体在各自约束条件下消费和劳动供给实现帕累托最优时，家庭效用最大。

很多文献关注影响家庭劳动供给的因素如家庭收入、财富和家庭中孩子照料等因素。一些学者从工资收入角度研究家庭劳动供给的问题。伯特尔斯（Burtless，1991）指出，净工资率影响了劳动时间而非劳动参与率。伊萨和利布曼（Eissa and Liebman，1996）研究税改后收入提高对有孩子的单身母亲参与劳动和劳动供给的影响，指出有孩子的单身母亲在税改后劳动参与率显著提高了2.8%，劳动供给中工作时长却没有发现显著的变化。齐利亚克和托马斯（Ziliak and Thomas，2005）发现，税后工资和净工资率在消费和工作时长的互补效应下，对劳动者工作时长有正向的影响。有不少文献关注家庭成员的行为对其他家庭成员劳动供给的影响。佐佐木（Sasaki，2002）发现，父母公婆和已婚女性一同居住会显著提高女性劳动参与。鲁珀特和扎内拉（Rupert and Zanella，2018）

发现，女性劳动者成为奶奶后劳动供给下降30%。

更多学者关注家庭劳动供给的影响因素。很多文献研究劳动供给和家庭财富之间的影响。贝尼托和萨勒欣（Benito and Saleheen，2013）指出，金融波动通过作用在金融财富影响劳动供给。万·休伊曾（van Huizen，2014）研究了财富波动对工作时间的影响，发现财富对男性劳动者影响有限，但会显著影响女性劳动者的劳动供给。奥蒂盖拉和锡亚西（Ortigueira and Siassi，2013）通过构建家庭男性和女性决定家庭消费、储蓄和劳动供给的模型，研究发现，当失业风险发生时，在财富水平较低的家庭中丈夫失业时女性劳动时间比丈夫未失业的女性多8%。基亚波里等（2018）构建了教育、婚姻、劳动供给和消费均衡模型，研究婚姻市场与家庭内部不平等。尽管萨莱希·伊斯法哈尼和穆斯塔法维·德佐伊（Salehi ~ Isfahani and Mostafavi ~ Dehzooei，2018）认为，现金转移支付对劳动者劳动供给不存在显著影响，费特和洛克伍德（Fetter and Lockwood，2018）发现，老年人资助政策可以有效降低65 ~74岁男性8.5%的劳动参与。

学者关心家庭照料对家庭劳动供给的影响。赫克曼（Heckman，1974）指出，家庭孩子照料多由家庭其他成员或亲戚等来完成，属于低成本的非正规家庭看护。布劳和罗宾斯（Blau and Robins，1988）考虑了非正规家庭照料和市场化的家庭照料，分析了两者成本。贝克等（Baker et al.，2008）在研究家庭照料孩子对父母劳动参与的影响时，分析孩子照料的成本与父母劳动就业的关系，考虑了提供家庭照料孩子的补贴对父母选择他人代为看护的影响，指出提供孩子照料的额外补贴可以增加家庭劳动供给。不少学者在公共孩子照料对家庭父母劳动供给影响方面有不同看法。鲍恩舒斯特和施洛特尔（Bauernschuster and Schlotter，2015）使用1996 ~2010年来自德国幼儿园的数据，通过工具变量和双重差分模型发现了公共孩子照料和看护与女性劳动参与之间存在显著的正向关系，指出3 ~4岁孩子公共照料提高10%的情况下，孩子母亲劳动参与提高3.7%。鲁珀特和扎内拉（2018）则发现年长劳动者在有孙子后劳动供给下降。

我国人口和经济转型时期有其自身的特殊性，研究劳动力市场要考虑我国国情。学者们从不同角度对我国劳动力市场展开了研究。卢锋等（2015）针对奥肯定律标准模型不适用于我国的现象，研究劳动力市场与宏观经济周期的关系，指出我国转型期失业率对经济周期波动的不显著。赵达等（2019）使用中国城镇住户调查数据，从婚姻制度角度研究失业率对家庭成员劳动供给的影响，指出失业率会显著提高户主配偶劳动供给的可能性。

学者们从中国国情和具体政策两方面研究我国家庭劳动供给。吴伟平等（2016）考虑了房价上涨带来的家庭财富积累，研究房价和女性劳动参与之间的关系，指出房价上涨会显著降低女性劳动参与；无房家庭中，房价上涨会显著提高女性劳动参与。彭青青等（2018）建立了家庭成员劳动供给模型，发现中国市场化进程可能导致工资性别差异扩大，影响劳动个体参与行为；使用1992～2009年的中国城镇住户调查数据，通过实证模型中市场化程度和女性的交互项对劳动参与检验，发现市场化程度对女性影响为负向。

在个人所得税和最低工资标准的制定方面，有学者研究这些政策对劳动供给的影响。叶菁菁等（2017）针对我国个人所得税起征点提高的具体政策，使用双重差分法和固定效应模型，研究个人所得税相关法令的实施对劳动供给的影响。他们发现，个人所得税起征点提高，没有对劳动者工作时长产生显著影响，但提高了劳动参与率。基于我国女性劳动者参与率高的情况，很多学者研究影响女性劳动者参与的因素。马双等（2017）使用2011～2013年中国家庭金融调查数据，通过不同区县在最低工资上的差异，研究最低工资对已婚女性劳动参与的影响。他们发现，最低工资与女性劳动参与有显著的正向关系。当最低工资标准升高时，已婚女性劳动参与率显著提高。

不少学者关注我国退休政策对劳动供给的影响。王丽莉和乔雪（2018）研究了在计划生育政策放松和延迟退休背景下我国的劳动力供给，发现放松计划生育政策使人们愿意提早退休，但延迟退休政策会抵消部分放开二孩的政策效果，影响中国劳动力供给的增长。张熠等（2017）则指出，延迟退休政策从就业岗位创造的效益角度来看，对就业是有益的。封进和韩旭（2017）从家庭照料角度研究制度退休的作用，特别是对劳动供给和家庭照料的影响。他们发现，制度退休带来的养老金增加了家庭照料的可能性，降低劳动参与的可能性。邹红等（2018）却指出，老年人的隔代照料增加了青年女性的劳动供给，延迟退休政策可能会降低家庭隔代照料，降低女性劳动供给。

本章关注流动性约束对家庭劳动供给的影响。部分国外文献研究信贷和劳动供给之间的关系。在劳动力供给方面，失业与信贷约束有密切关系（Hajivassiliou and Ioannides，2007），信贷约束也影响职业选择（Giannetti，2011）。福廷（Fortin，1995）与德博卡和卢萨尔迪（Del Boca and Lusardi，2003）使用不同国家数据进行研究，发现按揭贷款对女性劳动参与存在显著的正向影响。

在信贷市场不完善时，家庭流动性约束影响家庭劳动力供给。国外已有较多学者研究流动性约束对家庭劳动力供给的影响。德博卡和卢萨尔迪（2003）检验了信贷市场不完善产生的溢出效应将影响劳动力市场，发现1989～1993年意大利家庭抵押贷款的使用显著影响了家庭劳动力市场的参与。博塔齐（Bottazzi，2004）使用1993～2000年英国家庭调查面板数据分析生命周期理论下女性劳动力市场参与和抵押还款之间的关系，发现抵押还款与扣除女性成员收入后的家庭收入之比对女性劳动力市场参与有显著正向影响。

福廷（1995）借助1986年加拿大家庭支出调查，发现抵押还款对家庭女性劳动力供给有正向影响。博塔齐等（2007）使用结构模型阐述担负更多抵押还款债务的家庭提供更多的劳动时长，检验还款债务对家庭劳动供给强度的影响，发现其中存在显著的正向关系。

罗西和特鲁基（2016）使用意大利家庭收入与财富调查数据，研究家庭提供额外劳动供给抵消信贷约束、实现平滑消费，发现流动性约束增加了家庭男性劳动力供给强度；受约束家庭男性劳动时间比非约束家庭平均多4个小时；创业家庭可能因为灵活调整劳动供给而对信贷约束更加敏感。

国内关于流动性约束与劳动供给关系的研究还比较匮乏。有文献关注信贷约束和创业之间的关系。程郁和罗丹（2009）发现，信贷约束与农户创业之间关系是非单调的，放松信贷约束不一定促进农户创业。刘杰和郑风田（2011）发现，正规信贷约束抑制农户创业。蔡栋梁等（2018）关注流动性约束与创业概率。

少有文献研究流动性约束对我国家庭劳动供给的影响。部分文献通过间接的方式研究我国劳动供给问题。吴伟平等（2016）发现，房价上涨会显著降低女性劳动参与。叶菁菁等（2017）研究个人所得税起征点提高对个人劳动供给的影响，发现个人所得税提高后，劳动参与率提高，但对劳动力工作时长没有显著影响。个人所得税与流动性约束有间接影响，起征点的提高可以在一定程度上增加劳动收入，降低流动性约束。马双等（2017）研究发现，最低工资标准上涨会显著提高女性劳动参与率。这些研究发现财富增加或收入提高对劳动参与存在影响，间接地反映劳动个体流动性约束对劳动参与的影响。

目前尚未发现国内有文献研究劳动者个体流动性约束对自身劳动供给以及对家庭成员劳动供给的影响。因此，本书从流动性约束角度切入，研究流动性约束对家庭劳动供给的影响，是对家庭劳动供给文献的补充。

关于家庭内部资源分配的研究已有很多。在家庭成员决策行为一致的假定下，贝克尔（1976）提出，家庭是劳动供给决策的单位，在家庭效用最大化的目的下，决定劳动参与率和工作时间长短。在家庭成员内部有分歧和博弈时，学者从博弈论角度讨论家庭内部模型，如麦克尔罗伊和霍尼（MacElroy and Horney, 1981）假设在一对夫妻家庭中使用纳什议价博弈（Nash Bargaining）分析需求函数。

基亚波里（1992）基于家庭集体（Collective Household）模型进行分析时发现，家庭成员有各自偏好，家庭决策是所有成员行为的帕累托最优。在分担机制下，家庭成员实现自身劳动供给和消费最优。在家庭集体模型思想的指导下，分析成员的效用函数有助于理解家庭决策。德孔和克里希南（Dercon and Krishnan, 2000）基于基亚波里（1992）的做法，考虑了家庭中的个体成员随着时间推移或相对于其他家庭成员保持消费的能力，发现贫穷家庭不参与完全的风险分担，即家庭将拒绝家庭集体模式下对分配实行帕累托效率。也有文献研究家庭资源分配的不平等，如消费不平等（Lise and Seitz, 2011）、时间利用不平等（如 Öneş et al., 2013）。

布伦德尔等（Blundell et al., 2007）拓展了基亚波里（1992）模型，引入劳动参与、劳动时间和离散选择，考虑英国男性和女性劳动者工资架构的变化，发现男性工资和就业情况使其在家庭中有更强的议价能力。伊依贡和沃尔什（Iyigun and Walsh, 2007）设定了配偶偏好不存在差别，但女性付出更多孩子照料时间的家庭微观经济模型，指出由于婚姻议价能力根据配偶的收入确定，丈夫和妻子都考虑到婚前教育决定的婚姻权力以及从家庭资源中提取的份额，议价能力内生性为夫妻的决策问题带来了非合作因素。德博卡和弗林（Del Boca and Flinn, 2012）在研究家庭内部决策时，引入家庭成员短期和长期的劳动参与约束，指出在对家庭分配决策进行建模时，有必要模拟家庭成员面临的约束集，考虑某些家庭无法实现有效结果的可能性。

家庭风险分担可以作为一种非正式的保险机制。蒋远胜等（2003）在研究家庭风险分担机制对四川农户健康保险需求的影响时指出，在我国社会经济背景中，亲情关系很受重视。他们将风险分担定义为转移负面影响（如家庭社会和经济崩溃、疾病等）的短期策略。陈玉宇和行伟波（2006）研究家庭面对外生冲击时消费的风险分担，指出亲友借贷的非正式消费保险是家庭风险分担的一种情况，实现了家庭面对外生收入损失时的消费平滑。法德隆和尼尔森（Fadlon and Nielsen, 2019）利用家庭层面的经济互动和最优条件证明，在家庭有效配置的框架内，配偶应对冲击时的劳动供给影响政府向家庭提供福利所带来的收益。

尼科莱蒂等（Nicoletti et al.，2018）研究家庭成员同侪效应（family peer effect）对母亲主要工作时长的影响。基亚波里等（2018）发现，婚姻市场均衡决定了家庭内部的资源分配，婚姻具有提供公共产品和提供风险分担的双重作用。他们在可转移的公用事业环境中建立了教育、婚姻、劳动力供给和消费的均衡生命周期模型，发现个人选择在教育投资、预测婚姻市场和劳动力市场的回报，根据婚姻和偏好的经济价值进行匹配。婚后家庭在不确定的情况下进行储蓄、供应劳动力，以及消费私人和公共商品。

不少文献研究家庭成员间互相作用引起家庭劳动供给的变化。布鲁斯（Bruce，1999）发现，家庭丈夫自我雇佣显著提高妻子自我雇佣的可能性。诺伊马克和波斯特尔韦特（Neumark and Postlewaite，1998）指出，家庭中其他女性参与劳动市场会提高女性劳动参与率，丈夫的相对收入与女性劳动参与也有关系。家庭是分担风险、提供互助的重要团体。成员提供的家庭隔代照料对家庭其他成员的劳动供给有重要影响。家庭有同住老年人可能通过隔代照料提高年轻女性就业（Ogawa and Ermisch，1996；Cardia and Ng，2003），但未提供实证数据的检验。萨马罗（Zamarro，2011）、迪莫娃和沃尔夫（Dimova and Wolff，2011）以及邹红等（2018）都通过实证数据发现家庭中老年人的隔代照料可以显著增加家庭年轻女性的劳动参与。

国外已经很多文献研究家庭风险如丈夫失业对妻子或家庭其他成员劳动参与的影响。肖尔（Shore，2010）认为，婚姻允许夫妻分散劳动收入风险，动态协调劳动力供应决策以应对冲击，利用丈夫和妻子收入的横截面协方差变化，推断过去收入变化的协方差，研究指出，婚姻的风险分担利益是反循环的；当经济快速增长时，丈夫和妻子的收入变化正相关。艾波吉斯和乔治利斯（Apergis and Georgellis，2018）指出，失业率会外溢影响就业者。布罗伊特曼等（Bredtmann et al.，2018）使用欧洲28个国家2004～2013年的数据，更有针对性地研究家庭丈夫失业对女性劳动供给的影响，发现女性成员在丈夫失业后显著增加了劳动参与的可能性。卡多纳·索萨等（Cardona-Sosa et al.，2018）使用哥伦比亚数据研究家庭其他劳动者应对家庭主要劳动者失业的冲击，发现在户主失业的前6个月内，女性劳动供给提高了9%～20%；户主失业1年以上时，大学学龄以下的家庭成员也提高了劳动参与的可能性。

国内也有学者关注家庭风险分担下家庭的劳动供给问题。赵达等（2019）使用中国城镇住户调查数据，发现当失业率提高1%时，户主的配偶从失业状态变为就业状态的概率提高8.13%。这也表明，家庭风险分担中家庭成员应对户主感知的负面冲击时所提供的支持和风险分担。尽管不少文献研究家庭成员间互相作用如丈夫失业、姐妹就业等对家庭劳动供给的影响，但目前很少有文献直接关注户主流动性约束对家庭成员劳动参与和劳动供给的影响。因此，本书从户主流动性约束角度出发，补充和完善家庭成员风险分担和劳动供给的文献。

5.1.1 流动性约束与劳动供给模型

参考罗西和特鲁基（2016）的研究，本章建立效用最优模型。假定劳动市场参与者的生命周期只有两期，即劳动市场参与个体的效用最优问题发生在两个时期，劳动个体的目标是最大化其一生的效用。用A_t表示劳动者在时期 t 的财富，消费和闲暇分别为c_t和l_t。每一期个体都需要决定消费（c_t, t = 1, 2）和时间的分配。

在第一期，劳动参与者决定自己的时间归属时，需要将自己的时间分配在劳动供给和闲暇娱乐［$l_1 \in (0,1)$］。假设在第一期，劳动者通过劳动获得的收入I，包括主要工作收入I_p和多项其他工作收入$\sum I_m$两部分。在收入的假设中，考虑工作带来的劳动收入，不考虑加班、奖金等额外收入。为了区分劳动者在主要工作和其他工作上的时间投入，把劳动者的劳动时间分为主要工作的时间l_p和多项其他工作的参与时间$\sum l_m$。假设主要工作的工资率为w_p，其他工作的工资率w_m随工作重要性降低而减少。劳动者主要工作收入$I_p = w_p \times l_p$，其他工作收入为$\sum I_m = \sum (l_m \times w_m)$。第二期 $t=2$ 是劳动参与者的退休时期，假设退休后的劳动者将不再参与劳动力市场，所有的时间都用于闲暇娱乐，也就是$l_2 = L$。在第二期，劳动参与者将获得退休金Y_r。

假设劳动参与者初始禀赋外生且不存在（$A_0 = 0$），同时假设劳动个体不会产生遗产$A_3 = 0$，也就是将所有的存款 $I - c_1$和退休金均用于第二期的消费，以实现效用最大。为了简化模型，将利率和主观贴现率均设置为0。

基于以上假设，本章使用效用最大化的研究框架，将劳动力参与市场的个体效用函数定义为：

$$U = \sum_{t=1}^{2} u(c_t, l_t) = u(c_1, l_1) + u(c_2, L) \tag{5-1}$$

其中，效用函数是凹函数，且消费和闲暇的边际效用递减（$u'_x < 0, u''_x < 0, x = c_t, l_t$）。

因为假设劳动者不具有初始禀赋和遗产，效用函数满足以下约束条件：

$$A_2 = I - c_1 \tag{5-2}$$

$$c_2 = Y_r + A_2 \tag{5-3}$$

效用函数还需要满足的约束条件是劳动力参与约束 $1 - l_1 \geqslant 0$。

效用最大化问题也就是确定最优A_2和l_1。根据多份工作的假定，效用函数最优问题可以被写为：

$$\max_{A_2, l_1} u\left[w_p\left(1 - l_1 - \sum l_m\right) + \sum \left(w_m \times l_m\right) - A_2, l_1\right] + u\left[A_2 + Y_r, L\right] \tag{5-4}$$

当忽略流动性约束时，基于欧拉方程，可以很容易发现，当劳动参与个体的效用最大时，消费的边际效用在两期内均保持一致，第一期内消费的边际效用和闲暇的边际效用相等，即：

$$u'_{c_1}(c_1, l_1) - u'_{c_2}(c_2, l_2) = 0 \tag{5-5}$$

$$-w\, u'_{c_1}(c_1, l_1) - u'_{l_1}(c_1, l_1) = 0 \tag{5-6}$$

其中，用 w 表示第一期内消费的边际效用和闲暇的边际效用存在的比例关系。

流动性约束发生是由于劳动市场参与个体的当前收入小于其永久性收入（Rossi and Trucchi，2016）。考虑存在流动性约束时，假设当财富小于某个外生冲击阈值 B 时，个体受到流动性约束，即：

$$A_2 \geqslant B \tag{5-7}$$

考虑流动性约束的情况下，可以推导效用函数的一阶条件为：

$$u^C_{c_1}\left[w_p\left(1 - l_1 - \sum l_m\right) + \sum \left(w_m \times l_m\right) + B, l_1\right] > u^C_{c_2}\left(Y_r - B, L\right) \tag{5-8}$$

$$u^C_{c_1}\left[w_p\left(1 - l_1 - \sum l_m\right) + \sum \left(w_m \times l_m\right) + B, l_1\right] = \frac{u^C_{l_1}\left[w_p\left(1 - l_1 - \sum l_m\right) + \sum \left(w_m \times l_m\right) + B, l_1\right]}{w_p} \tag{5-9}$$

用上标 C 表示流动性约束发生时的一阶条件。于是，可以得到：

$$\frac{u^C_{l_1}\left[w_p\left(1 - l^C_1 - \sum l^C_m\right) + \sum \left(w_m \times l^C_m\right) + B, l^C_1\right]}{w_p} > u^C_{c_2}\left(c^C_2, L^C\right) \tag{5-10}$$

于是，有：

$$\frac{u^C_{l_1}\left[w_p\left(1 - l^C_1\right) + \sum \left(\left(w_m - w_p\right) \times l^C_m\right) + B, l^C_1\right]}{w_p} > u^C_{c_2}\left(c^C_2, L^C\right) \tag{5-11}$$

为了更清晰地解释流动性约束发生时的一阶条件，先在劳动者有两份工作的情况下解释一阶条件。在两份工作的情况下，主要工作的工作时长为 l_p ，工资率为 w_p ；第二份工作的工作时长为 l_2 ，工资率为 w_2 。根据模型设定，主要工作的工资率 w_p 高于第二份工作的工资率 w_2 。于是，一阶条件可以写作：

$$\frac{u_{l_1}^C[w_p(1-l_1^C)+(w_2-w_p)\times l_2^C+B,l_1^C]}{w_p}>u_{c_2}^C(c_2^C,L^C) \qquad (5-12)$$

根据一阶条件不等式可知，随着外生冲击发生阈值 B 的增加，由于效用函数是凹函数，且消费和闲暇的边际效用递减，不等式左侧变小。为保证不等式的成立，劳动者闲暇时间l_1^C需要降低。l_1^C降低将导致劳动者工作总时长 $1-l_1^C$增加，总收入$w_p(1-l_1^C)$ 增加，不等式左侧变小。为保证不等式的成立，需要增加第二份工作的工作时长l_2^C，$(w_2-w_p)\times l_2^C$随之降低，使得不等式左侧变大，一阶条件满足，实现效用最大。在两份工作的条件下，理论模型可以得到以下推论：当外生冲击发生，劳动者面临流动性约束时，劳动者将选择参与第二份工作，劳动者主要工作的工作时长减少。

回到最初模型效用最大化问题的一阶条件：

$$\frac{u_{l_1}^C[w_p(1-l_1^C-\sum l_m^C)+\sum(w_m\times l_m^C)+B,l_1^C]}{w_p}>u_{c_2}^C(c_2^C,L^C) \quad (5-13)$$

当劳动者受到流动性约束时，也就是外生冲击发生后，随着阈值 B 的增加，消费的边际效用递减，不等式左侧变小。为了实现效用最优，流动性约束劳动者可以选择降低主要工作的工作时间$(1-l_1^C-\sum l_m^C)$，增加其他兼职工作的数量或工作时间 $\sum l_m$。这是因为w_m随着工作重要性顺序增加而递减，保证了不等式的成立，实现效用最优。可以得到以下推论：（1）当劳动参与者受到流动性约束时，主要工作的工作时间会降低；（2）主要工作加班的可能性会降低；（3）流动性约束劳动者会增加其他工作数量。本书将使用家庭微观调查数据，通过实证模型检验这些推论。

5.1.2 家庭集体模型

参考基亚波里（1988，1992）与阿普斯和里斯（Apps and Rees，1997）的研究，本书建立了家庭集体模型，分析流动性约束与家庭劳动供给。模型中家庭成员有各自的效用函数，当家庭所有成员实现帕累托最优时，家庭效用达到最大。假设家庭包含户主、户主父母、户主配偶和户主子女等类型的家庭成员，且所有成员均为具有劳动能力和满足工作要求的适龄人口。家庭成员面临相同的经济环境，即消费商品的价格相同。参考阿普斯和里斯（1997）的设定，本书假设在家庭消费中，有三种商品，分别是来自市场的消费品 x，家庭生产商品 y 和闲暇时间 z。来自市场的消费品 x 具有统一价格；家庭生产商品 y 因为不对外出售，价格由家庭决定；闲暇时间的价格为劳动者的工资率。假设这三种商品都是普通商品（normal goods），家庭生产商品 y 与闲暇时间 z 是互补品。

本书假设家庭个体效用函数是：$u^i(x_i, y_i, z_i), i = 1, 2, \cdots, n$。其中，$n$ 是家庭规模。假设家庭成员个体具有的效用函数是严格递增且二次可微的凹函数。假设工资率w_i是外生的，非劳动收入为m_i，家庭成员个体的劳动供给为l_i，家庭生产函数为 $h(\cdot)$。其中，家庭生产函数也是严格递增且二次可微的凹函数。

本书关注家庭成员流动性约束对其他家庭成员劳动供给的影响。根据基亚波里（1988，1992）的研究，所有家庭成员有各自的效用函数，有各自的效用下限。家庭成员组成家庭的约束是家庭集体模型中成员自身效用不低于个体效用下限值。在此情况下，使其他成员效用最大时，家庭效用最优。该家庭集体模型最优问题可以写成：

$$\max u^1 \tag{5-14}$$

约束条件为：

$$u^i \geqslant u_0^i \tag{5-15}$$

$$\sum x_i \leqslant \sum (w_i l_i + m_i) \tag{5-16}$$

$$\sum y_i = y = h(t_i) \tag{5-17}$$

$$l_i + t_i + z_i = T \tag{5-18}$$

$$l_i \geqslant 0 \tag{5-19}$$

$$t_i \geqslant 0 \tag{5-20}$$

$$z_i \geqslant 0 \tag{5-21}$$

$$i = 1, 2, \cdots, n$$

基于模型效用函数的设定，效用最大问题的一阶条件是：

$$\frac{u_y^i}{u_x^i} = p^* \tag{5-22}$$

$$\frac{u_z^i}{u_x^i} = w_i \tag{5-23}$$

$$\frac{w_i}{h_i} = p^* \tag{5-24}$$

$$i = 1,2,\cdots,n$$

其中，p^*是商品的边际成本，也是均衡时的价格。家庭中市场商品、家庭生产商品和闲暇时间这三类商品的一阶条件反映了家庭消费分配的帕累托最优；工资率和家庭个体投入家庭生产活动中的均衡是工资率与家庭生产商品价格相等。

内生变量的解是关于模型中参数工资率w_i和非劳动收入为m_i的函数。解可以分别写作：$x_i(\boldsymbol{w}_i,\boldsymbol{m}_i)$，$y_i(\boldsymbol{w}_i,\boldsymbol{m}_i)$，$z_i(\boldsymbol{w}_i,\boldsymbol{m}_i)$，$t_i(\boldsymbol{w}_i,\boldsymbol{m}_i)$，$l_i(\boldsymbol{w}_i,\boldsymbol{m}_i)$。其中，$w_i$是$w_1,w_2,\cdots,w_n$的向量，$m_i$是$m_1,m_2,\cdots,m_n$的向量。可以得出这样的结论：家庭消费和劳动分配都依赖于家庭成员个人的收入。影响家庭成员个人收入的因素，将影响家庭的消费和劳动分配。

给定均衡价格p^*和家庭所有成员工资率w_i时，家庭成员将时间分配在家庭生产活动和接受工资参与劳动两种情况下的收益：

$$\pi(p^*,w_i) = \max p^* h(t_i) - \sum w_i t_i \tag{5-25}$$

家庭收入可以写作：

$$\sum (w_i T + m_i) + \pi(p^*,w_i) \tag{5-26}$$

假设家庭收入用于家庭消费。家庭成员i获得家庭分配的收入s_i^*。在家庭成员i满足收入约束条件下，个体效用最大化问题为：

$$\max u^i(x_i,y_i,z_i) \tag{5-27}$$

约束条件为：

$$x_i + p^* y_i + w_i z_i = s_i^* \tag{5-28}$$

家庭成员j受到的流动性约束是收入w_j和其永久性收入w_{jp}的函数：$B(w_j,w_{jp})$。当$w_j < w_{jp}$时，家庭成员j受到流动性约束。

参考罗西和特鲁基（2016）以及迪顿（1992）的研究内容，永久性收入w_{jp}为：

$$w_{jp} = \frac{r}{1+r}\left[1 - \frac{1}{(1+r)^{(T-t+1)}}\right]^{-1}[H_t + A_t] \tag{5-29}$$

其中，T是劳动者寿命；r是利率；t是劳动者的年龄。劳动者个体的永久性收入包含了对未来预期的劳动收入H_t和财富A_t。假设劳动者个体通过参考生活在同一地区的相同性别和教育水平人群在具体年龄的历史收入来预期自己的未来劳动收入H_t。

根据流动性约束的定义，有：

$$\frac{\partial B}{\partial w_j} < 0 \tag{5-30}$$

$$\frac{\partial B}{\partial w_{jp}} > 0 \tag{5-31}$$

由于家庭成员与流动性约束成员关系不同，家庭成员分担的流动性约束也存在差别。假定家庭关系决定了成员分担的权重λ_i。其中，λ_i是 0 ~ 1 的常数。

家庭成员 i 的约束条件变为：

$$x_i + p^* y_i + w_i z_i = s_i^* - \lambda_i B \tag{5-32}$$

已知$x_i(\boldsymbol{w_i},\boldsymbol{m_i})$，$y_i(\boldsymbol{w_i},\boldsymbol{m_i})$，$z_i(\boldsymbol{w_i},\boldsymbol{m_i})$，$t_i(\boldsymbol{w_i},\boldsymbol{m_i})$，$l_i(\boldsymbol{w_i},\boldsymbol{m_i})$，所以家庭个人消费也就是所分配的收入可以写作：$s_i^* = s_i(\boldsymbol{w_i},\boldsymbol{m_i})$。于是，家庭成员闲暇可以写作：

$$z_i(\boldsymbol{w_i},\boldsymbol{m_i}) = Z_i(p^*,w_i,s_i^* - \lambda_i B) \tag{5-33}$$
$$i = 1,2,\cdots,n$$

因此，家庭成员之间的相互作用可以显现出来，即受流动性约束成员收入的变化将影响其他成员的闲暇时间。

$$\frac{\partial z_i}{\partial w_j} = \left(\frac{\partial Z_i}{\partial p^*}\right)\left(\frac{\partial p^*}{\partial w_j}\right) + \left(\frac{\partial Z_i}{\partial (s_i^* - \lambda_i B)}\right)\left(\frac{\partial (s_i^* - \lambda_i B)}{\partial w_j}\right) \tag{5-34}$$

根据约束条件，应用斯勒茨基方程，可有：

$$\frac{\partial Z_i}{\partial p^*} = \frac{\delta Z_i}{\delta p^*} - \frac{Y_i \partial Z_i}{\partial (s_i^* - \lambda_i B)} \tag{5-35}$$

于是有：

$$\frac{\partial z_i}{\partial w_j} = \left(\frac{\delta Z_i}{\delta p^*} - \frac{Y_i \partial Z_i}{\partial (s_i^* - \lambda_i B)}\right)\left(\frac{\partial p^*}{\partial w_j}\right) + \left(\frac{\partial Z_i}{\partial (s_i^* - \lambda_i B)}\right)\left(\frac{\partial (s_i^* - \lambda_i B)}{\partial w_j}\right) \tag{5-36}$$

即：

$$\frac{\partial z_i}{\partial w_j} = \left(\frac{\delta Z_i}{\delta p^*}\right)\left(\frac{\partial p^*}{\partial w_j}\right) + \left(\frac{\partial Z_i}{\partial (s_i^* - \lambda_i B)}\right)\left(\frac{\partial s_i^*}{\partial w_j} - \frac{Y_i \partial p^*}{\partial w_j} - \frac{\lambda_i \partial B}{\partial w_j}\right) \tag{5-37}$$

其中，替代效应为：

$$\left(\frac{\delta Z_i}{\delta p^*}\right)\left(\frac{\partial p^*}{\partial w_j}\right) \tag{5-38}$$

由于家庭生产商品 y 与闲暇时间 z 是互补品，$\left(\frac{\delta Z_i}{\delta p^*}\right)>0$。通常来讲，当劳动者工资收入增加，对商品需求增加，在商品供给情况不变时，市场均衡价格上升，$\left(\frac{\partial p^*}{\partial w_j}\right)>0$。因此，替代效应$\left(\frac{\delta Z_i}{\delta p^*}\right)\left(\frac{\partial p^*}{\partial w_j}\right)>0$。

收入效应为：

$$\left(\frac{\partial Z_i}{\partial\ (s_i^*\ -\lambda_i B)}\right)\left(\frac{\partial s_i^*}{\partial w_j}-\frac{Y_i\partial p^*}{\partial w_j}-\frac{\lambda_i\partial B}{\partial w_j}\right) \tag{5-39}$$

当家庭成员 j 没有受到流动性约束时，闲暇作为普通商品，收入效应 $\left(\frac{\partial Z_i}{\partial s_i^*}\right)\left(\frac{\partial s_i^*}{\partial w_j}-\frac{Y_i\partial p^*}{\partial w_j}\right)>0$。

当家庭成员 i 受到流动性约束 $B(w_j,w_{jp})$ 时，$\frac{\lambda_i\partial B}{\partial w_j}<0$。因此，式（5~39）为正，即收入效应增强。这表明，家庭成员 j 的劳动收入w_j对家庭成员 i 闲暇时间z_i的收入效应增强，家庭成员 i 的闲暇时间相对于家庭成员 j 的劳动收入w_j更加敏感。因此，本书得到如下推论：当家庭成员 j 收入降低时，家庭成员 j 受到流动性约束，导致家庭成员 i 闲暇时间 z_i 降低，家庭成员 i 劳动参与可能性提高。下面，本书将通过实证模型，运用微观调查数据，检验户主流动性约束对家庭成员劳动参与的影响。

5.2 增加的就业

5.2.1 实证策略

本章研究户主流动性约束对家庭成员劳动参与的影响。户主是家庭的决策者，对其他家庭成员的影响也是最大的。本书关注户主流动性约束对家庭成员劳动参与的影响。研究流动性约束对劳动参与的影响，识别流动性约束劳动个体是关键。根据现有文献的研究，流动性约束指标可从信贷约束、资产不足、收入与永久性收入的比较等多个角度考虑。本章参考罗西和特鲁基（2016）的研究，将使用“劳动者收入小于永久性收入”的角度定义劳动个体的流动性约束。其主要原因有：第一，从信贷约束视角和资产不足视角对流动性约束进行定义时，研究对象是以家庭为单位。在研究户主流动性约束对家庭其他成员的劳动参与影响时，使用个体流动性约束的定义方式更妥当。第二，在中国家庭金融调查数据中，问卷内容存在调整，在追踪访问的家庭中统计口径有一定差异。本章使用"劳动者收入小于永久性收入"的方式来定义户主的流动性约束状态。参考赵达等（2019）的研究，比较户主两期流动性约束状态，将上一期没有受到流动性约束、当期受到流动性约束的户主定义为户主受到流动性约束。本章研究户主流动性约束对家庭成员劳动参与的影响，关注的是户主从未受约束到约束状态时，对家庭成员新增劳动参与的影响。使用该定义方式，可以剔除两期户主均受到流动性约束产生的噪音。

本章参考罗西和特鲁基（2016）以及迪顿（1992）的研究，计算劳动者在时间 t 的永久性收入：

$$y^p = \frac{r}{1+r}\left[1 - \frac{1}{(1+r)^{(T-t+1)}}\right]^{-1}[H_t + A_t] \tag{5-40}$$

个体寿命 T 设定为 80 岁，利率 r 设定为 2%。劳动者个体的永久性收入包含了对未来预期的劳动收入H_t和财富A_t。假设劳动者个体通过参考生活在同一地区的相同性别和教育水平人群在具体年龄时往年的收入来预期自己的未来收入。生活在同省的劳动者样本中，所有劳动者当前收入在个体特征变量回归，然后针对该地区具体年份中劳动者具体的性别、年龄、受教育层次进行拟合，计算出该年份劳动个体的收入预期。计算 2013 年家庭户主流动性约束时使用 2011 年和 2013 年家庭户主的收入数据；计算 2015 年户主流动性约束时使用 2011 ~ 2015 年家庭户主的收入数据；计算 2017 年户主流动性约束时使用 2011 ~ 2017 年家庭户主的收入数据。因此，本章使用 2011 ~ 2017 年中国家庭金融调查数据，可定义 2013 ~ 2017 年户主流动性约束。根据流动性约束的定义方式，需比较两期户主流动性约束的状态，因此，可获得 2015 年和 2017 年家庭成员面板数据。

本章参考赵达等（2019）的研究，使用哑变量，比较家庭成员两期的就业状态，将上一期未就业、当期参与就业的家庭成员定义为家庭成员参与劳动，赋值为 1，否则为 0。通过比较家庭成员两期自我雇佣状态，本章将上一期没有自我雇佣、当期有自我雇佣的家庭成员定义为家庭成员自我雇佣，赋值为 1，否则为 0。本章关注的是家庭成员新增劳动参与和新增自我雇佣。使用该定义方式可以消除家庭成员在两期均劳动参与和自我雇佣的噪音。参考罗西和特鲁基（2016）的设定，本章根据中国家庭金融调查问卷的针对性问题实现对控制变量的定义。

为研究户主流动性约束对家庭不同成员劳动参与的影响，本章识别和定义了家庭成员与户主之间的关系。为简化和厘清家庭成员与户主之间的关系，本章重点考虑含户主在内三代成员之间的关系，即在以户主为参考系和出发点时，家庭成员与户主的关系可以定义为户主与父母、户主与配偶和户主与子女。在研究户主流动性约束对家庭成员劳动参与的影响时，需要使用家庭成员的个体数据，包括家庭成员个体的特征信息和工作信息等。本章剔除了变量存在缺失值的样本。由于2013年样本缺乏比较组，本章剔除了2013年的家庭成员样本。

表5－1给出了家庭成员与户主关系样本的年份分布。由表5－1可知，在2015年和2017年家庭成员样本中，家庭成员是户主父母的比例为11.09%，家庭成员是户主配偶的比例为41.62%，家庭成员是户主子女的比例为47.29%。在以户主为参考系和出发点时，家庭成员与户主关系大部分为户主配偶或子女，两者比例之和达88.91%。

表5－1　家庭成员信息　单位：人

年份	父母	配偶	子女
2015	2 669	8 647	12 962
2017	4 366	17 764	17 047
2015～2017	7 035	26 411	30 009

表5－2报告了变量的描述性统计结果。由表5－2可知，家庭成员有流动性约束户主比例为5.10%。在家庭成员的劳动参与方面，家庭成员参与劳动比例为13.32%，家庭成员自我雇佣比例为5.12%。

表5－2　变量描述性统计

变量	样本量	均值	标准差	最小值	最大值
劳动参与	39 735	0.133 2	0.339 8	0	1
自我雇佣	57 828	0.051 2	0.220 3	0	1
户主流动性约束	55 195	0.051 0	0.220 0	0	1
年龄	62 082	40.713 9	15.475 6	16	80
家庭1个孩子	62 082	0.342 6	0.474 6	0	1
家庭2个孩子以及上	62 082	0.163 9	0.370 2	0	1
已婚	62 082	0.724 6	0.446 7	0	1
家庭劳动者数量	62 082	3.697 7	1.151 6	1	14
女性	62 082	0.640 3	0.479 9	0	1
教育水平	62 082	9.973 1	4.684 6	0	22
家庭净财富	62 082	1 004 325	4 461 623	0	1 000 000 000

在识别和定义了家庭成员与户主之间关系后，本书按照户主父母、户主配偶和户主孩子进行分组。表5－3报告了家庭成员各组内劳动参与的描述性统计结果。

表5－3　　家庭成员关系分组后的劳动参与描述性统计

变量	户主父母	户主配偶	户主子女
开始参与	0.038 2	0.111 2	0.186 2
自我雇佣	0.011 0	0.042 7	0.069 5
女性	0.632 1	0.853 1	0.449 3
年龄	64.50	47.70	28.87

由表5－3可知，户主父母样本中，劳动参与行为比例较低，这与户主父母年龄较大有关。从数据中发现，户主父母的平均年龄为64.50岁，户主父母样本中60岁以上比例为72.73%，很大比例的户主父母无法参与到受雇佣的劳动力市场中。具体来看，户主父母参与劳动比例为3.82%，户主父母自我雇佣比例为1.10%。在户主配偶样本中，劳动参与比例相对较高。具体来看，户主配偶参与劳动的比例为11.12%，户主配偶自我雇佣比例为4.27%。在户主子女样本中，户主子女参与劳动比例为18.62%，户主子女自我雇佣比例为6.92%。总体来看，在家庭成员中，户主配偶和户主子女劳动参与比例相对较高，户主父母的劳动参与比例相对较低。

本章深入家庭内部劳动决策，研究家庭成员之间的相互影响。由于户主是家庭主要的决策者，本章主要研究户主流动性约束对家庭成员劳动参与的影响，设定实证模型如下：

$$LaborParticipation_{it} = \alpha + \beta HHLiquidityConstraint_{it} + X_{it}\gamma + c_i + u_{it} \tag{5-41}$$

其中，$LaborParticipation_{it}$是家庭成员i在时期t的劳动参与，是哑变量，当家庭成员i参与劳动时，赋值为1，否则为0。$HHLiquidityConstraint_{it}$是家庭成员$i$的户主在时期$t$的流动性约束情况，也是哑变量，当家庭成员$i$的户主受到流动性约束时，赋值为1，否则为0。$X_{it}$包含家庭成员$i$的个人特征变量和家庭特征变量。$c_i$包含家庭成员$i$不随时间变化的变量，如家庭成员$i$的能力、与户主的感情程度等。$u_{it}$是残差项。

模型中的关注变量是家庭户主流动性约束，被解释变量是家庭成员劳动参与。本章接下来讨论模型中可能存在的内生性问题。模型中内生性问题可能由存在遗漏变量和逆向因果问题导致。第一，模型中可能遗漏了同时影响户主流动性约束和成员劳动参与的一些变量，如成员和户主感情亲密程度、家庭和谐程度、家庭成员工作勤奋程度等。这些遗漏变量可能影响户主的收入，也可能同时影响其他成员劳动参与的积极性。笔者不认为这些遗漏变量会导致模型估计存在偏误，因为在短短的两年时间里，家庭和谐程度、成员工作的勤奋程度在很大概率上是保持不变的。模型使用面板固定效应的估计方法时，将消除这些不随时间变化的遗漏变量产生的估计偏误。第二，成员劳动参与对户主流动性收入的逆向因果可能产生内生性引起的估计偏误。尽管家庭成员的劳动参与可能通过影响户主劳动的积极性、勤奋程度等影响户主的收入，笔者也不认为该影响会导致模型估计产生偏误：一方面，户主流动性约束还取决于同省相同性别、年龄、受教育层次的其他劳动者收入所产生的预期收入，以及家庭资产的折现所计算的永久性收入，成员劳动参与对户主流动性约束的影响可能比较微弱；另一方面，家庭成员劳动参与影响户主收入的途径和勤奋程度在很大概率上是不随时间变化的，在面板固定效应的估计方法下，这些不随时间变化的遗漏变量都将消除。尽管本章分析模型内生性问题很可能不会对估计结果产生偏误，但是为消除模型内生性问题的忧虑，本章使用了“社区其他户主流动性约束比例”作为家庭户主流动性约束的工具变量给出了稳健性检验。下面，本章将报告和分析实证模型的估计结果。

5.2.2 流动性约束与家庭劳动参与

表5－4报告了户主流动性约束对家庭成员劳动参与的估计结果，研究发现，户主流动性约束将显著提高家庭成员劳动参与的可能性。其中，第（1）列使用普通最小二乘法进行估计，得到户主流动性约束对家庭成员劳动参与的估计系数是0.044 9，在1%的显著性水平显著。这表明，当户主受到流动性约束时，家庭成员参与劳动的可能性显著提高4.49%。第（2）列使用二值选择模型，使用服从正态分布的二值选择模型（Probit模型）估计流动性约束对成员劳动参与的影响，得到户主流动性约束对家庭成员劳动参与的边际效应是0.037 6，在1%的显著性水平显著。第（3）列使用面板固定效应消除可能存在的不随时间变化的遗漏变量所导致的估计偏误，估计系数是0.047 2，在1%的显著性水平显著。这表明，当户主受到流动性约束时，家庭成员参与劳动的可能性显著提高4.72%。从

理论分析中可以得到，家庭成员增加劳动供给，分担户主的流动性约束。实证结果表明，当户主受到流动性约束时，家庭成员参与劳动的可能性显著提高，这与理论分析是一致的。

表5－4　　流动性约束与成员劳动参与

变量	(1) OLS 成员劳动参与	(2) Probit 成员劳动参与	(3) FE 成员劳动参与
流动性约束	0.044 9 *** (0.007 7)	0.037 6 *** (0.006 3)	0.047 2 *** (0.014 7)
年龄	0.005 0 *** (0.000 8)	0.008 8 *** (0.000 9)	-0.002 8 (0.011 8)
年龄平方/100	-0.009 2 *** (0.000 8)	-0.014 3 *** (0.001 0)	0.001 6 (0.009 8)
家庭有1个孩子	-0.011 9 *** (0.004 0)	-0.013 5 *** (0.004 2)	0.007 4 (0.024 0)
家庭有2个及以上孩子	-0.000 1 (0.005 5)	-0.002 3 (0.005 5)	-0.000 8 (0.033 4)
已婚	-0.025 2 *** (0.005 6)	-0.029 4 *** (0.005 7)	-0.069 3 ** (0.032 4)
劳动者数量	0.007 5 *** (0.001 8)	0.006 6 *** (0.001 7)	-0.003 7 (0.010 9)
女性	-0.036 1 *** (0.004 2)	-0.028 9 *** (0.003 9)	
受教育水平	-0.004 4 *** (0.000 5)	-0.004 4 *** (0.000 5)	0.013 0 *** (0.003 1)
ln（家庭净财富）	0.000 0 (0.000 6)	0.000 2 (0.000 7)	0.006 9 ** (0.002 8)
年份哑变量	控制	控制	控制
省份哑变量	控制	控制	
样本量	36 318	36 318	36 318
Adj. R-sq/Pseudo R-sq	0.074 4	0.093 6	0.014 2

注：表内 *、**、*** 分别表示在10%、5%、1%的置信水平显著，括号内为稳健标准误。考虑到调查发生在不同的年份和省份，本书控制了年份和省份的固定效应。Probit模型估计系数为边际效应。在使用面板固定效应估计方法时，性别和省份作为不随时间变化的变量将不会出现在估计模型的结果中。

本章继续关注在男性户主家庭，户主流动性约束对女性成员劳动参与的影响。表5－5报告了估计结果。在表5－5中，第（1）列使用普通最小二乘法进行估计，第（2）列使用二值选择模型中Probit模型进行估计，第（3）列使用面板固定效应的估计方法进行估计。由第（1）列可知，男性户主流动性约束对女性成员劳动参与的估计系数为0.036 2，在1%的显著性水平显著。这表明，在男性户主家庭中，在户主受到流动性约束时，女性成员劳动参与显著提高3.62%。第（2）列使用Probit模型进行估计，得到男性户主流动性约束对女性成员劳动参与影响的边际效应是0.030 4，在1%的显著性水平显著。第（3）列使用面板固定效应的估计方法，得到男性户主流动性约束对女性劳动参与的估计系数为0.021 8，估计不显著。第（3）列使用面板固定效应估计方法，消除了可能存在的、不随时间变化的遗漏变量带来的估计偏误，估计结果更为可靠。因此，笔者认为，在男性户主家庭中，户主流动性约束对女性成员劳动参与没有显著的影响。

表5-5　　流动性约束与女性成员劳动参与

变量	（1）OLS 女性成员劳动参与	（2）Probit 女性成员劳动参与	（3）FE 女性成员劳动参与
流动性约束	0.036 2*** （0.011 6）	0.030 4*** （0.009 0）	0.021 8 （0.024 4）
年龄	0.006 0*** （0.001 0）	0.008 6*** （0.001 3）	-0.000 6 （0.022 1）
年龄平方/100	-0.008 5*** （0.001 0）	-0.011 8*** （0.001 4）	-0.020 2 （0.016 8）
家庭有1个孩子	-0.010 5** （0.005 3）	-0.010 3* （0.005 4）	-0.014 3 （0.036 4）
家庭有2个及以上孩子	-0.002 2 （0.007 1）	-0.001 6 （0.006 8）	0.013 5 （0.052 1）
已婚	-0.019 7** （0.008 1）	-0.024 5*** （0.008 7）	0.023 4 （0.045 5）
劳动者数量	0.009 4*** （0.002 3）	0.009 1*** （0.002 1）	0.008 2 （0.016 0）
受教育水平	-0.001 8*** （0.000 6）	-0.002 0*** （0.000 6）	-0.000 4 （0.004 9）
ln（家庭净财富）	0.001 1 （0.000 8）	0.001 2 （0.001 0）	0.004 7 （0.004 4）
年份哑变量	控制	控制	控制
省份哑变量	控制	控制	
样本量	15 150	15 150	15 150
Adj. R-sq/Pseudo R-sq	0.027	0.054 5	0.009 3

注：表内*、**、***分别表示在10%、5%、1%的置信水平显著，括号内为稳健标准误。考虑到调查发生在不同的年份和省份，本书控制了年份和省份的固定效应。Probit模型估计系数为边际效应。在使用面板固定效应估计方法时，省份作为不随时间变化的变量将不会出现在估计模型的结果中。

5.2.3　流动性约束与家庭自我雇佣

本章研究户主流动性约束对家庭成员劳动参与的影响，发现户主流动性约束显著提高家庭成员劳动参与的可能性。本章继续关注流动性约束对家庭成员自我雇佣的影响。表 5 – 6 报告了户主流动性约束对家庭成员自我雇佣的估计结果，研究发现，户主流动性约束将显著提高家庭成员自我雇佣的可能性。其中，第（1）列使用普通最小二乘法 OLS 进行估计，得到户主流动性约束对家庭成员自我雇佣的估计系数是 0.069 1，在 1% 的显著性水平显著。这表明，当户主受到流动性约束时，家庭成员自我雇佣的可能性显著提高 6.91%。第（2）列使用 Probit 模型估计流动性约束对成员自我雇佣的影响，得到户主流动性约束对家庭成员自我雇佣的边际效应是 0.040 8，在 1% 的显著性水平显著。第（3）列使用面板固定效应消除可能存在的不随时间变化的遗漏变量带来的估计偏误，估计系数是 0.062 9，在 1% 的显著性水平显著。这表明，当户主受到流动性约束时，家庭成员自我雇佣的可能性显著提高 6.29%。

表 5 – 6　　流动性约束与成员自我雇佣

变量	（1）OLS 成员自我雇佣	（2）Probit 成员自我雇佣	（3）FE 成员自我雇佣
流动性约束	0.069 1*** （0.006 4）	0.040 8*** （0.003 3）	0.062 9*** （0.009 5）
年龄	0.004 4*** （0.000 4）	0.008 5*** （0.000 6）	–0.058 7*** （0.006 6）
年龄平方/100	–0.006 9*** （0.000 4）	–0.012 2*** （0.000 7）	0.059 1*** （0.005 5）
家庭有 1 个孩子	–0.000 4 （0.002 3）	–0.002 0 （0.002 3）	0.017 0 （0.013 0）
家庭有 2 个及以上孩子	–0.000 2 （0.003 0）	–0.003 2 （0.003 0）	0.031 9* （0.019 0）
已婚	0.005 3* （0.003 1）	0.001 6 （0.003 1）	–0.020 4 （0.018 3）
劳动者数量	0.003 9*** （0.001 0）	0.003 1*** （0.000 8）	–0.000 4 （0.005 8）
女性	–0.031 5*** （0.002 3）	–0.027 0*** （0.002 1）	

续表

变量	(1) OLS 成员自我雇佣	(2) Probit 成员自我雇佣	(3) FE 成员自我雇佣
受教育水平	-0.003 9 *** (0.000 2)	-0.004 0 *** (0.000 2)	0.008 7 *** (0.001 8)
ln(家庭净财富)	-0.000 1 (0.000 3)	0.000 2 (0.000 4)	0.003 1 ** (0.001 4)
年份哑变量	控制	控制	控制
省份哑变量	控制	控制	
样本量	50 941	50 941	50 941
Adj. R-sq/Pseudo R-sq	0.115 0	0.264 1	0.117 3

注：表内 *、**、*** 分别表示在 10%、5%、1% 的置信水平显著，括号内为稳健标准误。考虑到调查发生在不同的年份和省份，本书控制了年份和省份的固定效应。Probit 模型估计系数为边际效应。在使用面板固定效应估计方法时，性别和省份作为不随时间变化的变量将不会出现在估计模型的结果中。

本章继续关注男性户主流动性约束对女性成员自我雇佣的影响，表 5-7 报告了估计结果。在表 5-7 中，由第（1）列可知，男性户主流动性约束对女性成员自我雇佣的估计系数为 0.047 2，在 1% 的显著性水平显著。这表明，在男性户主家庭中，当户主受到流动性约束时，女性成员自我雇佣的可能性显著提高 4.72%。第（2）列使用 Probit 模型进行估计，得到男性户主流动性约束对女性成员自我雇佣影响的边际效应是 0.027 1，在 1% 的显著性水平显著。第（3）列使用面板固定效应的估计方法，可以消除不随时间变化的遗漏变量导致的估计偏误，得到男性户主流动性约束对女性自我雇佣的估计系数为 0.035 5，在 5% 的显著性水平显著。这表明，当男性户主受到流动性约束时，女性成员自我雇佣的可能性显著提高 3.55%。

表 5-7　流动性约束与女性成员自我雇佣

变量	(1) OLS 女性成员自我雇佣	(2) Probit 女性成员自我雇佣	(3) FE 女性成员自我雇佣
流动性约束	0.047 2 *** (0.009 5)	0.027 1 *** (0.004 6)	0.035 5 ** (0.017 2)
年龄	0.003 5 *** (0.000 6)	0.007 2 *** (0.000 9)	-0.027 5 *** (0.008 6)
年龄平方/100	-0.004 8 *** (0.000 6)	-0.009 6 *** (0.001 1)	0.026 4 *** (0.007 8)
家庭有 1 个孩子	-0.002 0 (0.003 0)	-0.002 6 (0.002 9)	0.009 9 (0.017 0)

续表

变量	（1）OLS 女性成员自我雇佣	（2）Probit 女性成员自我雇佣	（3）FE 女性成员自我雇佣
家庭有2个及以上孩子	-0.005 7 (0.003 7)	-0.006 0 (0.003 9)	0.018 8 (0.026 1)
已婚	-0.000 1 (0.004 4)	-0.004 3 (0.005 2)	-0.002 4 (0.025 3)
劳动者数量	0.003 1 ** (0.001 2)	0.002 9 *** (0.001 1)	-0.001 9 (0.008 3)
受教育水平	-0.000 8 ** (0.000 3)	-0.001 0 *** (0.000 3)	0.001 5 (0.002 5)
ln（家庭净财富）	0.001 4 *** (0.000 4)	0.002 5 *** (0.000 7)	0.002 7 (0.001 9)
年份哑变量	控制	控制	控制
省份哑变量	控制	控制	
样本量	19 519	19 519	19 519
Adj. R-sq/Pseudo R-sq	0.045 2	0.150 8	0.023 9

注：表内 *、**、*** 分别表示在10%、5%、1%的置信水平显著，括号内为稳健标准误。考虑到调查发生在不同的年份和省份，本书控制了年份和省份的固定效应。Probit 模型估计系数为边际效应。在使用面板固定效应估计方法时，省份作为不随时间变化的变量将不会出现在估计模型的结果中。

5.2.4　进一步分析

本章研究发现，户主流动性约束显著提高家庭成员劳动参与和自我雇佣的可能性，男性户主流动性约束显著提高女性成员自我雇佣的可能性。考虑到家庭成员与户主的关系不同可能导致流动性约束与成员劳动参与存在异质性影响，本章进一步在户主父母、户主配偶和户主子女分样本中，研究户主流动性约束对家庭成员劳动参与的影响。

5.2.4.1　不同家庭成员劳动参与

表5-8报告了户主流动性约束对父母、配偶和子女劳动参与的估计结果。其中，第（1）列使用普通最小二乘法 OLS 估计户主流动性对父母劳动参与的影响，估计系数为0.079 4，在1%的显著性水平显著。第（2）列使用面板固定效应估计户主流动性约束对父母劳动参与的影响，得到估计系数为0.056 0，在10%的显著性水平显著。这表明，当户主受到流动性约束时，父母劳动参与的可能性显著提高5.60%。第（3）列使用 OLS 估计户主流动性约束对配偶劳动参与

的影响，估计系数为0.044 7，在1%的显著性水平显著。第（4）列使用面板固定效应的估计方法，估计得到户主流动性约束对配偶劳动参与的估计系数为0.032 9，估计不显著。这表明，家庭户主流动性约束对配偶劳动参与的可能性没有显著影响。第（5）列使用OLS估计方法得到户主流动性约束对子女劳动参与的估计系数为0.031 6，在5%的显著性水平显著。第（6）列使用面板固定效应进行估计，得到户主流动性约束对子女劳动参与的估计系数为0.015 0，估计结果不显著。这表明，家庭户主流动性约束对子女劳动参与的可能性没有显著影响。在户主父母、户主配偶和户主子女分样本中，本书发现户主流动性约束显著提高父母劳动参与的可能性，对户主配偶和子女劳动参与没有显著影响。

表5-8　　　　流动性约束对不同成员劳动参与的影响

变量	(1) OLS 父母	(2) FE 父母	(3) OLS 配偶	(4) FE 配偶	(5) OLS 子女	(6) FE 子女
流动性约束	0.079 4*** (0.019 1)	0.056 0* (0.031 7)	0.044 7*** (0.010 8)	0.032 9 (0.021 0)	0.031 6** (0.012 5)	0.015 0 (0.025 8)
年龄	-0.003 0 (0.003 5)	-0.009 3 (0.026 0)	0.002 7* (0.001 6)	-0.100 7*** (0.031 3)	0.023 3*** (0.002 3)	0.381 3*** (0.036 0)
年龄平方/100	0.000 3 (0.002 7)	0.009 3 (0.002 7)	-0.006 7*** (0.001 6)	0.087 8*** (0.024 5)	-0.034 3*** (0.003 3)	-0.531 3*** (0.043 9)
家庭有1个孩子	-0.014 3** (0.006 8)	-0.004 0 (0.051 9)	-0.021 3*** (0.006 0)	0.025 0 (0.033 0)	0.010 7 (0.008 0)	0.012 6 (0.043 9)
家庭有2个及以上孩子	0.000 2 (0.009 2)	0.022 0 (0.061 1)	-0.006 0 (0.008 3)	0.065 1 (0.047 3)	0.012 2 (0.010 4)	-0.029 6 (0.061 0)
已婚	0.001 8 (0.006 6)	0.010 1 (0.023 4)	-0.032 9 (0.030 3)	0.159 8 (0.165 6)	-0.060 0*** (0.009 1)	-0.156 1*** (0.048 7)
劳动者数量	0.003 7 (0.003 1)	0.012 5 (0.023 2)	0.004 9* (0.002 9)	-0.012 1 (0.015 2)	0.003 6 (0.003 2)	-0.000 8 (0.021 6)
女性	-0.020 5*** (0.007 1)		-0.039 4*** (0.008 5)		-0.032 3*** (0.006 2)	
受教育水平	-0.001 4* (0.000 8)	-0.005 5 (0.005 0)	-0.006 0*** (0.000 7)	-0.006 6 (0.005 3)	-0.004 0*** (0.000 9)	0.018 3*** (0.005 0)
ln（家庭净财富）	-0.000 0 (0.001 0)	-0.000 8 (0.002 1)	-0.000 8 (0.001 0)	0.001 8 (0.004 4)	0.001 5 (0.001 0)	0.011 4** (0.004 8)
年份哑变量	控制	控制	控制	控制	控制	控制
省份哑变量	控制		控制		控制	
样本量	4 878	4 878	15 469	15 469	15 971	15 971
Adj. R-sq	0.035 6	0.016 8	0.051 1	0.019 6	0.077 0	0.068 2

注：表内*、**、***分别表示在10%、5%、1%的置信水平显著，括号内为稳健标准误。考虑到调查发生在不同的年份和省份，本书控制了年份和省份的固定效应。在使用面板固定效应估计方法时，性别和省份作为不随时间变化的变量将不会出现在估计模型的结果中。

5.2.4.2 不同家庭成员自我雇佣

本书分别在户主父母、配偶和子女样本中，研究户主流动性约束对不同家庭成员自我雇佣的影响。表5-9报告了户主流动性约束对父母、配偶和子女的自我雇佣估计结果。其中，第（1）列使用普通最小二乘法OLS估计户主流动性对父母自我雇佣的影响，估计系数为0.035 5，在1%的显著性水平显著。第（2）列是使用面板固定效应估计，得到户主流动性约束对父母自我雇佣的估计系数为0.017 2，估计结果不显著。这表明，户主受到流动性约束对父母自我雇佣没有显著影响。第（3）列使用OLS估计户主流动性约束对配偶自我雇佣的影响，估计系数为0.054 0，在1%的显著性水平显著。第（4）列使用面板固定效应的估计方法，估计得到户主流动性约束对配偶自我雇佣的估计系数为0.035 6，估计结果在5%的显著性水平显著。这表明，家庭户主流动性约束显著提高了配偶自我雇佣的可能性。第（5）列使用了OLS估计方法，得到户主流动性约束对子女自我雇佣的估计系数为0.091 1，在1%的显著性水平显著。第（6）列使用面板固定效应进行估计，得到户主流动性约束对子女自我雇佣的估计系数为0.089 3，估计结果在1%的显著性水平显著。这表明，当家庭户主受到流动性约束时，户主子女自我雇佣的可能性显著提高8.93%。在户主父母、户主配偶和户主子女分样本中，本书发现户主流动性约束对父母自我雇佣没有显著影响，但显著提高了户主配偶和子女自我雇佣的可能性。

表5-9 流动性约束对不同成员自我雇佣的影响

变量	（1）OLS 父母	（2）FE 父母	（3）OLS 配偶	（4）FE 配偶	（5）OLS 子女	（6）FE 子女
流动性约束	0.035 5*** （0.012 5）	0.017 2 （0.014 9）	0.054 0*** （0.008 9）	0.035 6** （0.014 6）	0.091 1*** （0.010 6）	0.089 3*** （0.015 5）
年龄	-0.001 4 （0.001 7）	-0.007 3 （0.011 3）	0.003 0*** （0.000 8）	-0.075 4*** （0.015 0）	0.015 3*** （0.001 2）	0.088 7*** （0.019 1）
年龄平方/100	0.000 3 （0.001 4）	0.006 3 （0.009 5）	-0.005 3*** （0.000 8）	0.070 6*** （0.012 7）	-0.021 9*** （0.001 7）	-0.116 9*** （0.023 3）
家庭有1个孩子	-0.001 5 （0.003 4）	-0.000 7 （0.003 8）	-0.014 8*** （0.003 2）	0.027 0 （0.018 8）	0.014 1*** （0.004 3）	0.011 6 （0.023 0）
家庭有2个及以上孩子	-0.003 4 （0.004 3）	0.019 4 （0.013 6）	-0.014 0*** （0.004 2）	0.081 7*** （0.027 6）	0.010 6* （0.005 8）	-0.007 4 （0.034 2）
已婚	0.003 7 （0.003 0）	-0.005 6 （0.004 9）	-0.019 1 （0.015 9）	0.017 1 （0.107 7）	-0.014 9*** （0.005 0）	-0.021 8 （0.027 2）

续表

变量	(1) OLS 父母	(2) FE 父母	(3) OLS 配偶	(4) FE 配偶	(5) OLS 子女	(6) FE 子女
劳动者数量	-0.000 9 (0.001 4)	0.000 6 (0.011 1)	0.003 6** (0.001 6)	-0.002 3 (0.008 6)	0.002 1 (0.001 8)	0.007 1 (0.010 6)
女性	-0.009 9*** (0.003 5)		-0.032 6*** (0.004 9)		-0.028 8*** (0.003 3)	
受教育水平	-0.000 2 (0.000 4)	0.000 5 (0.002 0)	-0.002 6*** (0.000 3)	-0.003 1 (0.003 1)	-0.007 4*** (0.000 5)	0.017 7*** (0.002 9)
家庭净财富	-0.000 9 (0.000 6)	0.000 1 (0.000 7)	0.000 5 (0.000 5)	0.001 0 (0.002 3)	-0.000 3 (0.000 5)	0.003 9* (0.002 3)
年份哑变量	控制	控制	控制	控制	控制	控制
省份哑变量	控制		控制		控制	
样本量	5 818	5 818	21 806	21 806	23 317	23 317
Adj. R-sq	0.034 1	0.009 3	0.085 3	0.091 4	0.162 1	0.171 8

注：表内*、**、***分别表示在10%、5%、1%的置信水平显著，括号内为稳健标准误。考虑到调查发生在不同的年份和省份，本书控制了年份和省份的固定效应。在使用面板固定效应估计方法时，性别和省份作为不随时间变化的变量将不会出现在估计模型的结果中。

5.2.4.3 稳健性检验

罗西和特鲁基（2016）认为，25岁以下的家庭成员由于年龄太小而过于依赖父母和家庭，需要在劳动参与样本中剔除。参考罗西和特鲁基（2016）的做法，本章在25岁以上家庭成员样本中估计户主流动性约束对家庭成员劳动参与和自我雇佣的影响。表5-10报告了在25岁以上家庭成员样本中，户主流动性约束对家庭成员劳动参与的影响。其中，第（1）列使用普通最小二乘法得到户主流动性约束对家庭成员劳动参与的估计系数为0.051 3，在1%的显著性水平显著。这表明，户主流动性约束对家庭成员劳动参与的可能性有显著的正向影响。第（2）列使用面板固定效应的估计方法，得到户主流动性约束对家庭成员劳动参与的估计系数为0.041 9，在1%的显著性水平显著。这表明，当户主受到流动性约束时，家庭成员劳动参与的可能性显著提高4.19%。这与本章之前的估计结果是一致的，表明本章研究发现是稳健的。

表5-10　稳健性检验：年龄大于25岁劳动样本中流动性约束与成员劳动参与

变量	(1) OLS 成员劳动参与	(2) FE 成员劳动参与
流动性约束	0.051 3*** (0.008 2)	0.041 9*** (0.015 8)

续表

变量	（1）OLS 成员劳动参与	（2）FE 成员劳动参与
年龄	-0.001 0 (0.001 0)	-0.159 5*** (0.013 8)
年龄平方/100	-0.003 4*** (0.000 9)	0.144 4*** (0.012 0)
家庭有 1 个孩子	-0.014 8*** (0.004 2)	0.036 9 (0.025 5)
家庭有 2 个及以上孩子	-0.004 0 (0.005 7)	0.053 4 (0.034 6)
已婚	0.002 9 (0.005 9)	-0.043 5 (0.031 1)
劳动者数量	0.003 5* (0.001 9)	-0.010 0 (0.011 4)
女性	-0.035 2*** (0.004 5)	
受教育水平	-0.005 8*** (0.000 5)	-0.004 3 (0.003 6)
ln（家庭净财富）	-0.000 8 (0.000 7)	0.007 3** (0.003 1)
年份哑变量	控制	控制
省份哑变量	控制	
样本量	29 036	29 036
Adj. R-sq	0.088 9	0.053 4

注：表内 *、**、*** 分别表示在 10%、5%、1% 的置信水平显著，括号内为稳健标准误。考虑到调查发生在不同的年份和省份，本书控制了年份和省份的固定效应。在使用面板固定效应估计方法时，性别和省份作为不随时间变化的变量将不会出现在估计模型的结果中。

表 5-11 报告了在 25 岁以上家庭成员样本中，户主流动性约束对家庭成员自我雇佣的影响。其中，第（1）列使用普通最小二乘法 OLS 得到户主流动性约束对家庭成员自我雇佣的估计系数为 0.070 2，在 1% 的显著性水平显著。这表明，当户主受到流动性约束时，家庭成员自我雇佣的可能性显著提高 7.02%。第（2）列使用面板固定效应的估计方法，得到户主流动性约束对家庭成员自我雇佣的估计系数为 0.058 5，在 1% 的显著性水平显著。这表明，当户主受到流动性约束时，家庭成员自我雇佣的可能性显著提高 5.85%。这也表明了本研究的发现是稳健的。

表 5-11　稳健性检验：年龄大于 25 岁劳动样本中流动性约束与成员自我雇佣

变量	(1) OLS 成员自我雇佣	(2) FE 成员自我雇佣
流动性约束	0.070 2*** (0.007 0)	0.058 5*** (0.010 9)
年龄	0.000 6 (0.000 6)	-0.119 6*** (0.008 1)
年龄平方/100	-0.003 2*** (0.000 5)	0.111 1*** (0.007 0)
家庭有 1 个孩子	-0.005 6** (0.002 4)	0.027 9* (0.014 4)
家庭有 2 个及以上孩子	-0.004 3 (0.003 2)	0.059 0*** (0.020 7)
已婚	0.005 5 (0.003 4)	-0.011 8 (0.019 3)
劳动者数量	0.001 9* (0.001 0)	-0.005 5 (0.006 5)
女性	-0.031 4*** (0.002 6)	
受教育水平	-0.003 7*** (0.000 3)	0.000 0 (0.002 2)
ln（家庭净财富）	0.000 1 (0.000 4)	0.004 3*** (0.001 6)
年份哑变量	控制	控制
省份哑变量	控制	
样本量	41 366	41 366
Adj. R-sq	0.115 2	0.130 6

注：表内 *、**、*** 分别表示在 10%、5%、1% 的置信水平显著，括号内为稳健标准误。考虑到调查发生在不同的年份和省份，本书控制了年份和省份的固定效应。在使用面板固定效应估计方法时，性别和省份作为不随时间变化的变量将不会出现在估计模型的结果中。

在对模型内生性问题的讨论中，本章分析和解释了模型中遗漏变量和逆向因果对估计结果的影响是很微弱的。为了进一步消除模型内生性问题可能导致模型估计存在偏误的担忧，本章使用“社区其他家庭户主流动性约束比例”作为户主流动性约束的工具变量，分别使用两阶段最小二乘法和面板工具变量固定效应的估计方法，重新估计户主流动性约束对家庭成员劳动参与和自我雇佣的影响。

表 5-12 报告了使用工具变量后，户主流动性约束对家庭成员劳动参与的影

响。其中，第（1）列使用两阶段最小二乘法得到户主流动性约束对家庭成员劳动参与的估计系数为0.034 8，估计结果不显著。第（2）列使用面板工具变量固定效应的估计方法，消除了不随时间变化的遗漏变量可能导致的估计结果偏误，得到户主流动性约束对家庭成员劳动参与的估计系数为0.329 6，在1%的显著性水平显著。这表明，户主受到流动性约束显著提高家庭成员劳动参与的可能性。同时，这也表明，本章的发现是稳健的。

表5－12　　稳健性检验：使用工具变量流动性约束与成员劳动参与

变量	（1）2SLS 成员劳动参与	（2）FE 2SLS 成员劳动参与
流动性约束	0.034 8 （0.044 8）	0.329 6*** （0.076 9）
年龄	0.005 0*** （0.000 8）	0.000 0 （0.012 4）
年龄平方/100	－0.009 3*** （0.000 8）	－0.003 3 （0.010 9）
家庭有1个孩子	－0.012 0*** （0.004 0）	0.012 2 （0.024 1）
家庭有2个及以上孩子	－0.000 2 （0.005 5）	0.003 8 （0.033 6）
已婚	－0.025 2*** （0.005 6）	－0.072 3** （0.032 7）
劳动者数量	0.007 4*** （0.001 8）	0.007 4 （0.011 0）
女性	－0.036 2*** （0.004 2）	
受教育水平	－0.004 3*** （0.000 5）	0.011 2*** （0.003 2）
ln（家庭净财富）	0.000 2 （0.000 9）	0.001 5 （0.003 0）
年份哑变量	控制	控制
省份哑变量	控制	
样本量	36 318	36 318
Adj. R-sq	0.074 3	0.021 9

注：表内*、**、***分别表示在10%、5%、1%的置信水平显著，括号内为稳健标准误。考虑到调查发生在不同的年份和省份，本书控制了年份和省份的固定效应。在使用面板固定效应估计方法时，性别和省份作为不随时间变化的变量将不会出现在估计模型的结果中。

表5-13报告了使用工具变量后，户主流动性约束对家庭成员自我雇佣的影响。其中，第（1）列使用两阶段最小二乘法，发现户主流动性约束对家庭成员自我雇佣的估计系数为0.142 6，估计结果在1%的显著性水平显著。第（2）列使用面板工具变量固定效应的估计方法，得到户主流动性约束对家庭成员自我雇佣的估计系数为0.343 2，在1%的显著性水平显著。这表明，户主受到流动性约束可以显著提高家庭成员自我雇佣的可能性。稳健性检验结果表明本章的研究发现是可靠的。

表5-13　　稳健性检验：使用工具变量流动性约束与成员自我雇佣

变量	（1）2SLS 成员自我雇佣	（2）FE 2SLS 成员自我雇佣
流动性约束	0.142 6*** （0.033 0）	0.343 2*** （0.045 4）
年龄	0.004 3*** （0.000 4）	-0.055 8*** （0.007 1）
年龄平方/100	-0.006 8*** （0.000 4）	0.056 0*** （0.006 3）
家庭有1个孩子	-0.000 1 （0.002 3）	0.020 2 （0.013 5）
家庭有2个及以上孩子	0.000 0 （0.003 0）	0.037 1** （0.018 9）
已婚	0.005 6* （0.003 2）	-0.022 4 （0.018 5）
劳动者数量	0.004 3*** （0.001 0）	0.009 0 （0.006 1）
女性	-0.031 3*** （0.002 3）	
受教育水平	-0.004 0*** （0.000 2）	0.007 8*** （0.001 9）
ln（家庭净财富）	-0.000 8* （0.000 4）	-0.001 7 （0.001 7）
年份哑变量	控制	控制
省份哑变量	控制	
样本量	50 941	50 941
Adj. R-sq	0.110 0	0.012 8

注：表内*、**、***分别表示在10%、5%、1%的置信水平显著，括号内为稳健标准误。考虑到调查发生在不同的年份和省份，本书控制了年份和省份的固定效应。在使用面板固定效应估计方法时，性别和省份作为不随时间变化的变量将不会出现在估计模型的结果中。

考虑到农村家庭可能因从事农业生产活动而与城镇家庭劳动参与行为存在差异，本章接下来将考虑农村家庭的特殊性，分析农村家庭样本中户主流动性约束对成员劳动参与的影响。表 5 – 14 报告了农村家庭样本中户主流动性约束对家庭成员劳动参与的影响。其中，第（1）列使用普通最小二乘法，估计户主流动性约束对家庭成员劳动参与影响，估计系数为 0. 073 4，在 1% 的显著性水平显著，即当农村家庭户主受到流动性约束时，家庭成员劳动参与的可能性显著提高 7. 34% 。这表明，户主流动性约束对家庭成员劳动参与有显著的正向影响。第（2）列使用面板固定效应的估计方法，得到户主流动性约束对家庭成员劳动参与的估计系数为 0. 071 1，在 1% 的显著性水平显著。这表明，当户主受到流动性约束时，家庭成员劳动参与的可能性显著提高 7. 11% 。

表 5 – 14　　稳健性检验：农村家庭中流动性约束与成员劳动参与

变量	（1）OLS 成员劳动参与	（2）FE 成员劳动参与
流动性约束	0. 073 4 *** (0. 017 4)	0. 071 1 ** (0. 035 9)
年龄	0. 002 9 ** (0. 001 3)	–0. 047 9 * (0. 025 4)
年龄平方/100	–0. 006 9 *** (0. 001 3)	0. 052 9 *** (0. 018 2)
家庭有 1 个孩子	–0. 009 5 (0. 007 6)	–0. 063 2 (0. 041 2)
家庭有 2 个及以上孩子	–0. 001 5 (0. 008 7)	–0. 034 8 (0. 053 5)
已婚	–0. 013 1 (0. 009 3)	–0. 013 8 (0. 051 3)
劳动者数量	0. 000 9 (0. 003 0)	0. 010 0 (0. 017 4)
女性	–0. 052 0 *** (0. 007 6)	
受教育水平	–0. 001 8 ** (0. 000 9)	0. 009 2 * (0. 005 3)
ln（家庭净财富）	0. 001 5 (0. 001 0)	0. 007 9 * (0. 004 3)
年份哑变量	控制	控制

续表

变量	(1) OLS 成员劳动参与	(2) FE 成员劳动参与
省份哑变量	控制	
样本量	12 998	12 998
Adj. R-sq	0. 101 3	0. 025 5

注：表内 * 、** 、*** 分别表示在 10% 、5% 、1% 的置信水平显著，括号内为稳健标准误。考虑到调查发生在不同的年份和省份，本书控制了年份和省份的固定效应。在使用面板固定效应估计方法时，性别和省份作为不随时间变化的变量将不会出现在估计模型的结果中。

表 5 – 15 报告了在农村家庭样本中户主流动性约束对家庭成员自我雇佣的影响。其中，第（1）列使用普通最小二乘法，得到户主流动性约束对家庭成员自我雇佣的估计系数为 0. 103 1，在 1% 的显著性水平显著。这表明，当户主受到流动性约束时，家庭成员自我雇佣的可能性显著提高 10. 31% 。第（2）列使用面板固定效应的估计方法，得到户主流动性约束对家庭成员自我雇佣的估计系数为 0. 074 9，在 1% 的显著性水平显著。这表明，当户主受到流动性约束时，家庭成员自我雇佣的可能性显著提高 7. 49% 。稳健性检验的结果表明本书的发现是稳健的。

表 5 – 15　　稳健性检验：农村家庭中流动性约束与成员自我雇佣

变量	(1) OLS 成员自我雇佣	(2) FE 成员自我雇佣
流动性约束	0. 103 1 *** (0. 015 4)	0. 074 9 *** (0. 023 6)
年龄	0. 002 6 *** (0. 000 8)	– 0. 107 6 *** (0. 016 5)
年龄平方/100	– 0. 005 4 *** (0. 000 8)	0. 115 7 *** (0. 011 3)
家庭有 1 个孩子	– 0. 001 5 (0. 004 2)	0. 013 8 (0. 020 9)
家庭有 2 个及以上孩子	– 0. 004 1 (0. 004 7)	0. 053 1 * (0. 028 7)
已婚	0. 005 1 (0. 005 6)	0. 007 7 (0. 030 1)
劳动者数量	0. 003 3 * (0. 001 7)	– 0. 003 2 (0. 008 5)
女性	– 0. 047 4 *** (0. 004 3)	— —
受教育水平	– 0. 003 4 *** (0. 000 5)	0. 008 4 *** (0. 003 1)

续表

变量	（1）OLS 成员自我雇佣	（2）FE 成员自我雇佣
ln（家庭净财富）	0.000 9* （0.000 5）	0.004 2** （0.001 9）
年份哑变量	控制	控制
省份哑变量	控制	
样本量	19 103	19 103
Adj. R-sq	0.151 1	0.170 6

注：表内*、**、***分别表示在10%、5%、1%的置信水平显著，括号内为稳健标准误。考虑到调查发生在不同的年份和省份，本书控制了年份和省份的固定效应。在使用面板固定效应估计方法时，性别和省份作为不随时间变化的变量将不会出现在估计模型的结果中。

5.3　劳动供给

5.3.1　实证策略

首先，本章给出户主流动性约束的定义方式。本章参考罗西和特鲁基（2016）的研究内容，将使用“户主收入小于其永久性收入”的角度定义户主的流动性约束。户主的永久性收入计算公式为：

$$y^p = \frac{r}{1+r}\left[1 - \frac{1}{(1+r)^{(T-t+1)}}\right]^{-1}[H_t + A_t] \tag{5-42}$$

其中，个体寿命 T 设定为 80 岁，利率 r 设定为 2%。劳动者个体的永久性收入包含了对未来预期的劳动收入 H_t 和财富 A_t。永久性收入 H_t 是对未来收入的预期。假设劳动者个体通过参考生活在同一地区的相同性别和教育水平人群在具体年龄时往年的收入来预期自己的未来收入。生活在同省的劳动者样本中，所有劳动者当前收入在个体特征变量回归，然后针对该地区具体年份中劳动者具体的性别、年龄、受教育层次进行拟合，计算出该年份劳动个体的收入预期。之后使用罗西和特鲁基（2016）和迪顿（1992）的公式计算出永久性收入。在劳动供给方面，主要工作的工作时长是指劳动者每周用于主要工作的工作时间；加班是哑变量，本章将主要工作的周工作时长超过 40 小时的劳动者定义为加班劳动者，赋值为 1，否则为 0。表 5-16 报告了本章所使用变量的描述性统计结果。从表 5-16 可知，除户主外的家庭成员每周用于主要工作的时间为 43.94 小时，加班比例为 47.99%，家庭成员户主受到流动性约束的比例为 19.83%。

表 5－16　　变量描述性统计

变量	样本量	均值	标准差	最小值	最大值
工作时长	40 055	43.935 0	7.930 3	2.500 0	95
加班	40 055	0.479 9	0.499 6	0	1
户主流动性约束	40 055	0.198 3	0.398 7	0	1
年龄	40 055	35.124 2	10.530 5	16	79
家庭有 1 个孩子	40 055	0.350 9	0.477 3	0	1
家庭有 2 个孩子以及上	40 055	0.146 2	0.353 3	0	1
已婚	40 055	0.704 1	0.456 5	0	1
家庭劳动者数量	40 055	3.671 0	1.203 9	1	14
女性	40 055	0.535 3	0.498 8	0	1
教育水平	40 055	11.360 4	4.044 7	0	22
家庭净财富	40 055	1 022 856	5 323 945	0	1 000 000 000

本章打开家庭黑箱，深入家庭内部研究家庭成员之间的作用。由于户主在家庭中具有更强的话语权，本章主要研究户主流动性约束对家庭成员主要工作时长和加班的影响。考虑到所使用调查数据中家庭成员工作时长是连续变量，在个体追踪时存在较多缺失值，本章使用混合横截面数据，设定实证模型如下：

$$Y_i = \alpha + \beta HeadLC_i + X_i\gamma + u_i \tag{5-43}$$

其中，Y_i是家庭成员劳动者 i 在主要工作上投入的工作时间。$HeadLC_i$是户主的流动性约束，是哑变量，当户主受到约束时赋值为 1，否则为 0。X_i是控制变量，残差项是u_i。考虑到调查发生在不同的年份和省份，本章控制了年份和省份固定效应。

本章接下来讨论实证模型可能存在的内生性问题。实证模型中可能存在的内生性问题主要来自逆向因果和遗漏变量两方面。一方面，家庭成员工作时长可能对户主工作勤奋程度和工作偏好等产生影响，影响户主流动性约束。但本章认为，该影响是比较微弱的。根据家庭集体模型，家庭成员劳动收入影响其他成员的消费和闲暇。本章认为，户主是家庭收入最高或者能做出家庭决策的特殊家庭成员，户主的话语权和影响力相对较强，家庭成员对户主的工作影响力相对比较微弱。在流动性约束的定义中，使用了户主自身的永久性收入。永久性收入的计算取决于由同省相同性别、年龄、受教育层次的其他劳动者的收入所产生的预期收入，以及家庭资产的折现。家庭成员很难影响到户主的永久性收入。另一方面，实证模型可能遗漏一些共同影响家庭成员工作时长和户主流动性约束的变量，如成员和户主感情程度、家庭和谐程度、家庭工作勤奋程度等。这些遗漏变量是可能存在的，对模型估计结果的影响程度是不确定的。

为了消除模型可能存在内生性导致估计结果有偏的担忧，本章使用社区其他家庭户主流动性约束比例作为家庭户主流动性约束的工具变量。本章继续讨论工具变量的有效性。生活在同一社区的家庭户主可能存在某些相近的特质或决策偏好，例如，有相近的工作态度、努力程度等，满足相关性的条件。在实证模型中，本章也进行了弱工具变量检验。社区其他家庭户主流动性约束比例与某个家庭成员工作时长没有直接关系，满足外生性的条件。因此，笔者认为，选择社区其他家庭户主流动性约束比例作为家庭户主流动性约束的工具变量是合适的。

为研究户主流动性约束对家庭不同成员工作时长的影响，本章识别和定义了家庭成员与户主之间的关系。为简化和厘清家庭成员和户主之间的关系，本章重点区分含户主在内的三代成员之间的关系，即在以户主为参考系和出发点时，家庭成员与户主的关系包括户主与父母、户主与配偶和户主与子女。

为研究户主流动性约束对家庭成员加班可能性的影响，使用 Probit 模型进行估计。模型设定如下：

$$Prob(Y_i = 1 \mid X_i) = Prob(\beta HeadLC_i + X_i\gamma + \varepsilon_i > 0 \mid X_i) \qquad (5-44)$$

其中，$\varepsilon_i \sim N(0,\sigma^2)$。$Y_i$ 是家庭成员劳动者加班哑变量，成员加班时赋值为 1，否则为 0。$HeadLC_i$ 是家庭户主流动性约束哑变量，当户主受到流动性约束时，赋值为 1，否则为 0。X_i是控制变量。在实证模型的估计中，本书使用 Probit 模型进行估计。为了消除潜在逆向因果和遗漏变量导致模型中可能存在的内生性问题，本章也使用社区其他劳动者流动性约束比例作为工具变量，使用服从正态分布的工具变量二值选择模型（Ivprobit 模型）估计。为分析因家庭成员与户主之间关系不同而引起的异质性影响，本章也分别在户主父母、户主配偶和户主子女样本中进行了实证检验。下面，本章将报告和分析实证模型的估计结果。

5.3.2 流动性约束与成员工作时长

5.3.2.1 基准回归

表 5 - 17 报告了户主流动性约束对家庭成员主要工作时长影响的估计结果，研究发现，户主流动性约束对家庭成员主要工作时长有显著的负向影响。其中，第（1）列和第（2）列分别使用普通最小二乘法和两阶段最小二乘法估计方法。

由第（1）列可知，户主流动性约束对家庭成员其他劳动者主要工作的工作时长有显著的负向影响，估计系数为 -0.529 8，在1%的水平显著。这表明，当户主受流动性约束时，家庭其他成员劳动者每周用于主要工作的工作时长减少0.53小时。第（2）列使用社区其他家庭户主流动性约束比例作为工具变量，估计结果也显示户主流动性约束对家庭其他成员主要工作时长存在显著的负向影响，估计系数为 -3.96，在1%的显著性水平显著。这表明，当户主受到流动性约束时，家庭成员主要工作时长显著减少3.96小时。

表5-17　流动性约束与家庭成员工作时长

变量	（1）OLS 成员工作时长	（2）2SLS 成员工作时长
流动性约束	-0.529 8*** (0.101 3)	-3.960 5*** (0.101 3) (0.396 6)
年龄	0.098 9*** (0.031 0)	0.096 6*** (0.031 2)
年龄平方	-0.209 3*** (0.040 4)	-0.188 2*** (0.040 9)
家庭有1个孩子	0.029 5 (0.093 5)	-0.020 1 (0.094 8)
家庭有2个及以上孩子	0.696 3*** (0.136 2)	0.692 1*** (0.137 3)
已婚	0.150 9 (0.112 7)	0.024 3 (0.114 8)
劳动者数量	0.301 5*** (0.034 6)	0.265 4*** (0.035 3)
女性	-1.846 6*** (0.077 0)	-1.824 6*** (0.078 2)
受教育水平	-0.389 1*** (0.010 9)	-0.379 8*** (0.011 1)
ln（家庭净财富）	-0.169 2*** (0.020 1)	-0.015 7 (0.026 7)
年份哑变量	控制	控制
省份哑变量	控制	控制
样本量	40 055	40 055
Adj. R-sq	0.086 5	0.061 7
一阶段F值		213.05

注：表内*、**、***分别表示在10%、5%、1%的置信水平显著，括号内为稳健标准误。本书使用社区其他家庭户主流动性约束比例作为工具变量。考虑到调查发生在不同的年份和省份，本书控制了年份和省份的固定效应。

从理论模型分析中可以得到，劳动者流动性约束显著减少自身主要工作的工作时长。基于家庭集体模型，家庭成员的劳动参与和工作时长受户主流动性约束影响。本章研究发现，当户主受到流动性约束时，家庭成员分担了户主的流动性约束，户主流动性约束传导到家庭成员身上，影响成员改变自身劳动供给中时间的分配，降低了主要工作时长。同时，本章研究也发现，户主流动性约束显著提高了家庭成员自我雇佣的可能性，这可能是由于家庭成员降低主要工作时长后，劳动时间分配到自我雇佣或其他工作中。这与家庭集体模型、流动性约束和劳动供给效用最优模型下的理论分析结果是一致的。

5.3.2.2　异质性分析

本章研究发现，家庭户主流动性约束可以导致家庭成员主要工作的工作时长显著减少。考虑到家庭成员与户主的关系不同可能导致流动性约束对成员工作时长存在异质性影响，本章将分别从户主父母、户主配偶和户主子女样本中，考察家庭户主流动性约束对家庭成员主要工作时长的影响。表 5 - 18 报告了在户主父母样本中，户主流动性约束对父母主要工作时长影响的估计结果。由表 5 - 18 的第（1）列可知，户主流动性约束对户主父母劳动者主要工作的工作时长估计系数为 -0. 285 4，估计不显著。这表明，当户主受流动性约束时，对户主父母劳动者每周用于主要工作的工作时间没有显著影响。第（2）列使用社区其他家庭户主流动性约束比例作为工具变量，估计结果显示，户主流动性约束对户主父母主要工作时长也没有显著影响。

表 5 - 18　　流动性约束与父母工作时长

变量	（1）OLS 父母工作时长	（2）2SLS 父母工作时长
流动性约束	-0. 285 4 (0. 813 1)	-1. 863 8 (4. 985 4)
年龄	-0. 048 4 (0. 216 1)	-0. 047 8 (0. 209 8)
年龄平方	-0. 087 7 (0. 220 8)	-0. 083 5 (0. 216 5)
家庭有 1 个孩子	0. 411 3 (0. 692 0)	0. 390 7 (0. 684 6)
家庭有 2 个及以上孩子	2. 070 2 ** (1. 018 5)	2. 100 3 ** (0. 997 4)

续表

变量	(1) OLS 父母工作时长	(2) 2SLS 父母工作时长
已婚	2.254 3 * (1.169 6)	2.385 3 * (1.230 9)
劳动者数量	0.177 9 (0.413 6)	0.054 1 (0.566 2)
女性	-2.492 1 *** (0.647 5)	-2.497 0 *** (0.632 3)
受教育水平	-0.271 5 *** (0.083 5)	-0.276 0 *** (0.081 4)
ln(家庭净财富)	-0.387 5 ** (0.180 9)	-0.308 7 (0.299 0)
年份哑变量	控制	控制
省份哑变量	控制	控制
样本量	975	975
Adj. R-sq	0.111 4	0.107 5
一阶段 F 值		5.71

注：表内 *、**、*** 分别表示在 10%、5%、1% 的置信水平显著，括号内为稳健标准误。本书使用社区其他家庭户主流动性约束比例作为工具变量。考虑到调查发生在不同的年份和省份，本书控制了年份和省份的固定效应。

本章继续在户主配偶样本中考察户主流动性约束对配偶主要工作时长的影响结果。表 5-19 报告了普通最小二乘法和两阶段最小二乘法的估计结果。由表 5-19 中第（1）列可知，户主流动性约束对户主配偶劳动者主要工作的工作时长估计系数为 -1.002 2，估计结果在 1% 的显著性水平显著。这表明，当户主受流动性约束时，户主配偶劳动者每周用于主要工作的工作时间减少 1.00 小时。第（2）列使用社区其他家庭户主流动性约束比例作为工具变量，估计系数为 -4.913 6，在 1% 的显著性水平显著，也表明户主流动性约束对户主配偶主要工作时长存在显著的负向影响。

表 5-19　　流动性约束与配偶工作时长

变量	(1) OLS 配偶工作时长	(2) 2SLS 配偶工作时长
流动性约束	-1.002 2 *** (0.190 3)	-4.913 6 *** (0.895 6)
年龄	0.180 4 ** (0.076 4)	0.177 6 ** (0.077 7)

续表

变量	（1）OLS 配偶工作时长	（2）2SLS 配偶工作时长
年龄平方	-0.301 3*** (0.091 6)	-0.265 2*** (0.093 6)
家庭有 1 个孩子	-0.230 0 (0.175 0)	-0.269 8 (0.177 7)
家庭有 2 个及以上孩子	0.073 6 (0.280 1)	0.165 5 (0.283 4)
已婚	-0.249 5 (0.619 8)	-0.282 7 (0.623 7)
劳动者数量	0.471 1*** (0.082 9)	0.410 3*** (0.084 6)
女性	-1.713 4*** (0.177 0)	-1.670 2*** (0.180 6)
受教育水平	-0.408 6*** (0.020 5)	-0.408 5*** (0.020 8)
ln（家庭净财富）	-0.201 8*** (0.042 3)	0.020 0 (0.065 5)
年份哑变量	控制	控制
省份哑变量	控制	控制
样本量	14 135	14 135
Adj. R-sq	0.066 3	0.038 5
一阶段 F 值		79.54

注：表内 *、**、*** 分别表示在 10%、5%、1% 的置信水平显著，括号内为稳健标准误。本书使用社区其他家庭户主流动性约束比例作为工具变量。考虑到调查发生在不同的年份和省份，本书控制了年份和省份的固定效应。

根据家庭集体模型，户主配偶在户主受到流动性约束时，会分担户主的流动性约束，改变劳动供给。根据流动性约束和劳动供给效用模型，当劳动者受到流动性约束时，会减少闲暇时间，增加总工作时间，减少主要工作时长，增加多份工作。因此，从理论模型分析中可以得到，当户主受到流动性约束时，家庭成员主要工作的工作时长会减少。本章实证检验发现，当户主受到流动性约束时，户主配偶主要工作时长显著降低，这与理论模型推导结论一致。

接下来，本章在户主子女样本中考察户主流动性约束对子女主要工作时长的影响。表 5-20 报告了模型的估计结果。由表 5-20 中第（1）列可知，户主流动性约束对户主子女劳动者主要工作时长估计系数为 -0.274 8，估计结果在 5%

的显著性水平显著。这表明，当户主受到流动性约束时，户主子女劳动者每周用于主要工作的工作时间减少0.27小时。第（2）列使用社区其他家庭户主流动性约束比例作为户主流动性的工具变量，估计户主流动性约束对子女主要工作时长有显著的负向影响，估计系数为－3.6263，在1%的显著性水平显著。这表明，当户主受到流动性约束时，子女主要工作时长显著降低3.63小时。在第2章理论模型分析中发现，当劳动者受到流动性约束时，劳动者降低主要工作的工作时长，增加多份工作，参与家庭生产活动。基于家庭集体模型，当户主受到流动性约束时，家庭成员分担户主流动性约束，降低主要工作的工作时长。本章的实证发现与理论模型的分析一致。

表5－20　流动性约束与子女工作时长

变量	（1）OLS 子女工作时长	（2）2SLS 子女工作时长
流动性约束	－0.2748** （0.1182）	－3.6263*** （0.4209）
年龄	0.0236 （0.0460）	0.0076 （0.0465）
年龄平方	－0.0995 （0.0672）	－0.0529 （0.0681）
家庭有1个孩子	0.2861** （0.1128）	0.2911** （0.1143）
家庭有2个及以上孩子	1.0092*** （0.1583）	1.0174*** （0.1599）
已婚	0.2990** （0.1225）	0.2291* （0.1240）
劳动者数量	0.1346*** （0.0443）	0.0677 （0.0457）
女性	－1.7695*** （0.0911）	－1.7081*** （0.0927）
受教育水平	－0.3671*** （0.0135）	－0.3510*** （0.0138）
ln（家庭净财富）	－0.1390*** （0.0230）	－0.0048 （0.0285）
年份哑变量	控制	控制
省份哑变量	控制	控制
样本量	23496	23496

续表

变量	（1）OLS 子女工作时长	（2）2SLS 子女工作时长
Adj. R-sq	0.097 0	0.070 2
一阶段 F 值		128.56

注：表内 *、**、*** 分别表示在 10%、5%、1% 的置信水平显著，括号内为稳健标准误。本书使用社区其他家庭户主流动性约束比例作为工具变量。考虑到调查发生在不同的年份和省份，本书控制了年份和省份的固定效应。

5.3.3　流动性约束与成员加班

本章研究发现，户主流动性约束显著降低成员主要工作的工作时长。那么，户主流动性约束是否会对家庭成员主要工作加班产生影响呢？本章接下来将通过实证模型进行检验。本章也将分别从户主父母、户主配偶和户主子女样本中进行考察，研究不同家庭关系中户主流动性约束对家庭成员主要工作加班可能性的影响。基于家庭集体模型，家庭成员分担户主流动性约束，影响家庭成员劳动参与。根据流动性约束和劳动供给效用最优模型，当劳动者受到流动性约束时，劳动者减少主要工作的工作时长，参与其他工作，增加其他工作的工作时长。第 4 章和第 5 章通过实证模型和微观数据发现，劳动者流动性约束显著降低主要工作的工作时长，户主流动性约束显著增加家庭其他成员的劳动参与和自我雇佣的可能性。本章研究发现，户主流动性约束可以显著降低家庭成员主要工作的工作时长。接下来，本章将考察户主流动性约束对家庭成员主要工作加班可能性的影响。

表 5－21 报告了户主流动性约束对家庭其他成员劳动者加班可能性影响的估计结果。其中，第（1）列使用普通最小二乘法估计，得到户主流动性约束对家庭成员主要工作加班的估计系数为－0.018 1，在 1% 的显著性水平显著。这表明，户主流动性约束对家庭成员加班有显著的负向影响。第（2）列使用社区其他家庭户主流动性约束比例作为家庭户主流动性约束的工具变量，发现户主流动性约束对家庭成员加班有显著的负向影响，估计系数为－0.248 2，在 1% 的显著性水平显著。这表明，当户主受到流动性约束时，家庭成员主要工作加班的可能性显著降低 24.82%。第（3）列使用 Probit 模型，估计户主流动性约束对家庭成员主要工作加班的影响，得到边际效应为－0.022 5，在 1% 的显著性水平显著。第（4）列也使用社区其他家庭户主流动性约束比例作为家庭户主流动性约束的

工具变量，使用 Ivprobit 的估计方法，发现户主流动性约束对家庭成员加班有显著的负向影响，估计边际效应为 -0.724 3，在 1% 的显著性水平显著。这表明，户主流动性约束显著降低了家庭成员主要工作加班的可能性。

表 5-21　　流动性约束与家庭成员加班

变量	(1) OLS 成员加班	(2) 2SLS 成员加班	(3) Probit 成员加班	(4) Ivprobit 成员加班
流动性约束	-0.018 1*** (0.006 2)	-0.248 2*** (0.023 6)	-0.022 5*** (0.007 3)	-0.724 3*** (0.063 9)
年龄	-0.001 7 (0.001 6)	-0.001 8 (0.001 7)	-0.001 8 (0.001 9)	-0.004 8 (0.004 7)
年龄平方	-0.004 9** (0.002 1)	-0.003 5* (0.002 1)	-0.005 8** (0.002 4)	-0.010 0* (0.005 9)
家庭有 1 个孩子	0.008 8 (0.005 5)	0.005 5 (0.005 6)	0.009 8 (0.006 5)	0.014 0 (0.016 0)
家庭有 2 个及以上孩子	0.038 3*** (0.007 6)	0.038 0*** (0.007 7)	0.043 9*** (0.008 9)	0.105 8*** (0.022 1)
已婚	-0.009 5 (0.007 0)	-0.018 0** (0.007 1)	-0.011 5 (0.008 2)	-0.053 2*** (0.020 6)
劳动者数量	0.035 4*** (0.002 1)	0.033 0*** (0.002 2)	0.041 2*** (0.002 5)	0.093 1*** (0.006 2)
女性	-0.127 3*** (0.004 7)	-0.125 8*** (0.004 8)	-0.145 0*** (0.005 4)	-0.348 9*** (0.013 7)
受教育水平	-0.027 1*** (0.000 6)	-0.026 5*** (0.000 6)	-0.031 3*** (0.000 8)	-0.074 5*** (0.002 0)
ln（家庭净财富）	-0.010 1*** (0.001 1)	0.000 2 (0.001 5)	-0.011 5*** (0.001 3)	0.001 9 (0.004 2)
年份哑变量	控制	控制	控制	控制
省份哑变量	控制	控制	控制	控制
样本量	40 055	40 055	40 055	40 055
Adj. R-sq/Pseudo R-sq	0.177 5	0.149 5	0.139 4	
一阶段 F 值		285.17		

注：表内 *、**、*** 分别表示在 10%、5%、1% 的置信水平显著，括号内为稳健标准误。本书使用社区其他家庭户主流动性约束比例作为工具变量。考虑到调查发生在不同的年份和省份，本书控制了年份和省份的固定效应。Probit 模型估计系数为边际效应。

5.3.4 进一步分析

5.3.4.1 异质性分析

本书研究发现，在不同家庭成员中，户主流动性约束对家庭成员劳动参与存在异质性影响，户主流动性约束显著提高父母劳动参与的可能性，对户主配偶和子女劳动参与没有显著影响；对父母自我雇佣没有显著影响，显著提高了户主配偶和子女自我雇佣的可能性。本章也研究发现，户主流动性约束对父母工作时长没有显著影响，却显著降低了配偶和子女的工作时长。考虑到家庭成员与户主的关系不同可能导致流动性约束与成员加班存在异质性影响，本章在户主父母、户主配偶和户主子女样本中，研究户主流动性约束对家庭成员主要工作加班的影响。

本章接下来从户主父母样本中，考察户主流动性约束对父母主要工作加班的影响。表 5－22 报告了实证模型的估计结果。其中，第（1）列和第（2）列使用普通最小二乘法和两阶段最小二乘法估计户主流动性约束对父母加班可能性的影响，发现流动性约束对父母加班可能性没有显著影响。第（3）列和第（4）列使用二值选择模型 Probit 和 Ivprobit 模型估计流动性约束对父母加班可能性的影响，发现流动性约束对父母加班没有显著影响。

表 5－22　　　　流动性约束与父母加班

变量	（1）OLS 父母加班	（2）2SLS 父母加班	（3）Probit 父母加班	（4）Ivprobit 父母加班
流动性约束	0.038 6 （0.039 7）	－0.183 9 （0.234 1）	0.040 3 （0.045 9）	－0.549 1 （0.665 0）
年龄	0.000 3 （0.011 4）	0.000 4 （0.010 9）	0.000 4 （0.012 9）	0.001 2 （0.029 6）
年龄平方	－0.007 0 （0.011 2）	－0.006 5 （0.010 8）	－0.008 4 （0.012 6）	－0.018 9 （0.029 3）
家庭有 1 个孩子	0.018 2 （0.037 6）	0.015 3 （0.037 5）	0.023 6 （0.042 7）	0.048 2 （0.103 3）
家庭有 2 个及以上孩子	0.099 1 ** （0.047 7）	0.103 3 ** （0.048 5）	0.123 8 ** （0.054 8）	0.314 7 ** （0.136 1）
已婚	0.060 4 （0.050 0）	0.078 9 （0.053 3）	0.067 5 （0.058 3）	0.216 5 （0.149 9）

续表

变量	(1) OLS 父母加班	(2) 2SLS 父母加班	(3) Probit 父母加班	(4) Ivprobit 父母加班
劳动者数量	0.017 6 (0.020 4)	0.000 1 (0.027 0)	0.022 1 (0.023 8)	0.002 9 (0.079 9)
女性	-0.141 1*** (0.032 9)	-0.141 8*** (0.032 6)	-0.165 4*** (0.038 6)	-0.405 2*** (0.098 0)
受教育水平	-0.024 1*** (0.003 7)	-0.024 7*** (0.003 7)	-0.028 6*** (0.004 6)	-0.071 6*** (0.011 7)
ln(家庭净财富)	-0.022 3*** (0.006 4)	-0.011 2 (0.012 9)	-0.026 5*** (0.008 6)	-0.031 6 (0.042 7)
年份哑变量	控制	控制	控制	控制
省份哑变量	控制	控制	控制	控制
样本量	975	975	975	975
Adj. R-sq/Pseudo R-sq	0.185 5	0.157 2	0.148 4	
一阶段 F 值		22.42		

注：表内 *、**、*** 分别表示在 10%、5%、1% 的置信水平显著，括号内为稳健标准误。考虑到调查发生在不同的年份和省份，本书控制了年份和省份的固定效应。第（2）列和第（4）列中使用社区其他家庭户主流动性约束的比例作为工具变量。Probit 模型估计系数为边际效应。

表 5-23 报告了户主流动性约束对配偶主要工作加班可能性的影响。其中，第（1）列使用最小二乘法估计户主流动性约束对配偶加班的估计系数为 -0.045 0，在 1% 的显著性水平显著。这表明，户主流动性约束显著降低了配偶加班的可能性。第（2）列使用社区其他家庭户主流动性约束比例作为户主流动性约束的工具变量，得到户主流动性约束对配偶加班的估计系数是 -0.274 2，在 1% 的显著性水平显著。这表明，当户主受到流动性约束时，配偶加班可能性显著降低 27.42%。第（3）列使用 Probit 模型估计，发现流动性约束对配偶加班可能性的边际效应是 -0.052 4，在 1% 的显著性水平显著。第（4）列使用 Ivprobit 模型估计，使用社区其他家庭户主流动性约束比例作为家庭户主流动性约束的工具变量，得到流动性约束对配偶加班可能性的边际效应是 -0.866 3，在 1% 的显著性水平显著，这也表明户主流动性约束对配偶加班有显著的负向影响。该发现与户主配偶因户主流动性约束参与自我雇佣，降低主要工作时长的结果一致。这也表明，家庭风险分担促使户主配偶选择在户主受到流动性约束时，降低主要工作加班的可能性。家庭成员可能通过替代性的劳动如自我雇佣，缓解户主流动性约束。

表 5-23　　流动性约束与配偶加班

变量	(1) OLS 配偶加班	(2) 2SLS 配偶加班	(3) Probit 配偶加班	(4) Ivprobit 配偶加班
流动性约束	-0.045 0*** (0.009 6)	-0.274 2*** (0.044 8)	-0.052 4*** (0.011 0)	-0.866 3*** (0.122 8)
年龄	0.001 6 (0.003 6)	0.001 4 (0.003 7)	0.001 5 (0.003 9)	0.003 4 (0.010 5)
年龄平方	-0.006 9 (0.004 2)	-0.004 8 (0.004 3)	-0.007 1 (0.004 5)	-0.012 2 (0.012 2)
家庭有1个孩子	-0.001 1 (0.009 1)	-0.003 4 (0.009 3)	-0.001 9 (0.009 8)	-0.012 1 (0.026 7)
家庭有2个及以上孩子	0.019 1 (0.014 0)	0.024 5* (0.014 2)	0.016 6 (0.014 6)	0.061 7 (0.040 1)
已婚	-0.071 4** (0.032 5)	-0.073 4** (0.033 0)	-0.069 5** (0.033 6)	-0.191 6** (0.095 9)
劳动者数量	0.035 5*** (0.004 3)	0.032 0*** (0.004 4)	0.036 1*** (0.004 4)	0.085 6*** (0.012 5)
女性	-0.067 9*** (0.009 4)	-0.065 4*** (0.009 6)	-0.072 5*** (0.010 2)	-0.186 5*** (0.028 3)
受教育水平	-0.029 8*** (0.001 0)	-0.029 8*** (0.001 1)	-0.031 5*** (0.001 2)	-0.084 6*** (0.003 3)
ln（家庭净财富）	-0.011 0*** (0.002 0)	0.002 0 (0.003 2)	-0.011 2*** (0.002 0)	0.010 8 (0.009 1)
年份哑变量	控制	控制	控制	控制
省份哑变量	控制	控制	控制	控制
样本量	14 135	14 135	14 135	14 135
Adj. R-sq/Pseudo R-sq	0.113 2	0.079 1	0.092 0	
一阶段F值		47.54		

注：表内*、**、***分别表示在10%、5%、1%的置信水平显著，括号内为稳健标准误。考虑到调查发生在不同的年份和省份，本书控制了年份和省份的固定效应。第（2）列和第（4）列中使用社区其他家庭户主流动性约束的比例作为工具变量。Probit模型估计系数为边际效应。

本章接下来将从户主子女样本中，考察户主流动性约束对子女主要工作加班的影响。表5-24报告了实证模型的估计结果。其中，第（1）列和第（2）列分别使用普通最小二乘法和两阶段最小二乘法进行估计，第（3）列和第（4）列使用二值选择模型Probit和Ivprobit模型进行估计。由第（1）列可知，户主流动性约束对子女加班有显著的负向影响，估计系数为-0.016 8，在5%的显著性水平显著。第（2）列使用社区其他家庭户主流动性约束作为家庭户主流动性约束的工具变量，得到户主流动性约束对子女加班的估计系数为 -0.249 5，在 1% 的显著性水平显著。这表明，当户主受到流动性约束时，子女加班可能性显著降低 24.95%。第（3）列使用 Probit 模型，估计得到流动性约束对子女加班可能性的边际效应为 -0.018 3，在 10% 的显著性水平显著。第（4）列使用 Ivprobit 模型，使用社区其他家庭户主流动性约束作为家庭户主流动性约束的工具变量，估计的边际效应为 -0.704 7，在 1% 的显著性水平显著。这表明，户主流动性约束显著降低户主子女加班的可能性。

表 5-24　流动性约束与子女加班

变量	（1）OLS 子女加班	（2）2SLS 子女加班	（3）Probit 子女加班	（4）Ivprobit 子女加班
流动性约束	-0.016 8 ** （0.008 4）	-0.249 5 *** （0.028 5）	-0.018 3 * （0.009 8）	-0.704 7 *** （0.078 2）
年龄	0.000 9 （0.003 0）	-0.000 3 （0.003 1）	0.000 9 （0.003 6）	-0.000 7 （0.008 9）
年龄平方	-0.006 0 （0.004 4）	-0.002 8 （0.004 5）	-0.007 0 （0.005 2）	-0.008 5 （0.013 0）
家庭有 1 个孩子	0.023 0 *** （0.007 6）	0.023 4 *** （0.007 7）	0.026 5 *** （0.009 0）	0.066 7 *** （0.022 6）
家庭有 2 个及以上孩子	0.048 8 *** （0.009 9）	0.049 4 *** （0.010 0）	0.057 9 *** （0.011 9）	0.145 4 *** （0.030 1）
已婚	0.017 9 ** （0.008 2）	0.013 1 （0.008 3）	0.020 7 ** （0.009 7）	0.037 3 （0.024 8）
劳动者数量	0.014 8 *** （0.002 9）	0.010 1 *** （0.003 0）	0.018 3 *** （0.003 5）	0.031 9 *** （0.009 1）
女性	-0.129 4 *** （0.006 1）	-0.125 2 *** （0.006 2）	-0.150 3 *** （0.007 1）	-0.361 3 *** （0.018 3）
受教育水平	-0.023 6 *** （0.000 9）	-0.022 5 *** （0.000 9）	-0.027 7 *** （0.001 1）	-0.065 6 *** （0.002 8）
ln（家庭净财富）	-0.007 7 *** （0.001 3）	0.001 6 （0.001 7）	-0.009 0 *** （0.001 6）	0.004 2 （0.004 9）
年份哑变量	控制	控制	控制	控制
省份哑变量	控制	控制	控制	控制
样本量	23 496	23 496	23 496	23 496
Adj. R-sq/Pseudo R-sq	0.190 5	0.163 7	0.152 0	
一阶段 F 值		185.22		

注：表内 *、**、*** 分别表示在 10%、5%、1% 的置信水平显著，第（1）列和第（2）列括号内为稳健标准误。考虑到调查发生在不同的年份和省份，本书控制了年份和省份的固定效应。第（2）列和第（4）列中使用社区其他家庭户主流动性约束的比例作为工具变量。Probit 模型估计系数为边际效应。

5.3.4.2 稳健性检验

在稳健性检验部分，首先参考罗西和特鲁基（2016）的做法在年龄大于 25 岁的劳动个体样本中估计户主流动性约束对家庭成员主要工作时长的影响；其次使用 2017 年中国家庭金融调查数据，识别信贷约束家庭，定义广义流动性约束的户主，估计户主流动性约束对家庭成员主要工作时长的影响；最后用当前收入与永久性收入的差距衡量流动性约束程度，研究户主流动性约束程度对家庭成员主要工作时长的影响。

罗西和特鲁基（2016）在研究意大利男性劳动者个体的劳动供给时指出，25 岁以下劳动个体大多与父母生活在一起，未剔除低于 25 岁劳动个体样本可能会导致某种程度的家庭样本选择问题。参考罗西和特鲁基（2016）的做法，在稳健性检验中，本章剔除了 16~25 岁劳动个体样本，在年龄大于 25 岁劳动个体样本中，估计户主流动性约束与家庭成员工作时长的影响。

考虑到家庭成员和户主关系不同，本章分别在父母样本、配偶样本和子女样本中估计户主流动性约束对家庭成员工作时长的影响。表 5-25 给出了估计结果。由表 5-25 可知，户主流动性约束显著降低了家庭成员主要工作的工作时长，显著降低了户主配偶和子女主要工作时长，对户主父母没有显著影响。这与本章之前结果一致，表明本章的研究发现是稳健的。

表 5-25 稳健性检验：年龄大于 25 岁样本中流动性约束与家庭成员工作时长

变量	（1）2SLS 全样本 工作时长	（2）2SLS 父母样本 工作时长	（3）2SLS 配偶样本 工作时长	（4）2SLS 子女样本 工作时长
流动性约束	-4.068 2*** (0.453 9)	-1.662 2 (4.921 9)	-4.843 8*** (0.904 0)	-3.606 1*** (0.483 8)
年龄	0.163 5*** (0.045 2)	-0.404 4 (0.263 1)	0.260 9*** (0.086 5)	0.074 1 (0.078 4)
年龄平方	-0.002 6*** (0.000 6)	0.002 4 (0.002 5)	-0.003 5*** (0.001 0)	-0.001 4 (0.001 1)
家庭有 1 个孩子	-0.009 7 (0.108 6)	0.369 7 (0.687 5)	-0.228 6 (0.180 6)	0.395 0*** (0.139 3)
家庭有 2 个及以上孩子	0.646 1*** (0.150 9)	1.896 4* (1.002 6)	0.214 6 (0.287 5)	1.055 7*** (0.183 6)
已婚	-0.062 8 (0.136 4)	2.403 3* (1.250 7)	-0.936 4 (0.784 1)	0.106 1 (0.146 3)

续表

变量	(1) 2SLS 全样本 工作时长	(2) 2SLS 父母样本 工作时长	(3) 2SLS 配偶样本 工作时长	(4) 2SLS 子女样本 工作时长
劳动者数量	0.331 7 *** (0.041 1)	0.057 4 (0.558 8)	0.413 2 *** (0.087 0)	0.074 8 (0.055 2)
女性	-1.826 1 *** (0.091 2)	-2.566 0 *** (0.648 9)	-1.647 0 *** (0.182 5)	-1.662 6 *** (0.112 8)
受教育水平	-0.383 1 *** (0.012 6)	-0.274 0 *** (0.081 4)	-0.399 9 *** (0.021 1)	-0.365 4 *** (0.016 3)
ln（家庭净财富）	-0.001 4 (0.031 6)	-0.301 8 (0.301 3)	0.016 9 (0.066 8)	0.018 9 (0.034 1)
年份哑变量	控制	控制	控制	控制
省份哑变量	控制	控制	控制	控制
样本量	32 019	963	13 904	16 420
Adj. R-sq	0.058 9	0.110 3	0.038 5	0.069 3
一阶段 F 值	81.83	22.86	618.99	45.43

注：表内 *、**、*** 分别表示在 10%、5%、1% 的置信水平显著，括号内为稳健标准误。书中使用社区其他家庭户主流动性约束比例作为户主流动性约束的工具变量。考虑到调查发生在不同的年份和省份，本书控制了年份和省份的固定效应。

表 5-26 给出了在年龄 25 岁以上样本中户主流动性约束对家庭成员主要工作加班影响的估计结果。由表 5-26 可知，户主流动性约束显著降低家庭成员加班的可能性，具体来看，显著降低户主配偶和子女加班的可能性，对户主父母没有显著影响。这与本章之前结果一致，表明本章的研究发现是稳健的。

表 5-26　稳健性检验：年龄大于 25 岁样本中流动性约束与家庭成员加班

变量	(1) Ivprobit 全样本 加班	(2) Ivprobit 父母样本 加班	(3) Ivprobit 配偶样本 加班	(4) Ivprobit 子女样本 加班
流动性约束	-0.734 2 *** (0.070 7)	-0.586 0 (0.651 0)	-0.852 0 *** (0.124 0)	-0.687 1 *** (0.089 3)
年龄	-0.005 0 (0.006 5)	-0.062 0 (0.041 5)	0.023 9 ** (0.011 8)	0.017 6 (0.015 1)
年龄平方	-0.009 7 (0.007 7)	0.037 1 (0.037 8)	-0.033 8 ** (0.013 5)	-0.032 5 (0.020 3)
家庭有 1 个孩子	0.011 5 (0.017 8)	0.034 9 (0.104 0)	0.001 8 (0.027 1)	0.060 7 ** (0.027 6)

续表

变量	(1) Ivprobit 全样本 加班	(2) Ivprobit 父母样本 加班	(3) Ivprobit 配偶样本 加班	(4) Ivprobit 子女样本 加班
家庭有 2 个及以上孩子	0. 084 5 *** (0. 023 9)	0. 290 5 ** (0. 136 4)	0. 074 1 * (0. 040 9)	0. 129 7 *** (0. 034 6)
已婚	-0. 085 7 *** (0. 023 7)	0. 215 4 (0. 150 8)	-0. 240 7 ** (0. 114 4)	0. 022 4 (0. 029 1)
劳动者数量	0. 110 7 *** (0. 007 0)	-0. 001 3 (0. 079 4)	0. 080 2 *** (0. 012 7)	0. 034 1 *** (0. 010 8)
女性	-0. 332 9 *** (0. 015 6)	-0. 431 8 *** (0. 103 1)	-0. 179 8 *** (0. 028 5)	-0. 338 9 *** (0. 022 0)
受教育水平	-0. 075 9 *** (0. 002 2)	-0. 072 3 *** (0. 012 0)	-0. 083 4 *** (0. 003 4)	-0. 068 6 *** (0. 003 3)
ln（家庭净财富）	0. 001 4 (0. 004 8)	-0. 025 8 (0. 042 4)	0. 009 2 (0. 009 2)	0. 002 9 (0. 006 0)
年份哑变量	控制	控制	控制	控制
省份哑变量	控制	控制	控制	控制
样本量	32 019	963	13 904	16 420

注：表内 *、**、*** 分别表示在 10%、5%、1% 的置信水平显著，括号内为标准误。书中使用社区其他家庭户主流动性约束比例作为户主流动性约束的工具变量。考虑到调查发生在不同的年份和省份，本书控制了年份和省份的固定效应。

信贷约束也是流动性约束的一种定义方式。本章使用 2017 年中国家庭金融数据，定义了家庭信贷约束，定义有流动性约束的劳动者或家庭有信贷约束的劳动者均为广义流动性约束劳动者。使用广义流动性约束，本章估计广义流动性约束户主对家庭成员主要工作时长的影响。表 5 - 27 报告了估计结果。本章研究发现，户主广义流动性约束显著降低家庭成员主要工作时长，具体来看，显著降低户主配偶和户主子女主要工作时长，对户主父母没有显著影响。该发现与本章之前的估计结果基本一致，表明本章的发现是稳健的。

表 5 - 27　稳健性检验：广义流动性约束与家庭成员工作时长

变量	(1) 2SLS 全样本 工作时长	(2) 2SLS 父母样本 工作时长	(3) 2SLS 配偶样本 工作时长	(4) 2SLS 子女样本 工作时长
流动性约束	-2. 478 9 *** (0. 787 3)	4. 659 4 (6. 071 9)	-3. 274 6 ** (1. 580 8)	-2. 836 4 *** (0. 927 7)

续表

变量	(1) 2SLS 全样本 工作时长	(2) 2SLS 父母样本 工作时长	(3) 2SLS 配偶样本 工作时长	(4) 2SLS 子女样本 工作时长
年龄	0.072 6 (0.054 3)	-0.340 3 (0.386 4)	0.143 8 (0.105 6)	-0.111 7 (0.095 5)
年龄平方	-0.191 7 *** (0.068 9)	0.182 9 (0.382 1)	-0.278 3 ** (0.127 0)	0.086 6 (0.136 3)
家庭有1个孩子	-0.081 1 (0.157 7)	0.285 0 (1.066 3)	-0.411 4 * (0.234 4)	0.328 3 (0.234 0)
家庭有2个及以上孩子	0.693 2 *** (0.227 7)	0.949 8 (1.670 6)	-0.074 3 (0.364 0)	1.271 5 *** (0.317 1)
已婚	-0.105 1 (0.210 2)	4.126 4 ** (1.631 6)	-0.602 1 (1.019 8)	-0.114 9 (0.251 5)
劳动者数量	0.275 4 *** (0.062 6)	0.234 3 (0.680 9)	0.626 0 *** (0.121 8)	-0.018 6 (0.097 9)
女性	-1.583 1 *** (0.133 1)	-2.669 9 *** (1.022 4)	-1.694 7 *** (0.242 0)	-1.240 2 *** (0.179 9)
受教育水平	-0.422 2 *** (0.019 4)	-0.232 8 * (0.136 5)	-0.385 2 *** (0.028 9)	-0.453 2 *** (0.029 4)
ln(家庭净财富)	-0.124 3 *** (0.041 3)	-0.823 1 ** (0.325 4)	-0.102 5 (0.096 3)	-0.086 9 * (0.045 9)
年份哑变量	控制	控制	控制	控制
省份哑变量	控制	控制	控制	控制
样本量	19 234	513	8 278	9 827
Adj. R-sq	0.069 3	0.127 5	0.050 4	0.064 8
一阶段F值	98.14	6.35	38.18	57.81

注：表内 *、**、*** 分别表示在10%、5%、1%的置信水平显著，括号内为稳健标准误。书中使用社区其他家庭户主流动性约束比例作为户主流动性约束的工具变量。考虑到调查发生在不同的年份和省份，本书控制了年份和省份的固定效应。

表5-28报告了户主广义流动性约束对家庭成员主要工作加班影响的估计结果。本章研究发现，户主广义流动性约束显著降低家庭成员加班可能性，显著降低户主配偶和户主子女加班的可能性，对户主父母主要工作加班可能性没有显著影响。该发现与本章之前的估计结果一致，表明本章的发现是稳健的。

表 5－28　　　　稳健性检验：广义流动性约束与家庭成员加班

变量	(1) Ivprobit 全样本 加班	(2) Ivprobit 父母样本 加班	(3) Ivprobit 配偶样本 加班	(4) Ivprobit 子女样本 加班
流动性约束	-0.389 4 *** (0.115 5)	0.161 5 (0.745 4)	-0.557 7 ** (0.225 9)	-0.358 0 *** (0.138 7)
年龄	-0.007 2 (0.006 9)	-0.016 6 (0.050 1)	-0.002 6 (0.014 0)	-0.049 6 *** (0.013 9)
年龄平方	-0.003 6 (0.008 4)	-0.008 8 (0.047 5)	-0.009 8 (0.016 3)	0.058 2 *** (0.019 9)
家庭有 1 个孩子	0.025 3 (0.023 5)	0.133 6 (0.151 3)	-0.015 4 (0.035 6)	0.084 2 ** (0.035 7)
家庭有 2 个及以上孩子	0.095 2 *** (0.031 2)	0.232 3 (0.200 7)	-0.013 6 (0.051 4)	0.190 8 *** (0.045 3)
已婚	0.006 1 (0.031 5)	0.374 2 * (0.199 0)	-0.093 5 (0.135 8)	0.003 5 (0.039 5)
劳动者数量	0.028 0 *** (0.009 3)	0.068 8 (0.092 5)	0.059 0 *** (0.017 3)	0.011 5 (0.014 3)
女性	-0.213 5 *** (0.020 4)	-0.242 6 * (0.138 8)	-0.183 8 *** (0.039 4)	-0.228 8 *** (0.027 6)
受教育水平	-0.084 9 *** (0.003 2)	-0.073 4 *** (0.016 8)	-0.086 1 *** (0.005 2)	-0.079 6 *** (0.004 6)
ln（家庭净财富）	-0.013 7 ** (0.005 6)	-0.091 5 ** (0.042 6)	-0.010 3 (0.013 2)	-0.007 7 (0.006 3)
年份哑变量	控制	控制	控制	控制
省份哑变量	控制	控制	控制	控制
样本量	19 234	506	8 278	9 827

注：表内 *、**、*** 分别表示在 10%、5%、1% 的置信水平显著，括号内为标准误。书中使用社区其他家庭户主流动性约束比例作为户主流动性约束的工具变量。考虑到调查发生在不同的年份和省份，本书控制了年份和省份的固定效应。

在该部分稳健性检验中，本章用当前收入与永久性收入的差距衡量流动性约束程度，定义了流动性约束程度变量，研究户主流动性约束程度对家庭成员劳动供给影响。表 5－29 报告了估计结果。由表 5－29 可知，户主流动性约束程度显著降低家庭成员工作时长，具体来看，显著降低户主配偶和户主子女工作时长，对户主父母工作时长没有显著影响。该发现与本章之前的发现基本一致，表明了估计结果是稳健的。

表 5－29　　稳健性检验：流动性约束程度与家庭成员工作时长

变量	(1) OLS 全样本 工作时长	(2) OLS 父母样本 工作时长	(1) OLS 配偶样本 工作时长	(2) OLS 子女样本 工作时长
流动性约束	－0.002 8 *** (0.000 8)	0.005 0 (0.004 8)	－0.005 4 *** (0.001 1)	－0.002 8 ** (0.001 2)
年龄	－0.003 2 (0.002 6)	－0.030 1 * (0.015 7)	0.008 8 ** (0.004 3)	0.004 7 (0.006 0)
年龄平方	－0.000 0 (0.000 0)	0.000 2 (0.000 1)	－0.000 1 *** (0.000 0)	－0.000 1 (0.000 1)
家庭有 1 个孩子	0.010 6 (0.007 1)	0.020 1 (0.041 9)	0.001 8 (0.009 8)	0.027 8 ** (0.011 0)
家庭有 2 个及以上孩子	0.035 0 *** (0.009 6)	0.114 2 ** (0.055 3)	0.019 6 (0.014 8)	0.054 6 *** (0.013 8)
已婚	－0.025 3 *** (0.009 5)	0.064 0 (0.058 8)	－0.087 7 ** (0.041 5)	0.013 2 (0.011 6)
劳动者数量	0.048 2 *** (0.002 7)	0.023 3 (0.024 0)	0.034 1 *** (0.004 5)	0.019 2 *** (0.004 2)
女性	－0.137 5 *** (0.006 2)	－0.179 3 *** (0.039 2)	－0.069 2 *** (0.010 2)	－0.142 7 *** (0.008 6)
受教育水平	－0.031 6 *** (0.000 8)	－0.029 4 *** (0.004 7)	－0.030 8 *** (0.001 1)	－0.028 8 *** (0.001 2)
ln（家庭净财富）	－0.012 3 *** (0.001 4)	－0.025 5 *** (0.008 8)	－0.011 5 *** (0.002 0)	－0.009 4 *** (0.001 9)
年份哑变量	控制	控制	控制	控制
省份哑变量	控制	控制	控制	控制
样本量	32 074	965	13 951	16 426
Adj. R-sq	0.084 9	0.115 6	0.062 7	0.095 5

注：表内 *、**、*** 分别表示在 10%、5%、1% 的置信水平显著，括号内为稳健标准误。考虑到调查发生在不同的年份和省份，本书控制了年份和省份的固定效应。

表 5－30 报告了户主流动性约束程度对家庭成员主要工作加班影响的估计结果。本章研究发现，户主流动性约束程度对家庭成员加班的可能性有显著的负向影响。户主流动性约束程度可以显著降低户主配偶和户主子女加班的可能性，对户主父母主要工作加班可能性没有显著影响。该发现与本章之前的估计结果一致，表明本章的发现是稳健的。

表5-30 稳健性检验：流动性约束程度与家庭成员加班

变量	(1) Probit 全样本 加班	(2) Probit 父母样本 加班	(3) Probit 配偶样本 加班	(4) Probit 子女样本 加班
流动性约束	-0.002 8*** (0.000 8)	0.004 9 (0.004 8)	-0.005 4*** (0.001 1)	-0.002 8** (0.001 2)
年龄	-0.003 3 (0.002 6)	-0.030 1* (0.015 7)	0.008 6** (0.004 3)	0.005 1 (0.006 0)
年龄平方	-0.004 0 (0.003 1)	0.018 4 (0.014 8)	-0.014 5*** (0.004 9)	-0.012 4 (0.008 1)
家庭有1个孩子	0.010 1 (0.007 1)	0.018 2 (0.041 9)	0.001 3 (0.009 8)	0.027 6** (0.011 0)
家庭有2个及以上孩子	0.035 5*** (0.009 6)	0.112 1** (0.055 3)	0.021 2 (0.014 8)	0.054 3*** (0.013 8)
已婚	-0.024 5*** (0.009 5)	0.065 7 (0.058 9)	-0.086 1** (0.041 5)	0.013 5 (0.011 6)
劳动者数量	0.047 7*** (0.002 7)	0.022 2 (0.024 0)	0.034 0*** (0.004 5)	0.018 8*** (0.004 2)
女性	-0.137 6*** (0.006 2)	-0.181 0*** (0.039 2)	-0.069 8*** (0.010 3)	-0.142 4*** (0.008 6)
受教育水平	-0.031 7*** (0.000 8)	-0.029 3*** (0.004 7)	-0.030 9*** (0.001 1)	-0.028 8*** (0.001 2)
ln(家庭净财富)	-0.012 3*** (0.001 4)	-0.025 6*** (0.008 8)	-0.011 4*** (0.002 0)	-0.009 3*** (0.001 9)
年份哑变量	控制	控制	控制	控制
省份哑变量	控制	控制	控制	控制
样本量	32 019	963	13 904	16 420

注：表内*、**、***分别表示在10%、5%、1%的置信水平显著，括号内为标准误。考虑到调查发生在不同的年份和省份，本书控制了年份和省份的固定效应。

5.4 本章小结

本章研究户主流动性约束对家庭成员劳动参与的影响。考虑到家庭成员与户主关系存在不同，流动性约束对家庭成员劳动参与的影响可能存在的异质性影响，本章识别和定义了家庭成员和户主之间的关系。在不同关系的家庭成员样本中，本章分别考察流动性约束对不同家庭成员劳动参与的影响。从样本分布来看，2015 年和 2017 年家庭成员样本中，家庭成员是户主父母的比例为 11.09%，家庭成员是户主配偶的比例为 41.62%，家庭成员是户主子女的比例为 47.29%。在以户主为参考系和出发点时，家庭成员与户主关系大部分为户主配偶或子女，两者比例之和达 88.91%。家庭成员有流动性约束户主比例为 5.10%。在家庭成员的劳动参与方面，家庭成员参与劳动比例为 13.32%；家庭成员自我雇佣比例为 5.12%。

从户主流动性约束对家庭成员劳动参与的实证结果可以发现，户主流动性约束对家庭成员劳动参与可能性有显著的正向影响。当户主受到流动性约束时，家庭成员劳动参与的可能性显著增加 4.72%。自我雇佣与家庭创业密切相关，是劳动参与的重要表现。户主流动性约束对家庭成员自我雇佣可能性有显著的正向影响，当户主受到流动性约束时，家庭成员自我雇佣的可能性显著增加 6.29%；男性户主流动性约束显著导致女性家庭成员劳动参与提高 3.55%。这表明，户主流动性约束导致家庭成员参与劳动和自我雇佣。

家庭成员分担户主流动性约束，与户主关系不同导致分担行为存在异质性。本章发现户主流动性约束显著提高父母劳动参与的可能性，对户主配偶和子女劳动参与没有显著影响；对父母自我雇佣没有显著影响，显著提高了户主配偶和子女自我雇佣的可能性。

在稳健性检验部分，本章在 25 岁以上家庭成员样本中重新估计户主流动性约束对家庭成员劳动参与和自我雇佣的影响，也使用“社区其他家庭户主流动性约束比例”作为户主流动性约束的工具变量，估计户主流动性约束对家庭成员劳动参与和自我雇佣的影响。考虑农村家庭的特殊性，本章分析农村家庭样本中户主流动性约束对成员劳动参与的影响。在稳健性检验中，发现户主流动性约束显著提高家庭成员劳动参与和自我雇佣的可能性。

基于家庭集体模型，本章研究户主流动性约束对家庭成员主要工作时长和加班的影响。考虑到家庭成员与户主关系存在不同，流动性约束对家庭成员工作时长的影响可能存在的异质性，本章定义了家庭成员和户主之间的关系，在不同家庭成员样本中，分别考察流动性约束对不同家庭成员主要工作时长的影响。从变量的描述性统计结果中可知，家庭成员每周用于主要工作的时间为 43.94 小时，加班比例为 47.99%，家庭成员户主受到流动性约束的比例为 19.83%。

从理论模型分析中可以得到，劳动者流动性约束显著减少主要工作的工作时长。基于家庭集体模型，家庭成员的劳动参与和工作时长受户主流动性约束影响。本章研究发现，在户主受到流动性约束时，家庭成员分担了户主的流动性约束，户主流动性约束传导到家庭成员身上，影响成员改变自身劳动供给中时间的分配，降低了主要工作时长。从实证估计结果来看，户主受到流动性约束时，家庭成员工作时长显著减少 3. 96 小时。在不同家庭成员样本中研究发现，户主流动性约束对户主父母主要工作时长没有显著的影响，对户主配偶和子女主要工作的工作时长存在显著的负向影响。使用两阶段最小二乘法估计得到，当户主受到流动性约束时，户主配偶主要工作的工作时长显著减少 4. 91 小时，户主子女主要工作的工作时长显著减少 3. 63 小时。

本章研究户主流动性约束对家庭成员主要工作加班的影响，发现户主流动性约束显著降低家庭成员加班的可能性。使用两阶段最小二乘法估计发现，当户主受到流动性约束时，家庭成员主要工作加班的可能性显著降低 24. 82%。使用 Ivprobit 模型估计，本章也发现户主流动性约束显著降低了家庭成员加班的可能性。在不同的家庭成员样本中研究发现，户主流动性约束对父母加班没有显著影响，但却显著降低了户主配偶和户主子女加班的可能性。

在稳健性检验部分，本章在 25 岁以上家庭成员样本中重新估计户主流动性约束对家庭成员工作时长和加班的影响。本章也识别家庭信贷约束，定义广义流动性约束劳动者，研究广义流动性约束户主对家庭成员工作时长和加班的影响。在第三部分的稳健性检验中，本章用当前收入与永久性收入的差距衡量流动性约束程度，定义了流动性约束程度变量，研究户主流动性约束程度对家庭成员劳动供给影响。稳健性检验部分的发现与主要结论一致，这表明本章的研究发现是稳健的。

第 6 章　流动性约束与幸福

党的十九大提出，中国共产党人的初心和使命，就是为中国人民谋幸福，为中华民族谋复兴。习近平总书记明确指出，实现中华民族伟大复兴的中国梦，就是要实现国家富强、民族振兴、人民幸福。人民幸福对和谐社会的构建、中国梦的实现具有十分重要的意义。

从纵向比较来看，我国家庭幸福水平不断攀升。根据世界价值观调查（World Values Survey），1990～2012 年，中国家庭幸福比例从 1990 年的 68.45% 上升到 1995 年的 84.10%，在 2001 年下降为 78.11%、2007 年下降为 76.64%，随后在 2012 年上升为 85.52%。根据中国家庭金融调查数据，2011 年家庭幸福比例为 63.2%，2013 年下降为 56.7%（李江一、李涵和甘犁，2015），2015 年家庭幸福比例上升为 60.79%，2017 年家庭幸福比例为 69.32%。刘军强等（2012）将幸福感提升的动力归因于经济增长。

幸福的影响因素究竟有哪些？这是本章要回答的问题。本章将梳理幸福的相关文献和研究，然后在研究的基础上使用家庭微观数据，检验流动性约束对家庭幸福的影响。

6.1　幸福与效用

幸福（well-being）可以反映出个体对生活整体的满足感，以衡量国民福利水准高低（Frey and Stutzer，2002）。幸福可以从享乐主义（hedonism）和幸福主义（eudaimonism）两个角度进行定义（Frey，2008；Fave et al.，2011），主观幸福感和心理幸福感分别常用作享乐主义和幸福主义的同义词（Ryan and Deci，2001）。享乐主义来源于希腊哲学。享乐主义，即将幸福等同于快乐（Kahneman et al.，1999），除了身体的愉悦也包含思想和精神上的满足（Kubovy et al.，1999），同时追求最多的快乐和最少的痛苦，即人们的行为总是渴望获得快乐而远离痛苦（Bunni and Yu，2004）。主观幸福观包含生活满意度、乐观情绪的拥有和消极情绪的摒弃三部分（Diener and Lucas，2009）。幸福主义（eudaimonism），即幸福不仅仅包括快乐，还包括本能或内在的实现与满足，在人们日常活动与深层次价值一致而契合时产生（Waterman，1993）。幸福不仅是获得享受，更是自身追求完美（Ryff，1995）。与主观幸福不同的是心理学幸福，它包含了自主、个人成长、自爱、生命意义、追求卓越和健康关系六个维度（Ryff and Keyes，1995），缺乏思考、美德和生命意义的享乐主义不能等同于美好的生活（Seligman and Pawelski，2003），而美德构成个性（Hooft，2006）。享乐主义与幸福主义最大的差别在于，享乐主义是获取愉悦和积极的感觉，而幸福主义是培养美德，具有积极作用（Keyes and Annas，2009）。

目前学者的研究主要集中在宏观经济因素、社会发展因素、收入、个体特征以及家庭资产和投资等方面，分析影响幸福的因素。很多学者研究经济增长、通货膨胀、金融危机和经济冲击等宏观因素对幸福感的影响。在发达国家中，经济增长难以显著提高国民幸福感（Oswald，1997）；但也有研究发现，经济增长可以增强国民幸福感（Sacks et al.，2010）。通货膨胀率和失业率对个人幸福感有影响（Di Tella et al.，2001），通货膨胀显著降低了居民幸福感（陈刚，2013），食品价格上涨会降低居民幸福感（苏梽芳等，2013）。经济全球化则通过降低通货膨胀和失业率等渠道显著提高中国居民的幸福感（马汴京和蔡海静，2014）。经济危机拉低了居民自我生活评价，加剧了焦虑和紧张心理（Deaton，2012），经济冲击会造成主观幸福感的降低（Hariri et al.，2013），1975～2011年欧盟地区的金融危机对市场监管较多国家的国民幸福感有更强的负向影响（Bjørnskov，2014）。生活满意度随时间变化，澳大利亚移民达到20年的，其生活满意度与本地人趋于一致（Gatina，2016）。

有些学者研究环境污染、城市规模、政治制度与政府质量等社会发展因素对幸福感的影响。环境污染显著降低了居民的幸福感（黄永明和何凌云，2013）。城市规模对流动群体（租房者）和非流动群体的幸福有异质性影响，城市规模与城市居民幸福感呈“U”型关系，租房者幸福水平更低（孙三百等，2014）。村庄民主发育程度对农户幸福感有显著的正向影响（陈前恒等，2014），即民主对幸福有正向的影响（Dorn et al.，2007）。经济公平的制度在低收入国家对幸福有重要影响（Bjørnskov et al.，2010）。社会资本是解释国家间国民幸福感差异的重要因素（Bjørnskov，2003），也在很大程度上预测了主观幸福感的趋势

(Bartolini and Sarracino, 2014)。汤凤林和雷鹏飞（2014）使用2008年中国综合社会调查（CGSS）数据研究公共支出对居民幸福的影响和传导机制，认为政府应当增加公共支出，并向低收入者倾斜，以缩小收入差距、提高居民幸福感。鲁元平和张克中（2010）利用2001年和2007年世界价值观调查数据的中国部分考察经济增长、亲贫式支出对居民幸福感的影响，研究认为，政府提高教育、医疗和社会保障等亲贫式支出，可以降低攀比造成的幸福感损失。从宏观税负、公共支出、和地区收入差距角度，宏观税负会显著降低幸福感，而政府公共支出会提高幸福感（谢舜等，2012）。生活满意度与政府质量密切相关（Helliwell and Huang, 2008)，政府质量显著影响了居民幸福感，政府效率、公共物品供给和财产权利保护等政府质量分项指标都显著影响了居民幸福感，而政府质量显著影响了低收入居民的幸福感，但对高收入居民幸福感的影响微弱（陈刚和李树，2012)。詹科夫等（Djankov et al. , 2016）认为，东欧国民幸福差距是由于心理上未从计划经济完全转变，东欧人民把生活满意度与政府的腐败和糟糕表现联系在了一起。

也有学者研究收入、绝对收入与相对收入、收入平等、永久性收入与暂时性收入等多个维度对幸福的影响。伊斯特林（Easterlin, 1974）研究发现，第二次世界大战后美国人均收入显著增加，但幸福水平没有提高。这就是“伊斯特林悖论”，又被称为“收入—幸福”之谜。众多学者对此提出了自己的研究观点。长期来看，幸福与收入在发展中国家没有关系（Easterlin et al. , 2011)，但凯利和埃文斯（Kelley and Evans, 2016）研究发现，在发展中国家，收入不平等提高幸福感。收入对幸福感有正向作用（Shin, 1980; Di Tella and MacCulloch, 2008)，高收入提高了生活满意度而非情感上的幸福（Kahneman and Deaton, 2010)。也有研究认为，收入的增加并不能带来幸福感（Easterlin, 1995, 2001)，甚至主观幸福感与相对收入显著负相关（Graham and Pettinato, 2001; McBride, 2001; Blanchflower and Oswald, 2004a)，贝凯蒂和罗塞蒂（Becchetti and Rossetti, 2009）发现近1/3真实收入增加的家庭，宣布生活满意度降低。田国强和杨立岩（2006）研究认为，收入尚未达到与非物质初始禀赋正相关的临界收入水平之前，增加收入能够提高社会的幸福度；达到或超过这个临界收入水平，增加收入反而会降低总体幸福水平，导致帕累托无效的配置结果。有学者认为收入与幸福指数呈倒“U”型关系（Seligman et al. , 2006; 王鹏，2011)。从绝对收入与相对收入角度，绝对收入是决定幸福的重要因素（Sacks et al. , 2010)。阿萨杜拉和乔杜里（Asadullah and Chaudhury, 2012）研究贫穷国家中绝对收入与相对收入对个体幸福的影响，发现绝对收入的增加提高了幸福感，而相对收入的减少会降低幸福感，且相对收入的影响大于绝对收入。弗里特斯等（Frijters et al.，2004）发现，东德重新统一后家庭真实收入的增加会提高生活的满意程度。幸福感不仅受绝对收入的影响，还与社会平均收入和预期收入紧密相关（Tsui, 2014）；相对收入越高，幸福感越强（官皓，2010）。收入差距和机会不均对居民幸福感有负面影响（何立新和潘春阳，2011），收入不平等与幸福感显著相关（Jiang et al.，2012），而陈钊等（2012）基于2006～2007年上海和深圳的社区入户调查数据，认为社区平均收入和收入差距都会对居民幸福有正向影响。刘宏等（2013）使用2009年CHNS的微观数据考察永久性收入和房产对幸福的影响，发现永久性收入和房产财富均对居民幸福感有显著的正向影响。主观幸福感会受非预期永久性收入冲击的影响（Cai and Park, 2016）。

很多学者从个体年龄、教育、婚姻、健康、失业、自我雇佣、社会网络关系、价值观等个体特征角度对幸福进行研究。盖瑟姆和约翰内森（Gerdtham and Johannesson, 1997）发现，幸福因收入、健康和教育增加，因失业、单身、城市化和男性而降低；同时提出年龄与幸福呈“U”型关系，即随着年龄的增加，幸福感先减弱再增强。幸福是受如经济能力、家庭生活、健康和工作等因素的净影响（Easterlin, 2006）。教育不仅直接影响主观幸福感，而且可以通过影响收入和健康状况影响居民幸福感（金江和何立华，2001），教育回报对城市居民有显著的正向作用（黄嘉文，2013）。阿普尔顿和宋（Appleton and Song, 2008）发现，失业、收入、婚姻、性生活、健康、年龄、中共党员、政治参与影响生活满意度。婚姻可以通过提高家庭经济满意度和身体健康两个方面提高幸福感（Stack and Eshleman, 1998），也可以通过提高自尊和享受持久稳定的关系而避免孤独以提高幸福感（Myers, 2010），而离婚可以在心理上获得解脱的快乐（Gardner and Oswald, 2006）。性生活对幸福感有很强的正向作用（Blanchflower and Oswald, 2004b），增加性生活频率并不能增强幸福感（Loewenstein et al.，2015），次数多且质量高的性生活可以增强幸福感（Cheng and Smyth, 2015）。健康、休闲、营养可反映出长期幸福感（Kimball and Willis, 2006），身体健康较差、分居、失业和缺乏社会交际对个体幸福有很强的负向影响（Dolan et al.，2008），医疗支出对个体生活满意度有正向影响（Kotakorpi and Laamanen, 2010）。克拉克和奥斯瓦尔德（Clark and Oswald, 1994）使用英国家庭面板调查数据研究发现，1991

年英国失业居民比工作居民有更低的幸福水平。但有研究指出，失业并不影响幸福感（Peiró，2006），非营利的工作可以带来很高的满足感（Benz，2005），自我雇佣可以提高生活满意度（Hundley，2001；Benz and Frey，2008；Schneck，2014），尽管自我雇佣也导致了更多的精神健康问题（Andersson，2008）。自由选择和控制点（locus of control）可以更好地预测生活满意度（Verme，2009）。看电视较多的人并没有更高的幸福感，反而因为过多的电视频道而导致了较低的生活满意度（Benesch et al.，2015）。社会价值、人生观和生活期望也对幸福感有重要的影响（Knight et al.，2009），预期和社会比较显著地影响满意度（McBride，2010）。李树和陈刚（2012）使用2006年CGSS数据研究发现，“关系”可以显著提高农村居民的幸福感，并且促增效应随收入增加而递减。收入与价值观是影响居民幸福感的重要因素，重视金钱的人群幸福水平低，重视生活情趣的人幸福水平更高（张学志和才国伟，2011）。幸福与效用论的发展密不可分，除了物质型变量的变化会影响居民幸福感，一些涉及社会地位、身份角色等方面的非物质型变量的变化同样会对幸福造成重要的影响（贺京同等，2014）。而社交排斥会导致生活满意度降低（Bellani and D'Ambrosio，2011）。消费倾向对幸福也有影响，提高水果蔬菜等健康食物的消费可以提高幸福感（Mujcic and Oswald，2016），互联网消费会增强主观幸福感（Ishii，2017）。

此外，也有学者从家庭资产和投资角度进行研究。家庭自有住房状况影响居民幸福感，不同产权类型的自有住房对居民幸福感的影响存在显著差异（李涛等，2011），房屋的居住属性是影响居民幸福感的原因（张翔等，2015）。从投资角度，利用调查问卷研究发现，接近半数投资者从股票投资中可获得幸福感（杨晓兰等，2011）；利用中国家庭金融调查的微观面板数据研究发现，家庭资产对幸福感有显著正向影响，负债增加会显著降低幸福感（李江一、李涵和甘犁，2015）。投资者的表现将影响其预期的幸福感和实际的幸福，投资组合的差异造成预期幸福感的不同，而收益将影响实际的幸福，但投资活动的参与过程是否影响幸福并不确定（Merkle et al.，2015）。布朗和格雷（Brown and Gray，2016）认为，家庭净财富、资产和债务是决定生活和经济满意度的重要因素。在金融市场参与和家庭幸福的研究中，尹志超等（2019）运用中国家庭金融调查的微观数据，研究家庭金融投资行为，特别是金融投资风险异质性对家庭幸福的影响，发现家庭参与金融市场会显著提高家庭幸福的可能性，同时指出金融投资的风险异质性对家庭幸福有显著的影响，家庭参与低风险金融投资会显著提高家庭幸福，参与高风险金融投资会显著降低家庭幸福。

6.2　幸福的可能

6.2.1　实证策略

本章将使用家庭微观数据，实证检验流动性约束对家庭幸福的影响。本章定义流动性约束为哑变量，将有家庭成员收入小于其永久性收入的家庭定义为流动性约束家庭，赋值为1；否则，赋值为0。根据中国家庭金融调查数据，本章获得劳动者收入信息。因此，定义流动性约束的关键是计算劳动者的永久性收入。参考罗西和特鲁基（2016）以及迪顿（1992）的研究，本章计算劳动者在时间 t 的永久性收入：

$$y^p = \frac{r}{1+r}\left[1 - \frac{1}{(1+r)^{(T-t+1)}}\right]^{-1}[H_t + A_t] \tag{6-1}$$

个体寿命 T 设定为80岁，利率 r 设定为2%。劳动者个体的永久性收入包含了对未来预期的劳动收入H_t和财富A_t。假设劳动者个体通过参考生活在同一地区的相同性别和教育水平人群在具体年龄时往年的收入来预期自己的未来收入。生活在同省的劳动者样本中，所有劳动者当前收入在个体特征变量回归，然后针对该地区具体年份中劳动者具体的性别、年龄、受教育层次进行拟合，计算出该年份劳动个体的收入预期。在计算2013年家庭户主流动性约束时，使用2011～2013年家庭户主的收入数据；计算2015年户主流动性约束时，使用2011～2015年家庭户主的收入数据，计算2017年户主流动性约束时，使用2011～2017年家庭户主的收入数据。因此，本章使用2011～2017年中国家庭金融调查数据，定义2013～2017年户主流动性约束，即实证所用数据为2013～2017年工资性收入劳动者的家庭数据。

在定义家庭幸福时，本章使用中国家庭金融调查数据中幸福的问题，“总的来说，您现在觉得幸福吗?”。该问题有五个备选项：A. 非常幸福；B. 幸福；C. 一般；D. 不幸福；E. 非常不幸福。参考尹志超等（2019）的研究，本章定义家庭幸福哑变量，将回答“非常幸福”和“幸福”的家庭定义为家庭幸福，赋值为1；否则，赋值为0。表6－1报告了本章实证中所用变量描述性统计结果。其中，家庭幸福的均值为0.620 6，即样本中62.06%的家庭自评为幸福家庭。

表 6-1　　变量描述性统计

变量	样本量	均值	标准差	最小值	最大值
家庭幸福	53 483	0.620 6	0.485 3	0	1
流动性约束	53 483	0.553 7	0.497 1	0	1
年龄	53 483	37.770 2	10.730 6	16	60
女性	53 483	0.385 5	0.486 7	0	1
受教育年限	53 483	4.397 1	1.810 2	1	9
家庭有1个孩子	53 483	0.338 4	0.473 2	0	1
家庭有多个孩子	53 483	0.123 3	0.328 8	0	1
在私企工作	53 483	0.861 2	0.345 7	0	1
已婚	53 483	0.736 6	0.440 5	0	1
有房	53 483	0.911 5	0.284 1	0	1
家庭收入	53 483	90 777	83 336	0	438 250
家庭净财富	53 483	936 577	1 441 849	-23 517	8 791 854
农村	53 483	0.262 6	0.440 0	0	1

参考尹志超等（2019）的研究，本章使用线性概率模型和 Probit 模型，估计流动性约束对家庭幸福的影响。线性概率模型为：

$$Happiness_i = \alpha + \beta LiquidityConstraint_i + X_i\gamma + u_i \quad (6-2)$$

其中，$Happiness_i$是家庭幸福，是哑变量，当回答调查问卷为“非常幸福”或“幸福”时赋值为1，否则为0。$LiquidityConstraint_i$是家庭流动性约束，是哑变量，当家庭有成员受到流动性约束时赋值为1，否则为0。X_i是控制变量，残差项是u_i。考虑到调查发生在不同的年份和省份，本章控制了年份和省份固定效应。

接下来讨论实证模型可能存在的内生性问题。实证模型中可能存在的内生性问题主要来自逆向因果和遗漏变量两方面。一方面，家庭幸福感可能对家庭成员工作勤奋程度和工作偏好等产生影响，影响劳动者流动性约束；另一方面，实证模型可能遗漏一些共同影响家庭幸福和流动性约束的变量，如家庭内部和谐程度、家庭工作勤奋程度等变量。潜在的遗漏变量对模型估计结果的影响程度是不确定的。

为了消除模型可能存在内生性导致估计结果有偏的担忧，本章使用社区其他家庭流动性约束比例作为家庭流动性约束的工具变量，同时继续讨论工具变量的有效性。生活在同一社区的家庭可能存在某些相近的特质或决策偏好，例如，有相近的工作态度、努力程度等，满足相关性的条件。在实证模型中，本章也进行了弱工具变量检验。社区其他家庭流动性约束比例与某个家庭幸福没有直接关系，满足外生性的条件。因此，选择社区其他家庭流动性约束比例作为家庭流动性约束的工具变量是合适的。

本章也使用Probit模型估计流动性约束对家庭幸福的影响。模型设定如下：

$$Prob(Happiness_i = 1 \mid X_i) = Prob(\beta LiquidityConstraint_i + X_i\gamma + \varepsilon_i > 0 \mid X_i) \tag{6-3}$$

其中，$\varepsilon_i \sim N(0,\sigma^2)$。$Happiness_i$是家庭幸福，是哑变量，当回答调查问卷为"非常幸福"或"幸福"时赋值为1，否则为0。$LiquidityConstraint_i$是家庭流动性约束，是哑变量，当家庭有成员受到流动性约束时赋值为1，否则为0。X_i是控制变量。同时，考虑到调查发生在不同的年份和省份，本章控制了年份和省份固定效应。为了消除潜在逆向因果和遗漏变量导致模型中可能存在的内生性问题，在稳健性检验中，本章也将社区其他家庭流动性约束比例作为工具变量，使用Ivprobit模型进行估计。

本书从劳动者当前收入低于永久性收入的角度定义家庭流动性约束。文献中也常用信贷约束作为狭义流动性约束的定义。因此，本章也使用线性概率模型和Probit模型，考察信贷约束对家庭幸福的影响。模型设定如下。

线性概率模型为：

$$Happiness_i = \alpha + \beta CreditConstraint_i + X_i\gamma + u_i \tag{6-4}$$

其中，$Happiness_i$是家庭幸福。参考亚佩利（1990）的研究，$CreditConstraint_i$是家庭信贷约束，是哑变量，当家庭有成员受到信贷约束时赋值为1，否则为0。X_i是控制变量，残差项是u_i。同时，考虑到调查发生在不同的年份和省份，本章控制了年份和省份固定效应。

Probit模型为：

$$Prob(Happiness_i = 1 \mid X_i) = Prob(\beta CreditConstraint_i + X_i\gamma + \varepsilon_i > 0 \mid X_i) \tag{6-5}$$

其中，$\varepsilon_i \sim N(0,\sigma^2)$。$Happiness_i$是家庭幸福，$CreditConstraint_i$是家庭信贷约束。同时，考虑到调查发生在不同的年份和省份，本章控制了年份和省份固定效应。

考虑到家庭特征导致流动性约束对家庭消费的异质性影响，本章根据收入分组，进行异质性分析。在收入分组中，本章根据不同调查年份下家庭收入中位数，对每个调查年份家庭进行低收入家庭和高收入家庭分组，然后在实证模型中加入流动性约束与低收入家庭哑变量的交互项，检验交互项低收入家庭流动性约束对家庭幸福的影响。模型设定如下：

$$Happiness_i = \alpha + \beta_1 LiquidityConstraint_i + \beta_2 LiquidityConstraint_i \times LowIncome_i + \beta_3 LowIncome_i + X_i\gamma + u_i \quad (6-6)$$

其中，$Happiness_i$是家庭幸福，$LiquidityConstraint_i$是家庭流动性约束。$LowIncome_i$是低收入家庭，是哑变量，当家庭收入低于该年样本中收入中位数时赋值为1，否则为0。在异质性检验中，本章将重点分析流动性约束和低收入分组所产生交互项的系数，即β_2。

6.2.2 基准回归

本章关注流动性约束对家庭幸福的影响。本章构建线性概率模型和 Probit 模型，检验流动性约束对家庭幸福的影响，表 6－2 报告了估计结果。其中，第（1）列报告了使用最小二乘法的估计结果。研究发现，家庭流动性约束对家庭幸福有显著的负向影响，估计系数为 -0.013 3，在 5% 的显著性水平显著，这表明，当家庭受到流动性约束时，家庭幸福的概率显著降低 1.33%。从控制变量来看，户主受教育年限、家庭有多个孩子、户主为私企工作者、户主已婚、家庭有住房、高收入与高净财富均对家庭幸福有显著的正向影响。第（2）列报告了使用 Probit 模型的估计结果。通过实证结果发现，当家庭受到流动性约束时，家庭幸福概率显著降低 1.3%，在 5% 的显著性水平显著。这表明，流动性约束显著降低家庭幸福可能性的发现是稳健的。

表 6－2　流动性约束对家庭幸福的影响

变量	（1）OLS	（2）Probit
流动性约束	-0.013 3** (0.005 2)	-0.013 0** (0.005 4)
年龄	-0.010 9*** (0.001 6)	-0.011 1*** (0.001 6)
年龄平方	0.000 1*** (0.000 0)	0.000 1*** (0.000 0)
女性	0.006 2 (0.004 3)	0.006 3 (0.004 4)

续表

变量	(1) OLS	(2) Probit
受教育年限	0. 008 9 *** (0. 001 4)	0. 009 4 *** (0. 001 4)
家庭有 1 个孩子	0. 000 6 (0. 005 1)	0. 000 7 (0. 005 2)
家庭有多个孩子	0. 031 2 *** (0. 007 2)	0. 032 6 *** (0. 007 5)
在私企工作	-0. 017 2 *** (0. 006 1)	-0. 018 2 *** (0. 006 5)
已婚	0. 099 3 *** (0. 006 5)	0. 100 0 *** (0. 006 5)
有房	0. 017 2 ** (0. 008 4)	0. 016 1 * (0. 008 4)
ln（家庭收入）	0. 020 7 *** (0. 001 8)	0. 020 8 *** (0. 001 8)
ln（家庭净财富）	0. 029 3 *** (0. 001 6)	0. 029 5 *** (0. 001 7)
农村	0. 019 4 *** (0. 005 5)	0. 019 8 *** (0. 005 5)
省份固定效应	Yes	Yes
年份固定效应	Yes	Yes
样本量	53 483	53 483
Adj. R-sq/ Pseudo R-sq	0. 036 6	0. 028 3

注：表内 *、**、*** 分别表示估计系数在 10%、5%、1% 的置信水平显著，括号内为稳健标准误。考虑到调查发生在不同的年份和省份，本章控制了年份和省份的固定效应。其中，第（2）列 Probit 模型估计结果报告的是边际效应。

6. 2. 3　流动性约束状态变化

本章定义了家庭流动性约束状态变化变量，然后考察流动性约束状态的变化对家庭幸福的影响。使用最小二乘法与 Probit 模型，本章估计了流动性约束状态变化对家庭幸福的影响，结果见表 6 -3。其中，第（1）列与第（2）列报告了家庭开始受到流动性约束对家庭幸福的影响。由第（1）列可知，家庭开始受到流动性约束对家庭幸福的估计系数为 -0. 041 5，在 1% 的显著性水平上显著，即在家庭开始受到流动性约束时，家庭幸福的可能性显著下降 4. 15%。第（3）列与第（4）列报告了家庭结束流动性约束对幸福的影响。研究发现，家庭结束流动性约束对家庭幸福没有显著影响。

表 6－3　　开始约束和结束约束对家庭幸福的影响

变量	(1) OLS	(2) Probit	(3) OLS	(4) Probit
开始约束	−0.041 5 *** (0.010 9)	−0.042 1 *** (0.010 9)		
结束约束			−0.008 0 (0.011 6)	−0.008 7 (0.011 6)
年龄	−0.009 8 *** (0.001 9)	−0.009 8 *** (0.001 9)	−0.009 8 *** (0.001 9)	−0.009 9 *** (0.001 9)
年龄平方	0.000 1 *** (0.000 0)	0.000 1 *** (0.000 0)	0.000 1 *** (0.000 0)	0.000 1 *** (0.000 0)
女性	0.007 6 (0.005 0)	0.007 9 (0.005 1)	0.007 6 (0.005 0)	0.007 8 (0.005 1)
受教育年限	0.008 7 *** (0.001 6)	0.009 3 *** (0.001 7)	0.008 8 *** (0.001 6)	0.009 4 *** (0.001 7)
家庭有 1 个孩子	0.000 6 (0.006 0)	0.000 8 (0.006 1)	0.000 3 (0.006 0)	0.000 6 (0.006 1)
家庭有多个孩子	0.029 3 *** (0.008 3)	0.030 7 *** (0.008 6)	0.029 4 *** (0.008 3)	0.030 8 *** (0.008 6)
在私企工作	−0.002 5 (0.006 6)	−0.002 5 (0.006 9)	−0.000 9 (0.006 6)	−0.001 0 (0.006 9)
已婚	0.100 1 *** (0.007 5)	0.100 3 *** (0.007 5)	0.099 7 *** (0.007 5)	0.099 9 *** (0.007 5)
有房	0.021 7 ** (0.010 2)	0.020 7 ** (0.009 9)	0.021 7 ** (0.010 2)	0.020 8 ** (0.009 9)
ln（家庭收入）	0.019 2 *** (0.002 0)	0.019 2 *** (0.001 9)	0.019 4 *** (0.002 0)	0.019 4 *** (0.001 9)
ln（家庭净财富）	0.025 1 *** (0.001 5)	0.025 0 *** (0.001 6)	0.024 7 *** (0.001 5)	0.024 6 *** (0.001 6)
农村	0.023 1 *** (0.006 3)	0.023 1 *** (0.006 3)	0.022 6 *** (0.006 3)	0.022 6 *** (0.006 3)
省份固定效应	Yes	Yes	Yes	Yes
年份固定效应	Yes	Yes	Yes	Yes
样本量	38 706	38 706	38 706	38 706
Adj. R-sq/ Pseudo R-sq	0.035 9	0.028 2	0.035 5	0.027 9

注：表内 *、**、*** 分别表示估计系数在 10%、5%、1% 的置信水平显著，括号内为稳健标准误。考虑到调查发生在不同的年份和省份，本章控制了年份和省份的固定效应。其中，第（2）列和第（4）列 Probit 模型估计结果报告的是边际效应。

6.2.4 信贷约束

本章继续考察信贷约束对家庭幸福的影响。表6－4报告了使用最小二乘估计与Probit模型估计信贷约束对家庭幸福的影响结果。表6－4中，由第（1）列估计结果可知，信贷约束在1%的显著水平上对家庭幸福有显著的负向影响，这表明，当家庭受到信贷约束时，幸福的可能性显著降低9.92%；由第（2）列估计结果可知，使用Probit模型估计发现，信贷约束对家庭幸福有显著的负向作用。

表6－4 信贷约束对家庭幸福的影响

变量	（1）OLS	（2）Probit
信贷约束	－0.099 2*** （0.009 3）	－0.097 9*** （0.009 1）
年龄	－0.011 1*** （0.001 6）	－0.011 3*** （0.001 6）
年龄平方	0.000 1*** （0.000 0）	0.000 1*** （0.000 0）
女性	0.005 0 （0.004 3）	0.005 2 （0.004 4）
受教育年限	0.008 4*** （0.001 4）	0.008 9*** （0.001 4）
家庭有1个孩子	0.000 9 （0.005 1）	0.001 0 （0.005 2）
家庭有多个孩子	0.032 8*** （0.007 2）	0.034 2*** （0.007 5）
在私企工作	－0.014 6** （0.006 1）	－0.015 6** （0.006 5）
已婚	0.099 5*** （0.006 5）	0.100 3*** （0.006 5）
有房	0.018 9** （0.008 4）	0.017 8** （0.008 3）
ln（家庭收入）	0.020 5*** （0.001 8）	0.020 7*** （0.001 8）
ln（家庭净财富）	0.027 3*** （0.001 4）	0.027 6*** （0.001 5）
农村	0.024 3*** （0.005 4）	0.024 7*** （0.005 5）

续表

变量	(1) OLS	(2) Probit
省份固定效应	Yes	Yes
年份固定效应	Yes	Yes
样本量	53 483	53 483
Adj. R-sq/ Pseudo R-sq	0.038 7	0.029 9

注：表内 *、**、*** 分别表示估计系数在10%、5%、1%的置信水平显著，括号内为稳健标准误。考虑到调查发生在不同的年份和省份，本章控制了年份和省份的固定效应。其中，第（2）列 Probit 模型估计结果报告的是边际效应。

6.3 低收入家庭的幸福

6.3.1 异质性分析

在异质性分析中，考虑到家庭特征可能会引起流动性约束对家庭幸福影响的异质性，本章重点考察了不同收入分组下流动性约束对家庭幸福的异质性影响。表6-5报告了估计结果。其中，第（1）列使用最小二乘法估计低收入家庭流动性约束对家庭幸福的影响，第（2）列使用 Probit 模型估计低收入家庭流动性约束对家庭幸福的影响。两种估计方法的结果均显示，低收入家庭受到流动性约束对家庭幸福有显著的负向影响，这表明，当低收入家庭受到流动性约束时，家庭幸福的可能性显著降低。

表6-5　收入分组下流动性约束对家庭幸福的影响

变量	(1) OLS	(2) Probit
流动性约束×低收入家庭	-0.017 0** (0.008 4)	-0.020 3** (0.008 7)
流动性约束	0.013 1** (0.006 5)	0.016 6** (0.007 0)
低收入家庭	-0.039 2*** (0.007 1)	-0.039 4*** (0.007 2)
年龄	-0.010 8*** (0.001 6)	-0.010 9*** (0.001 6)
年龄平方	0.000 1*** (0.000 0)	0.000 1*** (0.000 0)

续表

变量	(1) OLS	(2) Probit
女性	0.002 5 (0.004 3)	0.002 5 (0.004 4)
受教育年限	0.004 5*** (0.001 4)	0.004 9*** (0.001 5)
家庭有1个孩子	-0.003 1 (0.005 1)	-0.003 0 (0.005 3)
家庭有多个孩子	0.019 6*** (0.007 2)	0.021 2*** (0.007 5)
在私企工作	-0.051 4*** (0.006 7)	-0.053 0*** (0.007 1)
已婚	0.105 3*** (0.006 4)	0.106 8*** (0.006 5)
有房	0.016 6** (0.008 4)	0.015 4* (0.008 4)
ln(家庭收入)	0.011 8*** (0.002 0)	0.012 0*** (0.002 0)
ln(家庭净财富)	0.023 3*** (0.001 6)	0.023 4*** (0.001 7)
农村	0.018 4*** (0.005 4)	0.019 0*** (0.005 5)
省份固定效应	Yes	Yes
年份固定效应	Yes	Yes
样本量	53 483	53 483
Adj. R-sq/ Pseudo R-sq	0.047 4	0.036 9

注：表内*、**、***分别表示估计系数在10%、5%、1%的置信水平显著，括号内为稳健标准误。考虑到调查发生在不同的年份和省份，本章控制了年份和省份的固定效应。其中，第(2)列Probit模型估计结果报告的是边际效应。

6.3.2 稳健性检验

在实证策略部分，本章讨论了模型中潜在的内生性问题会导致估计结果存在偏误。因此，在稳健型检验部分，本章使用社区其他家庭流动性约束比例作为家庭流动性约束的工具变量，使用两阶段最小二乘法与Ivprobit模型估计流动性约束对家庭幸福的影响。表6-6报告了估计结果。研究发现，流动性约束对家庭幸福具有显著的负向影响，即当家庭受到流动性约束时，幸福的可能性显著降低。这与本章基准回归的结论一致，表明本章的结果是稳健的。

表 6-6　稳健性检验：使用工具变量估计流动性约束对家庭幸福的影响

变量	(1) 2SLS	(2) Ivprobit
流动性约束	-0.104 4 *** (0.029 8)	-0.268 2 *** (0.080 0)
年龄	-0.012 3 *** (0.001 7)	-0.032 7 *** (0.004 4)
年龄平方	0.000 2 *** (0.000 0)	0.000 4 *** (0.000 1)
女性	0.008 9 * (0.004 5)	0.023 4 * (0.012 3)
受教育年限	0.006 9 *** (0.001 4)	0.019 4 *** (0.003 8)
家庭有 1 个孩子	-0.003 0 (0.005 1)	-0.007 4 (0.013 8)
家庭有多个孩子	0.018 6 ** (0.007 3)	0.052 7 *** (0.019 9)
在私企工作	-0.051 9 *** (0.006 7)	-0.140 5 *** (0.018 6)
已婚	0.103 9 *** (0.006 5)	0.276 8 *** (0.017 5)
有房	0.032 1 *** (0.009 4)	0.080 8 *** (0.024 5)
ln（家庭收入）	0.015 3 *** (0.002 2)	0.041 4 *** (0.006 0)
ln（家庭净财富）	0.039 3 *** (0.004 2)	0.103 3 *** (0.010 9)
农村	0.008 2 (0.006 0)	0.023 5 (0.016 1)
省份固定效应	Yes	Yes
年份固定效应	Yes	Yes
样本量	53 483	53 483
Adj. R-sq/ Pseudo R-sq	0.038 6	
Kleibergen - Paap rk LM statistic	1 441.156	1 441.156
Cragg - Donald Wald F statistic	1 694.375	1 694.375
Kleibergen - Paap rk Wald F statistic	1 587.484	1 587.484

注：表内 *、**、*** 分别表示估计系数在 10%、5%、1% 的置信水平显著，括号内为稳健标准误。考虑到调查发生在不同的年份和省份，本章控制了年份和省份的固定效应。同时，为处理实证模型中潜在的内生性问题，本章使用社区其他家庭流动性约束的比例作为工具变量。第（2）列 Ivprobit 模型估计结果报告的是边际效应。

6.4 本章小结

幸福可以反映出个体对生活整体的满足感，衡量国民福利水准高低。横向比较来看，相比于其他国家，我国人民幸福处于相对较低的水平；纵向比较来看，我国家庭幸福水平不断攀升。目前学者的研究主要集中在宏观经济因素、社会发展因素、收入、个体特征，以及家庭资产和投资等方面，分析影响幸福的影响因素。在金融市场参与和家庭幸福的研究中，尹志超等（2019）运用中国家庭金融调查的微观数据，研究家庭金融投资行为，特别是金融投资风险异质性对家庭幸福的影响，发现家庭参与金融市场会显著提高家庭幸福的可能性，同时指出金融投资的风险异质性对家庭幸福有显著的影响，家庭参与低风险金融投资会显著提高家庭幸福，参与高风险金融投资会显著降低家庭幸福。

本章使用家庭微观数据，实证检验流动性约束对家庭幸福的影响。本章构建线性概率模型和Probit模型，检验流动性约束对家庭幸福的影响。使用线性概率模型研究发现，家庭流动性约束对家庭幸福有显著的负向影响，当家庭受到流动性约束时，家庭幸福的概率显著降低1.33%；使用Probit模型实证发现，当家庭受到流动性约束时，家庭幸福概率显著降低1.30%。

本章定义了家庭流动性约束状态变化变量，考察了流动性约束状态的变化对家庭幸福的影响。本章使用最小二乘法与Probit模型估计了流动性约束状态变化对家庭幸福的影响。研究发现，家庭开始受到流动性约束显著降低家庭幸福的可能性，家庭结束流动性约束对家庭幸福没有显著影响。具体而言，在家庭开始受到流动性约束时，家庭幸福的可能性显著下降4.15%。

在进一步分析中，本章考察了信贷约束对家庭幸福的影响，发现当家庭受到信贷约束时，幸福的可能性显著降低9.92%。在异质性分析中，本章重点考察了不同收入分组下流动性约束对家庭幸福的异质性影响，发现低收入家庭受到流动性约束对家庭幸福有显著的负向影响，当低收入家庭受到流动性约束时，家庭幸福的可能性显著降低1.70%。在稳健性检验中，本章使用社区其他家庭流动性约束比例作为家庭流动性约束的工具变量，使用两阶段最小二乘法与Ivprobit模型估计流动性约束对家庭幸福的影响。研究发现，流动性约束对家庭幸福具有显著的负向影响，即当家庭受到流动性约束时，幸福的可能性显著降低。

第7章 结　论

家庭金融研究家庭如何使用金融工具实现家庭目标。本书研究家庭金融领域流动性约束问题。基于生命周期理论和永久收入假说，本书参考罗西和特鲁基（2016）的研究定义流动性约束家庭，并使用中国家庭金融调查的微观数据，研究流动性约束对家庭储蓄、消费、金融市场参与、劳动市场参与和家庭幸福的影响。研究发现，流动性约束显著降低家庭储蓄、提高家庭负储蓄的可能性；增加家庭消费；减少低风险投资；增加高风险投资；促进家庭成员劳动参与；降低家庭幸福。本书丰富了家庭金融领域和流动性约束的研究文献，可为理解流动性约束下的家庭行为提供参考。

（1）流动性约束降低家庭储蓄，增加家庭负储蓄的可能性。我国家庭储蓄率不断上升。本书从家庭储蓄率和家庭负储蓄两个角度研究流动性约束对家庭储蓄的影响。本书基于生命周期和永久收入理论，将当前收入低于永久性收入的劳动者定义为流动性约束劳动者。在计算得到劳动者永久性收入后，本书通过比较当前收入和永久性收入确定劳动者是否受到流动性约束，然后将有受到流动性约束成员的家庭定义为流动性约束家庭。本书使用线性模型，使用最小二乘估计方法和面板固定效应估计方法，实证检验流动性约束对家庭储蓄率的影响。研究发现，当家庭受到流动性约束时，家庭储蓄率会降低2.72%，即流动性约束可导致我国家庭储蓄水平下降8.50%，具有显著的经济意义。当家庭受到流动性约束时，家庭负储蓄的可能性显著提高13.04%，这意味着，当我国家庭受到流动性约束时，家庭负储蓄比例将提高41.54%。

本书考察了流动性约束状态的变化对家庭储蓄率的影响。本书通过比较追踪家庭两期流动性约束状态变化，定义家庭开始受到流动性约束和家庭结束流动性约束两个状态变化哑变量，然后使用最小二乘法及面板固定效应进行估计，得到流动性约束变化对家庭储蓄率的影响。研究发现，在流动性约束状态变化对家庭储蓄率的异质性影响上，家庭开始受到流动性约束将显著降低家庭储蓄率，而家庭结束流动性约束对家庭储蓄率没有显著的影响。具体而言，当家庭开始受到流动性约束时，家庭储蓄率显著降低 5.74%。

本书继续考察在收入分组、财富分组、生产经营分组和城乡家庭分组下，流动性约束对家庭储蓄率与负储蓄的异质性影响。研究发现，相较于高收入家庭，低收入样本家庭流动性约束对储蓄率的影响并不明显，而对负储蓄有正向的影响；低财富家庭流动性约束对家庭储蓄率与负储蓄均有正向的影响作用；家庭从事生产经营活动时受到流动性约束将显著降低家庭储蓄率；农村家庭流动性约束对家庭储蓄率有显著的负向作用，对家庭负储蓄有显著的正向作用。具体而言，当低收入家庭受到流动性约束时，家庭负储蓄的概率会显著提升 8.12%；当低财富家庭受到流动性约束时，家庭储蓄率相较高财富家庭显著提高 2.02%，家庭负储蓄的概率会显著提高 2.66%；当从事生产经营家庭受到流动性约束时，家庭储蓄率会下降 2.95%；即当农村家庭受到流动性约束时，储蓄率会显著降低 2.37%，负储蓄的可能性显著提高 2.98%。

（2）流动性约束提高家庭消费。中国家庭往往倾向于储蓄，而消费低迷。本书建立线性模型，使用最小二乘估计方法和面板固定效应估计方法，检验流动性约束对家庭消费的影响。考虑到家庭特征导致流动性约束对家庭消费的异质性影响，本书根据收入分组、财富分组和生产经营家庭分组，定义相应交互项，进行异质性分析。本书发现，家庭流动性约束对家庭消费具有显著的正向影响。当家庭受到流动性约束时，家庭消费显著提高 3.33%，即家庭消费平均提高 2 005 元。该发现与永久性收入理论一致。当家庭受到流动性约束，本质上是劳动者当前收入小于其永久性收入，理性劳动者将选择跨期消费，实现其生命周期内效用最优。

本书考察不同收入分组下流动性约束对家庭消费的异质性影响。根据收入中位数分组，本书定义低收入家庭哑变量，生成流动性约束和低收入家庭的交互项。研究发现，当低收入家庭受到流动性约束时，家庭消费会显著降低 8.34%，约 5 067 元。流动性约束家庭可能参与信贷市场，平滑消费；而低收入家庭可能在参与信贷市场上存在一定困难，信贷约束抑制家庭消费。类似地，本书还考察了不同家庭财富分组下流动性约束对家庭消费影响的异质性。通过比较家庭净财富和样本中净财富中位数，本书定义低财富哑变量，然后生成流动性约束和低财富家庭的交互项。研究发现，低财富家庭流动性约束对家庭消费有显著的负向影响，当低财富家庭受到流动性约束时，家庭消费显著降低 3.88%。在生产经营分组下，当生产经营家庭受到流动性约束时，家庭消费显著提高9.60%。这可能是因为，生产经营家庭更积极地参与信贷市场，更容易通过信贷平滑家庭消费。在当前收入小于永久性收入时，生产经营家庭利用信贷实现跨期消费。

（3）流动性约束减少低风险投资，增加高风险投资。我国家庭金融市场参与十分有限，2019 年我国家庭金融资产占总资产比例仅为 8.40%。本书关注流动性约束对家庭金融市场参与的影响。本书定义无风险金融资产和风险投资，具体而言，将家庭持有活期和定期存款作为无风险金融资产，家庭持有其他风险资产如股票、基金、债券、衍生品、非人民币资产等资产作为风险投资。然后，本书将持有风险资产或无风险资产家庭定义为参与金融市场家庭，将家庭持有股票定义为参与股票市场家庭。基于此，本书将金融市场参与和股票市场参与作为主要的被解释变量。在样本家庭中，我国家庭股票市场参与比例仅为 11.54%。

本书构建线性概率模型，使用微观家庭调查数据，检验流动性约束对家庭金融市场参与的影响。研究发现，当家庭受到流动性约束时，家庭参与金融市场的概率显著降低 1.66%，股票市场参与概率显著提高 1.56%。流动性约束会促使我国家庭股票市场参与水平提高 13.52%，具有显著的经济意义。为了进一步考察流动性约束对家庭金融市场参与的影响，本书检验了流动性约束对家庭金融市场参与影响的风险异质性。家庭流动性约束对家庭参与无风险投资有显著的负向作用，当家庭受到流动性约束时，家庭参与无风险投资的可能性显著下降 1.51%。流动性约束对家庭参与风险投资有显著的正向影响，当家庭受到流动性约束时，家庭参与风险投资的可能性会上升 1.78%。该发现与风险敏感理论一致，认为当家庭当前地位低于预期地位，即处于相对不利位置时，家庭将偏好风险。本书研究流动性约束对家庭行为的影响。当家庭受到流动性约束时，在风险敏感理论下，家庭将更加偏好风险。在金融市场参与中，家庭会降低无风险投资，增加风险投资。

通过比较追踪家庭两期流动性约束状态变化，本书定义家庭开始受到流动性约束和家庭结束流动性约束两个状态变化哑变量，然后使用最小二乘法分别估计流动性约束状态变化对家庭金融市场参与、股票市场参与的影响。研究发现，家庭开始受到流动性约束对金融市场参与没有显著影响，对家庭股票市场参与存在显著的负向影响；家庭结束流动性约束对家庭金融市场参与的影响不显著，对家庭股票市场参与存在显著的负向影响。具体而言，当家庭开始受到流动性约束时，家庭参与股票市场的可能性会降低 1.77%；当家庭流动性约束结束时，家庭参与股票市场的概率会降低1.48%。尽管家庭流动性约束促使家庭偏好风险，降低低风险投资而增加高风险投资，但是当流动性约束状态发生变化，家庭开始受到流动性约束或结束流动性约束时，均显著降低家庭股票市场参与。

在进一步分析中，本书参考亚佩利（2019）定义家庭信贷约束，检验信贷约束对家庭金融市场参与的影响，发现当家庭受到信贷约束时，参与金融市场的可能性显著降低6.06%。在异质性分析中，本书根据收入、财富、生产经营和城乡对家庭分组。在考察在不同收入分组下流动性约束对家庭金融市场参与、股票市场参与的异质性影响时，本书发现，低收入家庭流动性约束对家庭金融市场参与没有显著影响，而对家庭股票市场参与有显著的负向影响，当低收入家庭受到流动性约束时，家庭参与股票市场的概率显著下降8.23%。考察不同家庭财富分组下流动性约束对家庭金融市场参与的异质性影响时，本书发现，低财富家庭流动性约束对家庭金融市场参与、股票市场参与均有显著的负向影响，低财富家庭受到流动性约束，家庭金融市场参与概率显著降低6.47%，家庭股票市场参与概率显著降低5.22%。本书考察了生产经营分组下流动性约束对家庭金融市场参与、股票市场参与的异质性影响，发现生产经营家庭流动性约束将显著提高家庭金融市场参与可能性2.96%，显著降低家庭股票市场参与可能性6.52%。考察城乡分组下流动性约束对家庭金融市场参与、股票市场参与的异质性影响时，农村家庭流动性约束对家庭金融市场参与具有显著的正向作用，而对家庭股票市场参与具有显著的负向作用。研究发现，当农村家庭受到流动性约束时，家庭金融市场参与的可能性会显著上升2.40%，参与股票市场的可能性会显著降低8.45%。

（4）流动性约束促进家庭成员劳动参与。本书关注流动性约束对家庭劳动参与的影响。从户主流动性约束对家庭成员劳动参与的实证结果发现，户主流动性约束对家庭成员劳动参与可能性有显著的正向影响。当户主受到流动性约束时，家庭成员劳动参与的可能性显著增加4.72%。自我雇佣与家庭创业密切相关，是劳动参与的重要表现。户主流动性约束对家庭成员自我雇佣可能性有显著的正向影响，当户主受到流动性约束时，家庭成员自我雇佣的可能性显著增加6.29%；男性户主流动性约束显著导致女性家庭成员劳动参与提高3.55%。这表明，户主流动性约束导致家庭成员参与劳动和自我雇佣。

家庭成员分担户主流动性约束，与户主关系不同导致分担行为存在异质性。本书发现，户主流动性约束显著提高父母劳动参与的可能性，对户主配偶和子女劳动参与没有显著影响；对父母自我雇佣没有显著影响，显著提高了户主配偶和子女自我雇佣的可能性。

基于家庭集体模型，本书研究户主流动性约束对家庭成员主要工作时长和加班的影响。考虑到家庭成员与户主关系存在不同，流动性约束对家庭成员工作时长的影响可能存在的异质性，本书定义了家庭成员和户主之间的关系，在不同家庭成员样本中，分别考察流动性约束对不同家庭成员主要工作时长的影响。从变量的描述性统计结果中可知，家庭成员每周用于主要工作的时间为 43.94 小时，加班比例为 47.99%，家庭成员户主受到流动性约束的比例为 19.83%。

从理论模型分析中可以得到，劳动者流动性约束显著减少主要工作的工作时长。基于家庭集体模型，家庭成员的劳动参与和工作时长受户主流动性约束影响。本书研究发现，在户主受到流动性约束时，家庭成员分担了户主的流动性约束，户主流动性约束传导到家庭成员身上，影响成员改变自身劳动供给中时间的分配，降低了主要工作时长。从实证估计结果来看，户主受到流动性约束时，家庭成员工作时长显著减少 3.96 小时。通过对不同家庭成员样本研究发现，户主流动性约束对户主父母主要工作时长没有显著的影响，对户主配偶和子女主要工作的工作时长存在显著的负向影响。使用两阶段最小二乘法估计得到，户主受到流动性约束时，户主配偶主要工作的工作时长显著减少 4.91 小时，户主子女主要工作的工作时长显著减少 3.63 小时。

本书研究户主流动性约束对家庭成员主要工作加班的影响，发现户主流动性约束显著降低家庭成员加班的可能性。使用两阶段最小二乘法估计发现，当户主受到流动性约束时，家庭成员主要工作加班的可能性显著降低 24.82%。使用 Ivprobit 模型估计，本书也发现户主流动性约束显著降低了家庭成员加班的可能性。通过对不同的家庭成员样本研究发现，户主流动性约束对父母加班没有显著的影响，显著降低了户主配偶和户主子女加班的可能性。

（5）流动性约束降低家庭幸福。幸福可以反映出个体对生活整体的满足感，衡量国民福利水准高低。我国人民幸福处于相对较低的水平，但不断攀升。本书使用家庭微观数据，实证检验流动性约束对家庭幸福的影响。本书构建线性概率模型和 Probit 模型，检验流动性约束对家庭幸福的影响。使用线性概率模型研究发现，家庭流动性约束对家庭幸福有显著的负向影响，当家庭受到流动性约束时，家庭幸福的概率显著降低 1.33%；使用 Probit 模型实证发现，当家庭受到流动性约束时，家庭幸福的可能性显著降低 1.30%。

本书定义了家庭流动性约束状态变化变量，然后考察了流动性约束状态的变化对家庭幸福的影响。使用最小二乘法与Probit模型，本书估计了流动性约束状态变化对家庭幸福的影响。研究发现，家庭开始受到流动性约束显著降低家庭幸福的可能性，家庭结束流动性约束对家庭幸福没有显著影响。具体而言，当家庭开始受到流动性约束时，家庭幸福的可能性显著下降4.15%。在进一步分析中，本书考察了信贷约束对家庭幸福的影响，发现当家庭受到信贷约束时，幸福的可能性显著降低9.92%。在异质性分析中，本书重点考察了在不同收入分组下流动性约束对家庭幸福的异质性影响，发现低收入家庭受到流动性约束对家庭幸福有显著的负向影响，当低收入家庭受到流动性约束时，家庭幸福的可能性显著降低1.70%。

附录A　中国家庭金融调查与研究中心简介

中国家庭金融调查与研究中心是西南财经大学于2010年成立的集数据采集与数据研究于一身的公益性学术调研机构，包含中国家庭、小微企业和城乡社区治理三大数据库。

中国家庭金融调查（China household finance survey，CHFS）是中国家庭金融调查与研究中心在全国范围内开展的抽样调查项目，旨在收集有关家庭金融微观层次的相关信息，主要内容包括：住房资产与金融财富、负债与信贷约束、收入与消费、社会保障与保险、代际转移支付、人口特征与就业以及支付习惯等相关信息，以便为学术研究和政府决策提供高质量的微观家庭金融数据，对家庭经济、金融行为进行了全面细致的刻画。

目前已经分别在2011年、2013年和2015年成功实施三次调查。2011年第一轮调查的样本分布在全国25个省（区、市），80个县，320个村（居）委会，有效样本共8 438户，数据具有全国代表性。2013年第二轮调查样本分布在全国29个省（区、市），262个县，1 048个村（居）委会，有效样本共28 000户，数据具有全国和省级代表性。2015年第三轮调查样本分布在全国29个省（区、市），363个县，1 439个村（居）委会，有效样本共40 000户，新一轮调查在保证全国和省级代表性的前提下，增加了数据的副省级城市代表性，更全面详细地反映中国家庭金融的状况。2017年第四轮调查共采集有效样本40 000余户。

在中国，有关家庭金融的研究才刚刚起步，而中国家庭金融调查与研究中心的成果填补了中国家庭金融学术研究和现状的空白，其意义已经超越了学术界，产生了广泛积极的社会效益。在学术方面，中国家庭金融调查与研究中心发布的数据引起了学术界的极大兴趣，并出现了一系列研究成果，随着数据库的深入建设，更多研究人员将参与到家庭金融的研究中来。在社会效益方面，中国家庭金融调查与研究中心积极参与中国重大政策问题的研究与讨论，在房地产市场调控、收入分配与经济转型、城镇化问题等诸多中国目前重大的宏观政策方面都有深入的研究和探索。

附录 B　中国家庭金融调查问卷（节选）

一、家庭信息

1. 性别______?

A. 男

B. 女

2. 年龄是______?

3. 文化程度是______?

A. 没上过学

B. 小学

C. 初中

D. 高中

E. 中专/职高

F. 大专/高职

G. 大学本科

H. 硕士研究生

I. 博士研究生

4. 去年的税后货币工资在下列哪个范围内______?

A. 5 千元以下

B. 5 千 ~1 万元

C. 1 万 ~2 万元

D. 2 万 ~3 万元

E. 3 万 ~5 万元

F. 5 万 ~10 万元

G. 10 万 ~20 万元

H. 20 万 ~50 万元

I. 50 万～100 万元

J. 100 万元以上

5. 婚姻状况是______?

A. 未婚

B. 已婚

C. 未婚同居

D. 已婚分居

E. 离婚

F. 丧偶

6. 目前，您家所居住的房屋是属于______?

A. 家庭成员自有的

B. 租赁的

C. 免费居住

7. 家庭总资产大概在哪个范围内______?

A. 5 千元以下

B. 5 千～2 万元

C. 2 万～5 万元

D. 5 万～10 万元

E. 10 万～20 万元

F. 20 万～50 万元

G. 50 万～100 万元

H. 100 万～200 万元

I. 200 万～500 万元

J. 500 万～1 000 万元

K. 1 000 万元以上

8. 家庭总负债大概在哪个范围内______?

A. 5 千元以下

B. 5 千～2 万元

C. 2 万～5 万元

D. 5 万～10 万元

E. 10 万～20 万元

F. 20 万 ~50 万元

G. 50 万 ~100 万元

H. 100 万 ~200 万元

I. 200 万 ~500 万元

J. 500 万 ~1 000 万元

K. 1 000 万元以上

二、家庭收入、家庭消费情况

（一）收入

1. 去年家庭的税后货币工资在下列哪个范围内______？

A. 5 千元以下

B. 5 千 ~1 万元

C. 1 万 ~2 万元

D. 2 万 ~3 万元

E. 3 万 ~5 万元

F. 5 万 ~10 万元

G. 10 万 ~20 万元

H. 20 万 ~50 万元

I. 50 万 ~100 万元

J. 100 万元以上

2. 去年家庭从事农业生产经营的毛收入在下列哪个范围内______？

A. 1 万元以下

B. 1 万 ~2 万元

C. 2 万 ~5 万元

D. 5 万 ~10 万元

E. 10 万 ~20 万元

F. 20 万 ~50 万元

G. 50 万 ~100 万元

H. 100 万 ~200 万元

I. 200 万 ~500 万元

J. 500 万 ~1 000 万元

K. 1 000 万元以上

3. 去年家庭从事工商业生产经营项目的毛收入在下列哪个范围内______?

A. 1 万元以下

B. 1 万 ~2 万元

C. 2 万 ~5 万元

D. 5 万 ~10 万元

E. 10 万 ~20 万元

F. 20 万 ~50 万元

G. 50 万 ~100 万元

H. 100 万 ~200 万元

I. 200 万 ~500 万元

J. 500 万 ~1 000 万元

K. 1 000 万元以上

4. 去年家庭从定期存款上获得的税后利息收入在哪个范围内______?

A. 500 元以下

B. 500 ~1 000 元

C. 1 000 ~2 000 元

D. 2 000 ~3 000 元

E. 300 0 ~5 000 元

F. 500 0 ~8 000 元

G. 800 0 ~15 000 元

H. 150 00 元以上

5. 受访者估计股票差价或分红收入在哪个范围内______?

A. 5 千元以下

B. 5 千 ~2 万元

C. 2 万 ~5 万元

D. 5 万 ~10 万元

E. 10 万 ~20 万元

F. 20 万 ~50 万元

G. 50 万 ~100 万元

H. 100 万 ~200 万元

I. 200 万 ~500 万元

J. 500 万～1 000 万元

K. 1 000 万元以上

6. 去年家庭从债券买卖或分红中实际得到的收入在下列哪个范围内______？

A. 5 千元以下

B. 5 千～2 万元

C. 2 万～5 万元

D. 5 万～10 万元

E. 10 万～20 万元

F. 20 万～50 万元

G. 50 万～100 万元

H. 100 万～200 万元

I. 200 万～500 万元

J. 500 万～1 000 万元

K. 1 000 万元以上

7. 受访者估计家庭从基金买卖或分红中实际得到的收入在下列哪个范围内______？

A. 5 千元以下

B. 5 千～2 万元

C. 2 万～5 万元

D. 5 万～10 万元

E. 10 万～20 万元

F. 20 万～50 万元

G. 50 万～100 万元

H. 100 万～200 万元

I. 200 万～500 万元

J. 500 万～1 000 万元

K. 1 000 万元以上

8. 受访者估计家庭从金融衍生品买卖中实际得到的收入在下列哪个范围内______？

A. 5 千元以下

B. 5 千～2 万元

C. 2 万 ~5 万元

D. 5 万 ~10 万元

E. 10 万 ~20 万元

F. 20 万 ~50 万元

G. 50 万 ~100 万元

H. 100 万 ~200 万元

I. 200 万 ~500 万元

J. 500 万 ~1 000 万元

K. 1 000 万元以上

9. 受访者估计家庭从金融理财产品上实际得到的收入在下列哪个范围内______?

A. 5 千元以下

B. 5 千 ~2 万元

C. 2 万 ~5 万元

D. 5 万 ~10 万元

E. 10 万 ~20 万元

F. 20 万 ~50 万元

G. 50 万 ~100 万元

H. 100 万 ~200 万元

I. 200 万 ~500 万元

J. 500 万 ~1 000 万元

K. 1 000 万元以上

10. 受访者估计家庭从非人民币资产实际得到的收入在下列哪个范围内______?

A. 5 千元以下

B. 5 千 ~2 万元

C. 2 万 ~5 万元

D. 5 万 ~10 万元

E. 10 万 ~20 万元

F. 20 万 ~50 万元

G. 50 万 ~100 万元

H. 100万~200万元

I. 200万~500万元

J. 500万~1 000万元

K. 1 000万元以上

11. 受访者估计家庭从黄金资产实际得到的收入在哪个范围内______?

A. 5千元以下

B. 5千~2万元

C. 2万~5万元

D. 5万~10万元

E. 10万~20万元

F. 20万~50万元

G. 50万~100万元

H. 100万~200万元

I. 200万~500万元

J. 500万~1 000万元

K. 1 000万元以上

12. 去年家庭从借出款中收到的利息为______?

13. 去年家庭从非家庭成员那里获得的转移性现金或非现金收入为______?

14. 去年家庭从政府那里获得的补助为______?

（二）消费

1. 家庭去年平均一个月的伙食费为（包括在外就餐）______?

2. 家庭去年平均一个月的水、电、燃料费、物业管理费等支出总共为______?

3. 家庭去年平均一个月购买日常用品的支出总额为______?

4. 家庭去年平均一个月雇用保姆、小时工、司机等家政服务费为______?

5. 家庭去年平均一个月本地交通费为（包括自驾的油费、停车费等）______?

6. 家庭去年平均一个月电话、网络等通信费为______?

7. 家庭去年平均每个月的文化娱乐总支出为______?

8. 去年您家所有家庭成员购买衣物花费为______?

9. 去年您家住房装修、维修或扩建花费为______?

10. 去年您家暖气费支出为______?

11. 受访者估计去年家庭耐用品支出在下列哪个范围内______?

A. 5 千元以下

B. 5 千~1 万元

C. 1 万~3 万元

D. 3 万~5 万元

E. 5 万~10 万元

F. 10 万~20 万元

G. 20 万~50 万元

H. 50 万元以上

12. 去年购买名牌箱包、字画等奢侈品支出在下列哪个范围内______?

A. 5 千元以下

B. 5 千~1 万元

C. 1 万~3 万元

D. 3 万~5 万元

E. 5 万~10 万元

F. 10 万~20 万元

G. 20 万~50 万元

H. 50 万元以上

13. 去年您家教育培训支出为______?

14. 去年您家购买家用汽车、摩托车、电动车等交通工具支出在下列哪个范围内______?

A. 2 万元以下

B. 2 万~5 万元

C. 5 万~10 万元

D. 10 万~20 万元

E. 20 万~50 万元

F. 50 万~100 万元

G. 100 万元以上

15. 去年您家旅游探亲支出在下列哪个范围内______?

A. 2 万元以下

B. 2 万 ~5 万元

C. 5 万 ~10 万元

D. 10 万 ~20 万元

E. 20 万 ~50 万元

F. 50 万 ~100 万元

G. 100 万元以上

16. 去年您家保健支出（不包括医疗支出）为______?

三、金融市场参与情况

（一）存款

1. 您家一般多久到银行（包括 ATM 机器等）取一次钱______?

2. 平均每次取多少钱______?

3. 您家经常使用的活期存款账户有几个______?

4. 这些账户存款余额大概在哪个范围______?

A. 5 千元以下

B. 5 千 ~2 万元

C. 2 万 ~5 万元

D. 5 万 ~10 万元

E. 10 万 ~20 万元

F. 20 万 ~50 万元

G. 50 万 ~100 万元

H. 100 万 ~200 万元

I. 200 万 ~500 万元

J. 500 万 ~1 000 万元

K. 1 000 万元以上

5. 存款余额最大的活期账户开户行是哪家银行______?

6. 选择该银行的主要原因是什么（可多选）______?

A. 位置便利

B. 自动取款机数量多

C. 自助银行多

D. 网上银行较好

E. 时间上方便

F. 费用低

G. 服务好

H. 业务程序简单

I. 银行产品丰富

J. 个人关系

K. 生意/业务需要

L. 工作/学习需要

M. 工资卡/养老金卡/单位指定

N. 取款不受限制

O. 没有其他机构

P. 银行倒闭的风险小

Q. 偏好于本地机构

R. 其他（请注明）

7. 此活期账户的存款余额大概在哪个范围______?

A. 5 千元以下

B. 5 千 ~1 万元

C. 1 万 ~2 万元

D. 2 万 ~3 万元

E. 3 万 ~5 万元

F. 5 万 ~10 万元

G. 10 万 ~20 万元

H. 20 万 ~50 万元

I. 50 万 ~100 万元

J. 100 万元以上

8. 您家定期存款的主要目的是什么（可多选）______?

A. 有利息

B. 资产的安全性

C. 购买/建造/装修住房

D. 购买汽车

E. 购买家具、家电等耐用品

F. 为农业/工商业准备资金

G. 金融投资

H. 教育或培训

I. 偿还债务

J. 为养老做准备

K. 旅游或度假

L. 留给子女

M. 婚丧嫁娶

N. 看病

O. 无其他投资渠道

P. 暂时没有用途

Q. 其他（请注明）

9. 您家共有几笔定期存款______?

10. 这些定期存款总额大概在哪个范围______?

A. 5 千元以下

B. 5 千~2 万元

C. 2 万~5 万元

D. 5 万~10 万元

E. 10 万~20 万元

F. 20 万~50 万元

G. 50 万~100 万元

H. 100 万~200 万元

I. 200 万~500 万元

J. 500 万~1 000 万元

K. 1 000 万元以上

11. 家庭最大那笔定期存款是哪一年存入的______?

12. 家庭最大那笔定期存款期限是______?

13. 家庭最大那笔定期存款金额在哪个范围______?

A. 5 千元以下

B. 5 千~1 万元

C. 1 万~2 万元

D. 2 万~3 万元

E. 3 万 ~5 万元

F. 5 万 ~10 万元

G. 10 万 ~20 万元

H. 20 万 ~50 万元

I. 50 万 ~100 万元

J. 100 万元以上

（二）股票

1. 如果家庭没有股票账户，原因是（可多选）______?

A. 炒股风险太高

B. 炒股收益太低

C. 不知道如何开户

D. 证券公司离得太远

E. 不知道到哪开户

F. 程序烦琐

G. 没有相关知识

H. 曾经亏损

I. 没有听说过

J. 资金有限

K. 其他原因（请注明）

2. 家庭股票账户余额大概在哪个范围______?

A. 5 千元以下

B. 5 千 ~2 万元

C. 2 万 ~5 万元

D. 5 万 ~10 万元

E. 10 万 ~20 万元

F. 20 万 ~50 万元

G. 50 万 ~100 万元

H. 100 万 ~200 万元

I. 200 万 ~500 万元

J. 500 万 ~1 000 万元

K. 1 000 万元以上

3. 家庭目前持有多少只股票______?

4. 平均持有股票的时长（天）______?

5. 您家为什么没有持有股票（可多选）______?

A. 行情不好

B. 收益太低

C. 未选定投资对象

D. 投资基金

E. 账户中的钱不足

F. 不知道如何购买

G. 没有相关知识

H. 没有听说过

I. 资金有限

J. 其他原因（请注明）

6. 在您家所持有的股票中，您家任何成员是否在其中之一的公司工作或曾经工作过______?

A. 是

B. 否

7. 您家投资股票多长时间了______?

8. 从开始炒股到现在，盈亏状况是______?

A. 盈利

B. 盈亏平衡

C. 亏损

9. 您家持有股票目前市值大概在哪个范围______?

A. 5 千元以下

B. 5 千 ~2 万元

C. 2 万 ~5 万元

D. 5 万 ~10 万元

E. 10 万 ~20 万元

F. 20 万 ~50 万元

G. 50 万 ~100 万元

H. 100 万 ~200 万元

I. 200 万～500 万元

J. 500 万～1 000 万元

K. 1 000 万元以上

10. 您购买当前所持有的股票时投入的资金在哪个范围______?

A. 5 千元以下

B. 5 千～2 万元

C. 2 万～5 万元

D. 5 万～10 万元

E. 10 万～20 万元

F. 20 万～50 万元

G. 50 万～100 万元

H. 100 万～200 万元

I. 200 万～500 万元

J. 500 万～1 000 万元

K. 1 000 万元以上

11. 您家购买或操作股票的主要方式是______?

A. 自家电脑

B. 办公场所电脑

C. 网点电脑

D. 柜台

E. 电话（不包括手机）

F. 手机

G. 通过经纪人操作

H. 其他

12. 通常是谁做出股票投资决策______?

A. 受访者

B. 配偶

C. 受访者和配偶共同决定

D. 家人共同做出

E. 父母

F. 子女

G. 孙子/孙女

H. 兄弟姐妹

I. 其他亲属

J. 非亲属

K. 各自决策

13. 您家还有非公开市场交易的股票吗______?

A. 有

B. 没有

14. 如果有非公开市场交易的股票，估计其市值为______?

A. 5 千元以下

B. 5 千 ~2 万元

C. 2 万 ~5 万元

D. 5 万 ~10 万元

E. 10 万 ~20 万元

F. 20 万 ~50 万元

G. 50 万 ~100 万元

H. 100 万 ~200 万元

I. 200 万 ~500 万元

J. 500 万 ~1 000 万元

K. 1 000 万元以上

15. 您家有没有贷款或借钱购买股票______?

A. 有

B. 没有

16. 如果借钱购买股票，目前还有多少钱未还______?

（三）债券

1. 您家有下列哪种债券______?

A. 国库券

B. 地方政府债券

C. 金融债券

D. 公司（企业）债券

E. 其他债券（请注明）

2. 如果没有持有任何债券，其原因（可多选）______？

A. 风险太高

B. 收益太低

C. 期限太长

D. 最低认购额太高

E. 不知道如何购买

F. 程序烦琐

G. 没有相关知识

H. 怕受骗

I. 没有听说过

J. 资金有限

K. 其他原因（请注明）

3. 您家持有各债券的总市值分别是______？

4. 您购买当前所持有各类债券时分别投入了多收钱______？

5. 您家持有的最大的那笔债券的期限是______？

6. 您家持有的最大的那笔债券的市值是______？

7. 您家持有的最大的那笔债券的年利率是______？

8. 您家有没有贷款或借钱购买债券______？

A. 有

B. 没有

9. 如果借钱购买债券，目前还有多少钱未还______？

（四）基金

1. 目前您家持有几支基金______？

2. 如果没有持有任何基金，其原因（可多选）______？

A. 风险太高

B. 收益太低

C. 期限太长

D. 最低认购额太高

E. 不知道如何购买

F. 程序烦琐

G. 没有相关知识

H. 怕受骗

I. 没有听说过

J. 资金有限

K. 其他原因（请注明）

3. 您持有的基金中是否有通过银行购买的______?

A. 有

B. 没有

4. 购买基金时，您希望银行提供哪些服务______?

A. 买卖方便快捷，随时查看基金投资收益情况

B. 定期提供投资建议，帮助选择基金

C. 定期组织知识培训等活动，帮助了解基金

D. 工作专业，能够解答提出的问题、

E. 什么都不需要，我自己购买就行

5. 您家拥有的基金主要是什么类型（可多选）______?

A. 股票型

B. 债券型

C. 货币市场基金

D. 混合型

E. 其他（请注明）

6. 您家投资基金多久（月）______?

7. 平均而言，您家每只基金的持有时间有多长（月）______?

8. 您家拥有的基金的总市值大概在哪个范围______?

A. 5 千元以下

B. 5 千 ~2 万元

C. 2 万 ~5 万元

D. 5 万 ~10 万元

E. 10 万 ~20 万元

F. 20 万 ~50 万元

G. 50 万 ~100 万元

H. 100 万 ~200 万元

I. 200 万 ~500 万元

J. 500 万 ~1 000 万元

K. 1 000 万元以上

9. 您购买当前所持有的基金时投入的资金在下列哪个范围内______?

A. 5 千元以下

B. 5 千 ~2 万元

C. 2 万 ~5 万元

D. 5 万 ~10 万元

E. 10 万 ~20 万元

F. 20 万 ~50 万元

G. 50 万 ~100 万元

H. 100 万 ~200 万元

I. 200 万 ~500 万元

J. 500 万 ~1 000 万元

K. 1 000 万元以上

10. 您家有没有贷款或借钱购买基金______?

A. 有

B. 没有

11. 如果借钱购买基金，目前还有多少钱未还______?

（五）衍生品

1. 去年您家是否拥有金融衍生品（如期货、权证等）______?

A. 是

B. 否

2. 目前您家是否拥有金融衍生品（如期货、权证等）______?

A. 是

B. 否

3. 如果没有购买金融衍生品，其原因（可多选）______?

A. 风险太高

B. 收益太低

C. 期限太长

D. 最低认购额太高

E. 不知道如何购买

F. 程序烦琐

G. 没有相关知识

H. 怕受骗

I. 没有听说过

J. 资金有限

K. 其他原因（请注明）

4. 您家拥有期货的品种有哪些（可多选）______?

A. 铜

B. 铝

C. 锌

D. 贵金属期货（金、银、铂、钯等）

E. 天然橡胶

F. 燃料油

G. 玉米

H. 黄大豆（1 号、2 号）

I. 豆粕

J. 豆油

K. 棕榈油

L. 线型低密度聚乙烯

M. 菜籽油

N. 小麦

O. 棉花

P. 白砂糖

Q. PTA（精对苯二甲酸）

R. 股票指数期货

S. 外汇期货

T. 利率期货

U. 其他（请注明）

5. 持有期货的总市值大概在哪个范围　　　?

A. 5 千元以下

B. 5 千 ~2 万元

C. 2 万 ~5 万元

D. 5 万 ~10 万元

E. 10 万 ~20 万元

F. 20 万 ~50 万元

G. 50 万 ~100 万元

H. 100 万 ~200 万元

I. 200 万 ~500 万元

J. 500 万 ~1 000 万元

K. 1 000 万元以上

6. 您购买当前所持有的期货时投入的资金在下列哪个范围内______?

A. 5 千元以下

B. 5 千 ~2 万元

C. 2 万 ~5 万元

D. 5 万 ~10 万元

E. 10 万 ~20 万元

F. 20 万 ~50 万元

G. 50 万 ~100 万元

H. 100 万 ~200 万元

I. 200 万 ~500 万元

J. 500 万 ~1 000 万元

K. 1 000 万元以上

7. 您家是否持有权证______?

A. 是

B. 否

8. 如果持有权证，权证市值大概在哪个范围______?

A. 5 千元以下

B. 5 千 ~2 万元

C. 2 万 ~5 万元

D. 5 万 ~10 万元

E. 10 万 ~20 万元

F. 20 万 ~50 万元

G. 50 万 ~ 100 万元

H. 100 万 ~ 200 万元

I. 200 万 ~ 500 万元

J. 500 万 ~ 1 000 万元

K. 1 000 万元以上

9. 您购买当前所持有的权证时投入的资金在下列哪个范围内______?

A. 5 千元以下

B. 5 千 ~ 2 万元

C. 2 万 ~ 5 万元

D. 5 万 ~ 10 万元

E. 10 万 ~ 20 万元

F. 20 万 ~ 50 万元

G. 50 万 ~ 100 万元

H. 100 万 ~ 200 万元

I. 200 万 ~ 500 万元

J. 500 万 ~ 1 000 万元

K. 1 000 万元以上

10. 您家是否拥有其他金融衍生品，例如远期合约、互换合约等______?

A. 是

B. 否

11. 如果持有其他金融衍生品，其市值大概在哪个范围______?

A. 5 千元以下

B. 5 千 ~ 2 万元

C. 2 万 ~ 5 万元

D. 5 万 ~ 10 万元

E. 10 万 ~ 20 万元

F. 20 万 ~ 50 万元

G. 50 万 ~ 100 万元

H. 100 万 ~ 200 万元

I. 200 万 ~ 500 万元

J. 500 万 ~ 1 000 万元

K. 1 000 万元以上

12. 您购买当前所持有的金融衍生品时共投入的资金在下列哪个范围内______?

A. 5 千元以下

B. 5 千～2 万元

C. 2 万～5 万元

D. 5 万～10 万元

E. 10 万～20 万元

F. 20 万～50 万元

G. 50 万～100 万元

H. 100 万～200 万元

I. 200 万～500 万元

J. 500 万～1 000 万元

K. 1 000 万元以上

13. 您家有没有贷款或借钱购买金融衍生品______?

A. 有

B. 没有

14. 如果借钱购买金融衍生品，目前还有多少钱未还______?

（六）金融理财产品

1. 去年您家是否拥有银行理财产品______?

A. 是

B. 否

2. 目前您家是否拥有银行理财产品______?

A. 是

B. 否

3. 为何没有购买银行理财产品（可多选）______?

A. 风险太高

B. 收益太低

C. 期限太长

D. 最低认购额太高

E. 不知道如何购买

F. 程序烦琐

G. 没有相关知识

H. 怕受骗

I. 没有听说过

J. 资金有限

K. 其他原因（请注明）

4. 您家银行理财产品是在哪些机构买的______?

5. 您是从什么渠道购买银行理财产品的（可多选）______?

A. 银行柜台

B. 网银

C. 手机银行

6. 在选择银行理财产品时，以下哪个问题给您带来过困扰______?

A. 不知如何挑选出适合自己的银行理财产品进行投资

B. 不知道买入多少才合适

C. 银行理财产品的设计太复杂，很难理解

D. 不能方便及时地了解与银行理财产品市场的相关信息

E. 都没有

F. 其他（请注明）

7. 您主要根据哪些标准选择银行理财产品______?

A. 发行机构的理财实力

B. 产品品牌

C. 预期收益率

D. 是否方便赎回

E. 是否保本

8. 您家共投入多少资金购买银行理财产品______?

9. 您购买当前所持有的金融理财产品时投入的资金在下列哪个范围______?

A. 5 千元以下

B. 5 千 ~2 万元

C. 2 万 ~5 万元

D. 5 万 ~10 万元

E. 10 万 ~20 万元

F. 20 万 ~ 50 万元

G. 50 万 ~ 100 万元

H. 100 万 ~ 200 万元

I. 200 万 ~ 500 万元

J. 500 万 ~ 1 000 万元

K. 1 000 万元以上

10. 您家持有银行理财产品的总市值大概在哪个范围______?

A. 5 千元以下

B. 5 千 ~ 2 万元

C. 2 万 ~ 5 万元

D. 5 万 ~ 10 万元

E. 10 万 ~ 20 万元

F. 20 万 ~ 50 万元

G. 50 万 ~ 100 万元

H. 100 万 ~ 200 万元

I. 200 万 ~ 500 万元

J. 500 万 ~ 1 000 万元

K. 1 000 万元以上

11. 您能接受以下哪些期限的银行理财产品______?

A. 随时申赎

B. 随时申购，但有一段时间的资金冻结

C. 可接受固定期限

12. 您可以接受的固定期限是（可多选）______?

A. 一个月以下

B. 一个月以上三个月以下

C. 三个月以上六个月以下

D. 六个月以上一年以下

E. 一年以上两年以下

F. 两年以上

13. 您家是否拥有其他金融理财产品，比如券商集合理财、信托等______?

A. 是

B. 否

14. 您家投入多少资金购买其他金融理财产品（不包括银行理财产品）______?

15. 您家持有的其他金融理财产品总价值大概在哪个范围（不包括银行理财产品）______?

A. 5 千元以下

B. 5 千～2 万元

C. 2 万～5 万元

D. 5 万～10 万元

E. 10 万～20 万元

F. 20 万～50 万元

G. 50 万～100 万元

H. 100 万～200 万元

I. 200 万～500 万元

J. 500 万～1 000 万元

K. 1 000 万元以上

16. 您家有没有贷款或借钱购买金融理财产品______?

A. 有

B. 没有

17. 如果借钱购买金融理财产品，目前还有多少钱未还______?

（七）非人民币资产

1. 去年您家是否拥有非人民币资产______?

A. 是

B. 否

2. 目前您家是否拥有非人民币资产______?

A. 是

B. 否

3. 您家持有哪些形式的非人民币资产（可多选）______?

A. 外币存款

B. 外钞/外币现金

C. B 股股票

D. H 股股票

E. 银行外汇市场交易产品

F. 非银行的外汇交易产品

G. 国外股票/债券

H. 其他（请注明）

4. 这些非人民币资产的市值分别在哪个范围______?

A. 5 千元以下

B. 5 千 ~2 万元

C. 2 万 ~5 万元

D. 5 万 ~10 万元

E. 10 万 ~20 万元

F. 20 万 ~50 万元

G. 50 万 ~100 万元

H. 100 万 ~200 万元

I. 200 万 ~500 万元

J. 500 万 ~1 000 万元

K. 1 000 万元以上

5. 您购买当前所持有的非人民币资产时投入的资金在下列哪个范围内______?

A. 5 千元以下

B. 5 千 ~2 万元

C. 2 万 ~5 万元

D. 5 万 ~10 万元

E. 10 万 ~20 万元

F. 20 万 ~50 万元

G. 50 万 ~100 万元

H. 100 万 ~200 万元

I. 200 万 ~500 万元

J. 500 万 ~1 000 万元

K. 1 000 万元以上

6. 您家有没有贷款或借钱购买非人民币资产______?

A. 有

B. 没有

7. 如果借钱购买非人民币资产，目前还有多少钱未还______？

（八）黄金

1. 您家总共投入多少钱购买黄金______？

2. 您购买当前所持有的黄金时投入的资金在下列哪个范围内______？

A. 5千元以下

B. 5千~2万元

C. 2万~5万元

D. 5万~10万元

E. 10万~20万元

F. 20万~50万元

G. 50万~100万元

H. 100万~200万元

I. 200万~500万元

J. 500万~1 000万元

K. 1 000万元以上

3. 以目前的金价计算，您家拥有的这些黄金市值大概在哪个范围______？

A. 5千元以下

B. 5千~2万元

C. 2万~5万元

D. 5万~10万元

E. 10万~20万元

F. 20万~50万元

G. 50万~100万元

H. 100万~200万元

I. 200万~500万元

J. 500万~1 000万元

K. 1 000万元以上

四、劳动市场参与情况

1. 家庭成员分别是否有工作，包括务农______？

A. 有

B. 没有

2. 无工作的家庭成员为什么没有工作______?

A. 在校学生

B. 家庭主妇

C. 丧失劳动能力者

D. 季节性工作，目前不在工作季节

E. 度假/生病/生小孩

F. 失业或没有找到工作

G. 不愿意工作

H. 离休或退休

I. 其他

3. 有工作的家庭成员分别同时拥有几份工作______?

4. 每份工作平均每天工作几个小时______?

5. 主要工作是否经常加班______?

A. 是

B. 否

五、家庭幸福

总体来说，您现在觉得幸福吗______?

A. 非常幸福

B. 幸福

C. 一般

D. 不幸福

E. 非常不幸福

附录C 项目纪实（节选）

中国家庭金融调查报道小分队第三组文字记者田齐月在2017年8月5日为中国家庭金融调查提供一篇题目为《实力作舟、情怀为桨——专访88组督导岳鹏鹏》的项目纪实。摘录如下。

早在我与鹏鹏哥见面之前，就曾听组员学妹多次提起鹏鹏哥的大名。鹏鹏哥何许人也？山东人士，首都经贸大学金融学博士，访问88组督导。当我与鹏鹏哥真正接触之后，由衷感觉，他确实是性格很山东，学识很渊博，做事很督导。

访问88组是由来自首都经贸大学的三位博士、三位硕士研究生以及两位本科生组成的队伍，其中还有同门师兄妹。当我们问起参与家庭金融调查的缘由，他们解释，“之前自己做研究的时候也会用到往年CHFS的数据，今年想亲自参与、体会这个数据采集的过程，也希望与各校的师生一起学习交流”。

7月30日，终于与88组在保定的酒店汇合，首先跟鹏鹏哥聊起的就是督导每天的工作安排。“最重要的还是准备工作，当然这件事每个督导也都会做。在出发前一天，分出下一地点的样本、保密承诺书和知情同意书等，及时通过已有联系方式，以短信或电话形式，确定预约第二天访问的时间，确保第二天至少有两户可以访问”。由于第二天88组正好要去一个新的农村开展访问工作，鹏鹏哥还提到了一些小诀窍，“我们在村委会报备时，在签字盖章后，一定会邀请村长或书记和我们一起合影。联系访户时，如果他们怀疑我们，就可以拿出介绍信和合影来证实身份”。

事实上，第二天上午，在与村支书沟通好之后，鹏鹏哥还询问支书是否能带领访员们在村里的人路上走一圈。八人的访员队伍还有八人的宣传小分队，十六个小蓝人在黄土覆盖的村路边穿梭，声势不小。他解释道，让支书带着我们转转，尤其是往人比较多的地方去，主要是让村民们看到我们是正规的，在入户时他们的防备心也就不会太强了。这也让我看到了鹏鹏哥在待人和善可亲的同时，其实也是“老奸巨猾”，套路极深。

谈到“套路”，鹏鹏哥还给出了很多与88组访员一起探索得出的经验。他提到，现在他们在对受访户进行分组时，都会遵循同姓同组的原则，也就是把同一个姓氏的尽量分在一起。这是由于之前他们曾遇到一户拒访非常严重的人家，但偶然发现，这家男主人与已经接受过访问的一名受访户名字十分相似。经过打听，发现两人是亲生兄弟。于是便请求已接受过访问的哥哥向拒访情绪严重的弟弟再次说明一下我们的调查，结果便非常顺利。同姓有时就意味着或近或远的亲戚关系，而这可能会使问题变得简单不少。同时，鹏鹏哥告诉我们，超市阿姨有着想象不到的力量。因为在农村，一般比较大型的超市只有一个，超市阿姨“眼观六路耳听八方”，对村子里的成员可以说非常熟悉。而且访员们是经常要到超市里购买大量生活用品和食物的，和阿姨的关系也算亲近。如果能说服超市阿姨提供一些帮助，将会事半功倍。当然，也不能事事都去麻烦阿姨。一般简单的都是访员们想办法解决，难度系数高的，才会麻烦阿姨“出山”。

由于前期积累了不少经验以及与村委会的顺利沟通，88组第二天的访问可谓是“一帆风顺”。完成上午的访问后，访员们拿出准备的午餐分享着一起吃，吃完就靠在椅子上简单地休息了一会儿又继续下午的工作，直到下午7点左右才完成最后一户准备返回县城。

跟88组待的时间并不算长，但已足够让我们感受这些可爱的人们，他们的笑容和专注。离开88组的第二天，收到鹏鹏哥发来的自己制作的视频，配乐是Beyond的《不再犹豫》。听他们唱着：

只想靠两手向理想挥手
问句天几高
心中志比天更高
自信打不死的心态活到老

这或许是给这个夏天最好的注释。

参考文献

［1］白重恩，吴斌珍，金烨．中国养老保险缴费对消费和储蓄的影响［J］．中国社会科学，2012（8）：48－71.

［2］蔡栋梁，邱黎源，孟晓雨，马双．流动性约束、社会资本与家庭创业选择——基于 CHFS 数据的实证研究［J］．管理世界，2018（9）：79－94.

［3］陈斌开，李涛．中国城镇居民家庭资产——负债现状与成因研究［J］．经济研究，2011（S1）：55－66.

［4］陈斌开，林毅夫．发展战略，城市化与中国城乡收入差距［J］．中国社会科学，2013，4（81）：102.

［5］陈刚，李树．政府如何能够让人幸福？——政府质量影响居民幸福感的实证研究［J］．管理世界，2012（8）：55－67.

［6］陈刚．通货膨胀的社会福利成本——以居民幸福感为度量衡的实证研究［J］．金融研究，2013（2）：60－73.

［7］陈鹏，刘锡良．中国农户融资选择意愿研究——来自 10 省 2 万家农户借贷调查的证据［J］．金融研究，2011（7）：128－141.

［8］陈玉宇，行伟波．消费平滑、风险分担与完全保险——基于城镇家庭收支调查的实证研究［J］．《经济学（季刊)》，2006（1）：253－272.

［9］陈钊，徐彤，刘晓峰．户籍身份、示范效应与居民幸福感：来自上海和深圳社区的证据［J］，世界经济，2012（4）：79－101.

［10］程恩江，刘西川．小额信贷缓解农户正规信贷配给了吗？来自三个非政府小额信贷项目区的经验证据［J］．金融研究，2010（12）：190－206.

［11］程郁，韩俊，罗丹．供给配给与需求压抑交互影响下的正规信贷约束：来自 1 874 户农户金融需求行为考察［J］．世界经济，2009（5）：73－82.

［12］程郁，罗丹．信贷约束下农户的创业选择——基于中国农户调查的实证分析［J］．中国农村经济，2009（11）：25－38.

[13] 邓路，谢志华，李思飞．民间金融，制度环境与地区经济增长［J］．管理世界，2014（3）：31－40.

[14] 邓瑛，赵雪．流动性约束视角下我国房价财富效应与最优利率规则研究［J］．投资研究，2011（9）：43－54.

[15] 董丽霞，赵文哲．不同发展阶段的人口转变与储蓄率关系研究［J］．世界经济，2013（3）：80－102.

[16] 段军山，崔蒙雪．信贷约束、风险态度与家庭资产选择［J］．统计研究，2016（6）：62－71.

[17] 封进，韩旭．退休年龄制度对家庭照料和劳动参与的影响［J］．世界经济，2017（6）：145－166.

[18] 甘犁，尹志超，贾男，徐舒，马双．中国家庭金融调查报告［M］．成都：西南财经大学出版社，2012.

[19] 甘犁，赵乃宝，孙永智．收入不平等、流动性约束与中国家庭储蓄率［J］．经济研究，2018（12）：34－50.

[20] 官皓．收入对幸福感的影响研究：绝对水平和相对地位［J］．南开经济研究，2010（5）：56－70.

[21] 杭斌，修磊．收入不平等、信贷约束与家庭消费［J］．统计研究，2016（8）：73－79.

[22] 杭斌，余峰．潜在流动性约束与城镇家庭消费［J］．统计研究，2018（7）：102－114.

[23] 何立新，封进，佐藤宏．养老保险改革对家庭储蓄率的影响：中国的经验证据［J］．经济研究，2008（10）：117－130.

[24] 何立新，潘春阳．破解中国的“Easterlin 悖论”：收入差距、机会不均与居民幸福感［J］．管理世界，2011（8）：11－22.

[25] 何启志，彭明生．基于互联网金融的网贷利率特征研究［J］．金融研究，2016（10）：95－110.

[26] 何秀红，戴光辉．收入和流动性风险约束下家庭金融资产选择的实证研究［J］．南方经济 2007（10）：58－69.

[27] 贺京同，那艺，郝身永．决策效用、体验效用与幸福［J］．经济研究，2014（7）：176－188.

[28] 黄嘉文．教育程度、收入水平与中国城市居民幸福感—项基于 CGSS2005

的实证分析 [J]. 社会，2013 (5)：19 - 20.

[29] 黄永明，何凌云. 城市化、环境污染与居民主观幸福感——来自中国的经验证据 [J]. 中国软科学，2013 (12)：82 - 93.

[30] 黄祖辉，刘西川，程恩江. 贫困地区农户正规信贷市场低参与程度的经验解释 [J]. 经济研究，2009 (4)：116 - 128.

[31] 蒋远胜，肖湿顺，宋青锋. 家庭风险分担机制对农村医疗保险需求的影响——对四川省的初步调查报告 [J]. 人口研究，2003 (1)：74 - 80.

[32] 金江，何立华. 教育使人幸福吗？——基于武汉市城镇居民的实证分析 [J]. 经济评论，2012 (6)：36 - 43.

[33] 孔荣，Calum G. T.，霍学喜. 信任、内疚与农户借贷选择的实证分析——基于甘肃、河南、陕西三省的问卷调查 [J]. 中国农村经济，2009 (11)：50 - 59.

[34] 李建军. 中国未观测信贷规模的变化：1978 - 2008 年 [J]. 金融研究，2010 (4)：40 - 49.

[35] 李江一，李涵，甘犁. 家庭资产—负债与幸福感："幸福—收入"之谜的一个解释 [J]. 南开经济研究，2015 (5)：3 - 23.

[36] 李锐，朱喜. 农户金融抑制及其福利损失的计量分析 [J]. 经济研究，2007 (2)：146 - 155.

[37] 李树，陈刚. "关系"能否带来幸福？——来自中国农村的经验证据 [J]. 中国农村经济，2012 (8)：66 - 78.

[38] 李涛，史宇鹏，陈斌开. 住房与幸福：幸福经济学视角下的中国城镇居民住房问题 [J]. 经济研究，2011 (9)：69 - 82.

[39] 李扬，殷剑峰. 中国高储蓄率问题探究——基于 1992—2003 年中国资金流量表的分析 [J]. 经济研究，2007 (6)：14 - 26.

[40] 李悦雷，郭阳，张维. 中国 P2P 小额贷款市场借贷成功率影响因素分析 [J]. 金融研究，2013 (7)：126 - 138.

[41] 梁达. 增加居民财产性收入为扩内需打实基础 [N]. 上海证券报，2013 - 3 - 7.

[42] 林毅夫. 再论制度，技术与中国农业发展 [M]. 北京：北京大学出版社，2000.

[43] 刘宏，明瀚翔，赵阳. 财富对主观幸福感的影响研究——基于微观数

据的实证分析［J］. 南开经济研究，2013（4）：95－110.

［44］刘杰，郑风田．流动性约束对农户创业选择行为的影响——基于晋、甘、浙三省894户农民家庭的调查［J］. 财贸研究，2011（3）：28－35.

［45］刘金全，邵欣炜．流动性约束与消费行为关系的实证研究［J］. 管理科学学报，2004（4）：90－94.

［46］刘生龙，胡鞍钢，郎晓娟．预期寿命与中国家庭储蓄［J］. 经济研究，2012（8）：107－117.

［47］刘哲希，李子昂．结构性去杠杆进程中居民部门可以加杠杆吗［J］. 中国工业经济，2018（10）：42－60.

［48］刘征驰，赖明勇．虚拟抵押品、软信息约束与P2P互联网金融［J］. 中国软科学，2015（1）：35－46.

［49］卢锋，刘晓光，姜志霄，张杰平．劳动力市场与中国宏观经济周期：兼谈奥肯定律在中国［J］. 中国社会科学，2015（12）：69－89.

［50］鲁元平，张克中．经济增长、亲贫式支出与国民幸福——基于中国幸福数据的实证研究［J］. 经济学家，2010（11）：5－14.

［51］马汴京，蔡海静．经济全球化如何影响了中国居民幸福感——来自CGSS2008的经验证据［J］. 财贸经济，2014（7）：116－127.

［52］马双，李雪莲，蔡栋梁．最低工资与已婚女性劳动参与［J］. 经济研究，2017（6）：153－168.

［53］欧阳志刚．中国城乡经济一体化的推进是否阻滞了城乡收入差距的扩大［J］. 世界经济，2014（2）：116－135.

［54］潘竟虎．中国地级及以上城市城乡收入差距时空分异格局［J］. 经济地理，2014（6）：60－67.

［55］裴春霞，孙世重．流动性约束条件下的中国居民预防性储蓄行为分析［J］. 金融研究，2004（10）：26－32.

［56］申朴，刘康兵．中国城镇居民消费行为过度敏感性的经验分析：兼论不确定性、流动性约束与利率［J］. 世界经济，2003（1）：61－66.

［57］沈坤荣，谢勇．不确定性与中国城镇居民储蓄率的实证研究［J］. 金融研究，2012（3）：1－13.

［58］宋全云，吴雨，尹志超．金融知识视角下的家庭信贷行为研究［J］. 金融研究，2017（6）：95－110.

［59］苏梽芳，王海成，郭敏．食品价格上涨对中国居民主观幸福感的影响［J］．中国人口科学，2013（6）：59－70.

［60］孙三百，黄薇，洪俊杰，王春华．城市规模、幸福感与移民空间优化［J］．经济研究，2014（1）：97－111.

［61］孙同全．从农户家庭资产负债表看农村普惠金融供给侧结构性改革［J］．中国农村经济，2017（5）：31－44.

［62］孙永苑，杜在超，张林，何金财．关系，正规与非正规信贷［J］．《经济学（季刊）》，2016（1）：597－626.

［63］汤凤林，雷鹏飞．收入差距、居民幸福感与公共支出政策——来自中国社会综合调查的经验分析［J］．经济学动态，2014（4）：41－55.

［64］陶春生．家庭金融学的构建与进展［J］．管理世界，2017（11）：176－177.

［65］田国强，杨立岩．对“幸福—收入之谜”的一个解答［J］．经济研究，2006（11）：4－15.

［66］涂荣庭，李斐，林倩蓉．中国“卡奴”问题预警［J］．金融研究，2008（3）：163－176.

［67］万广华，张茵，牛建高．流动性约束、不确定性与中国居民消费［J］．经济研究，2001（11）：35－44.

［68］汪红驹，张慧莲．不确定性和流动性约束对我国居民消费行为的影响［J］．经济科学，2002（6）：22－28.

［69］王会娟，廖理．中国 P2P 网络借贷平台信用认证机制研究——来自“人人贷”的经验证据［J］．中国工业经济，2014（4）：136－147.

［70］王丽莉，乔雪．放松计划生育、延迟退休与中国劳动力供给［J］．世界经济，2018（10）：150－169.

［71］王鹏．收入差距对中国居民主观幸福感的影响分析——基于中国综合社会调查数据的实证研究［J］．中国人口科学，2011（3）：93－101.

［72］王修华，孟路，欧阳辉．P2P 网络借贷问题平台特征分析及投资者识别——来自 222 家平台的证据［J］．财贸经济，2016（12）：71－84.

［73］王元．信息处理、博弈参与和农村金融服务中介［J］．金融研究，2006（10）：162－169.

［74］吴伟平，章元，刘乃全．房价与女性劳动参与决策［J］．经济学动态，

2016（11）：57－67.

［75］谢舜，魏万青，周少君. 宏观税负、公共支出结构与个人主观幸福感兼论“政府转型”［J］. 社会，2012（6）：86－107.

［76］熊学萍，阮红新，汪晓银. 农户金融行为与融资需求的实证分析——基于湖北省天门市198个样本农户的调查［J］. 农业技术经济，2007（4）：85－94.

［77］徐丽鹤，袁燕. 收入阶层，社会资本与农户私人借贷利率［J］. 金融研究，2013（9）：150－154.

［78］许圣道，田霖. 我国农村地区金融排斥研究［J］. 金融研究，2008（7）：195－206.

［79］杨继东. 中国消费不平等演变趋势及其原因［J］. 财贸经济，2013（4）：111－120.

［80］杨继军，张二震. 人口年龄结构，养老保险制度转轨对居民储蓄率的影响［J］. 中国社会科学，2013（8）：47－66.

［81］杨汝岱，陈斌开，朱诗娥. 基于社会网络视角的农户民间借贷需求行为研究［J］. 经济研究，2011（1）：116－129.

［82］杨晓兰，朱建芳，金雪军. 股票市场投资与主观幸福感——基于个体投资者的调查问卷分析［J］. 浙江大学学报（人文社会科学版），2011（2）：42－51.

［83］叶海云. 试论流动性约束、短视行为与我国消费需求疲软的关系［J］. 经济研究，2000（11）：116－129.

［84］叶菁菁，吴燕，陈方豪，王宇晴. 个人所得税减免会增加劳动供给吗？——来自准自然实验的证据［J］. 管理世界，2017（12）：20－32.

［85］易行健，盛威，杨碧云. 不同生命周期阶段家庭储蓄率的决定因素——基于城镇住户调查数据的实证检验［J］. 山西财经大学学报，2015（5）：25－38.

［86］易行健，王俊海，易君健. 预防性储蓄动机强度的时序变化与地区差异——基于中国农村居民的实证研究［J］. 经济研究，2008（2）：119－131.

［87］易行健，张波，杨汝岱，杨碧云. 家庭社会网络与农户储蓄行为：基于中国农村的实证研究［J］. 管理世界，2012（5）：43－51.

［88］尹志超，张诚. 女性劳动参与对家庭储蓄率的影响［J］. 经济研究，2019（4）：165－181.

［89］尹志超，岳鹏鹏，陈悉榕．金融市场参与、风险异质性与家庭幸福［J］．金融研究，2019（4）：168－187.

［90］尹志超，仇化．金融知识对互联网金融参与重要吗［J］．财贸经济，2019（6）：70－84.

［91］尹志超，刘泰星，张诚．农村劳动力流动对家庭储蓄率的影响［J］．中国工业经济，2020（1）：24－42.

［92］尹志超，宋鹏，黄倩．信贷约束与家庭资产选择——基于中国家庭金融调查数据的实证研究［J］．投资研究，2015（1）：4－24.

［93］余泉生，周亚虹．信贷约束强度与农户福祉损失——基于中国农村金融调查截面数据的实证分析［J］．中国农村经济，2014（3）：36－47.

［94］袁志刚，宋铮．人口年龄结构、养老保险制度与最优储蓄率［J］．经济研究，2000（11）：24－32.

［95］臧旭恒，李燕桥．消费信贷、流动性约束与中国城镇居民消费行为——基于2004－2009年省际面板数据的经验分析［J］．经济学动态，2012（2）：61－66.

［96］臧旭恒，裴春霞．预防性储蓄、流动性约束与中国居民消费计量分析［J］．经济学动态，2004（12）：28－31.

［97］张三峰，卜茂亮，杨德才．信用评级能缓解农户正规金融信贷配给吗？——基于全国10省农户借贷数据的经验研究［J］．经济科学，2013（2）：81－93.

［98］张胜林，李英民，王银光．交易成本与自发激励：对传统农业区民间借贷的调查［J］．金融研究，2002（2）：125－134.

［99］张翔，李伦一，柴程森，马双．住房增加幸福：是投资属性还是居住属性？［J］．金融研究，2015（10）：17－31.

［100］张学志，才国伟．收入、价值观与居民幸福感——来自广东成人调查数据的经验证据［J］．管理世界，2011（9）：63－73.

［101］张勋，刘晓，樊纲．农业劳动力转移与家户储蓄率上升［J］．经济研究，2014（4）：130－142.

［102］张熠，汪伟，刘玉飞．延迟退休年龄、就业率与劳动力流动：岗位占用还是创造？［J］．经济学（季刊），2017（2）：897－920.

［103］张友俊，文良旭．交易、契约机制与自律：合水县民间借贷个案研究

[J]. 金融研究，2002（4）：125-130.

[104] 赵达，沈煌南，张军. 失业率波动对就业者家庭消费和配偶劳动供给的冲击[J]. 中国工业经济，2019（2）：99-116.

[105] 周好文，潘朝顺. 不确定性、流动性约束与中国居民的消费行为[J]. 财经研究，2002（10）：63-68.

[106] 周京奎，黄征学. 住房制度改革、流动性约束与"下海"创业选择——理论与中国的经验研究[J]. 经济研究，2014（3）：158-170.

[107] 周俊山，尹银. 中国计划生育政策对居民储蓄率的影响——基于省级面板数据的研究[J]. 金融研究，2011（10）：61-73.

[108] 周小刚，陈熹. 关系强度、融资渠道与农户借贷福利效应——基于信任视角的实证研究[J]. 中国农村经济，2017（1）：16-29，93-94.

[109] 朱喜，李子奈. 我国农村正式金融机构对农户的信贷配给——一个联立离散选择模型的实证分析[J]. 数量经济技术经济研究，2006（3）：37-49.

[110] 邹红，彭争呈，栾炳江. 隔代照料与女性劳动供给——兼析照料视角下全面二孩与延迟退休悖论[J]. 经济学动态，2018（7）：37-52.

[111] 邹红，喻开志，李奥蕾. 养老保险和医疗保险对城镇家庭消费的影响研究[J]. 统计研究，2013（11）：60-67.

[112] Aguiar, M., Bils, M. Has Consumption Inequality Mirrored Income Inequality? [J]. American Economic Review, 2015, 105 (9): 2725-56.

[113] Allen, F., Demirguc-Kunt, A., Klapper, L., Peria, M. S. M. The foundations of financial inclusion: Understanding Ownership and Use of Formal Accounts [J]. Journal of financial Intermediation, 2016 (27): 1-30.

[114] Andersson, P. Happiness and Health: Well-being among the Self-employed [J]. Journal of Socio-Economics, 2008, 37 (1): 213-236.

[115] Apergis, N., Georgellis, Y. Regional Unemployment and Employee Loyalty: Evidence from 12 UK Regions [J]. Regional Studies, 2018, 52 (9): 1283-1293.

[116] Appleton, S. A., Song, L. Life Satisfaction in Urban China: Components and Determinants [J]. World Development, 2008 (36): 2325-2340.

[117] Apps, P. F., Rees, R. Collective Labor Supply and Household Production [J]. Journal of Political Economy, 1997, 105 (1): 178-190.

[118] Asadullah, M. N. , Chaudhury, N. Subjective Well-being and Relative Poverty in Bangladesh [J]. Journal of Economic Psychology, 2012, 33 (5): 940 - 950.

[119] Attanasio, O. , Battistin, E. , Ichimura, H. What really happened to consumption inequality in the US? [Z]. National Bureau of Economic Research, 2004, NBER Working Paper No. w10338.

[120] Attanasio, O. P. , Weber, G. Consumption and Saving: Models of Intertemporal Allocation and Their Implications for Public Policy [J]. Journal of Economic Literature, 2010, 48 (3): 693 - 751.

[121] Bacchetta, P. , Gerlach, S. Consumption and Credit Constraints: International Evidence [J]. Journal of Monetary Economics, 1997, 40 (2): 207 - 238.

[122] Badarinza, C. , Campbell, J. Y. , Ramadorai, T. International comparative household finance [J]. Annual Review of Economics, 2016 (8): 111 - 144.

[123] Baker, M. , Gruber, J. , Milligan, K. Universal Child Care, Maternal Labor Supply, and Family Well-Being [J]. Journal of Political Economy, 2018, 116 (4): 709 - 745.

[124] Banks, J. , Blundell, R. , Tanner, S. Is there a retirement-savings puzzle? [J]. American Economic Review, 1998 (4): 769 - 788.

[125] Bartolini, S. , Sarracino, F. Happy for How Long? How Social Capital and Economic Growth Relate to Happiness over Time [J]. Ecological Economics, 2014 (108): 242 - 256.

[126] Bauernschuster, S. , Schlotter, M. Public Child Care and Mothers' Labor Supply-Evidence from Two Quasi-experiments [J]. Journal of Public Economics, 2015 (123): 1 - 16.

[127] Baydas, M. M. , Meyer, R. L. , Aguilera-Alfred, N. Discrimination Against Women in Formal Credit Markets: Reality or Rhetoric? [J]. World Development, 1994, 22 (7): 1073 - 1082.

[128] Becchetti, L. , Rossetti, F. When Money Does Not Buy Happiness: The Case of Frustrated Achievers [J]. Journal of Socio-economics, 2009, 38 (1): 159 - 167.

[129] Becker, G. S. The Economic Approach to Human Behavior [M]. Chicago:

University of Chicago Press, 1976.

[130] Bellani, L., D'Ambrosio, C. Deprivation, Social Exclusion and Subjective Well-Being [J]. Social Indicators Research, 2011, 104 (1): 67 –86.

[131] Benesch, C., Frey, B. S., Stutzer, A. TV Channels, Self Control and Happiness [J]. Journal of Economic Analysis & Policy, 2015, 10 (1): 1 –35.

[132] Benito, A., Mumtaz, H. Excess Sensitivity, Liquidity Constraints, and the Collateral Role of Housing [J]. Macroeconomic Dynamics, 2009, 13 (3): 305 – 326.

[133] Benito, A., Saleheen, J. Labour Supply as a Buffer: Evidence from UK Households [J]. Economica, 2013, 80 (320): 698 –720.

[134] Benvenuti, M., Casolaro, L., Ciani, E. Informal Loans, Liquidity Constraints and Local Credit Supply: Evidence from Italy [Z]. Working Paper, 2015.

[135] Benz, M, Frey, B. S. The Value of Doing What You Like: Evidence from the Self-employed in 23 Countries [J]. Journal of Economic Behavior and Organization, 2008, 68 (3 –4): 445 –455.

[136] Benz, M. Not for the Profit, but for the Satisfaction? Evidence on Worker Well-being in Non-profit Firms [J]. Kyklos, 2005, 58 (2): 155 –176.

[137] Berri, A. Transport Consumption Inequalities and Redistributive Effects of Taxes: A Repeated Cross-sectional Evaluation on French Household Data [C]. In 3rd meeting of the Society for the Study of Economic Inequality (ECINEQ), 2009, 7: 20 – 23.

[138] Beshears, J., Choi, J. J., Laibson, D., Madrian, B. C. Behavioral household finance. In Handbook of Behavioral Economics: Applications and Foundations 1. North-Holland. 2018 (1): 177 –276.

[139] Bjørnskov, C., A. Delhey, J. V. Fischer. Formal Institutions and Subjective Well-being: Revisiting the Cross-country Evidence [J]. European Journal of Political Economy, 2010 (26): 419 –430.

[140] Bjørnskov, C. Do Economic Reforms Alleviate Subjective Well-Being Losses of Economic Crises? [J]. Journal of Happiness Studies, 2014, 15 (1): 163 – 182.

[141] Bjørnskov, C. The Happy Few: Cross-country Evidence on Social Capital

and Life Satisfaction [J]. Kyklos, 2003, 56 (1): 3 -16.

[142] Black, S. E., Strahan, P. E. Entrepreneurship and Bank Credit Availability [J]. The Journal of Finance, 2002, 57 (6): 2807 -2833.

[143] Blanchflower, D. G., Oswald, A. J. Money, Sex and Happiness: An Empirical Study [J]. Scandinavian Journal of Economics, 2004, 106 (3): 393 - 415.

[144] Blanchflower, D. G., Oswald, A. J. Well-Being Over Time in Britain and the USA [J]. Journal of Public Economics, 2004 (88): 1359 -1386.

[145] Blau, D. M., Robins, P. K. Child-care Costs and Family Labor supply [J]. The Review of Economics and Statistics, 1988 (70): 374 -381.

[146] Blundell, R., Chiappori, P. A., Magnac, T., Meghir, C. Collective Labour Supply: Heterogeneity and Non-participation [J]. The Review of Economic Studies, 2007, 74 (2): 417 -445.

[147] Bottazzi, R., Low, H., Wakefield, M. Why Do Home Owners Work Longer Hours? [M]. London: Institute for Fiscal Studies, 2007.

[148] Bottazzi, R. Labour Market Participation and Mortgage-related Borrowing Constraints [M]. London: Institute for Fiscal Studies, 2004.

[149] Boucher, S. R., Carter, M. R., Guirkinger, C. Risk Rationing and Wealth Effects in Credit Markets: Theory and Implications for Agricultural Development [J]. American Journal of Agricultural Economics, 2008, 90 (2): 409 -423.

[150] Bredtmann, J., Otten, S., Rulff, C. Husband's Unemployment and Wife's Labor Supply: the Added Worker Effect Across Europe [J]. ILR Review, 2018, 71 (5): 1201 -1231.

[151] Brown, S., Gray, D. Household Finances and Well-being in Australia: An Empirical Analysis of Comparison Effects [J]. Journal of Economic Psychology, 2016 (53): 17 -36.

[152] Bruce, D. Do Husbands Matter? Married Women Entering Self-employment [J]. Small Business Economics, 1999, 13 (4): 317 -329.

[153] Bunnin, N., Yu, J. The Blackwell Dictionary of Western Philosophy [M]. Malden, MA: Blackwell, 2004.

[154] Burtless, G. The Supply Side Legacy of the Reagan Years: Effects on La-

bor Supply. In Sahu, A., and Ronald Tracy, eds. The Economic Legacy of the Reagan Years: Euphoria or Chaos? [M]. New York: Praeger. 1991.

[155] Cai, S., Park, A. Permanent Income and Subjective Well-being [J]. Journal of Economic Behavior and Organization, 2016 (130): 298-319.

[156] Campbell, J. Y., N. G. Mankiw Consumption, Income, and Interest Rates: Reinterpreting the Time Series Evidence [J]. NBER Macroeconomics Annual, 1989, 4 (1): 185-216.

[157] Campbell, J. Y. Household Finance [J]. The Journal of Finance, 2006, 61 (4): 1553-1604.

[158] Cardia, E., Ng, S. Intergenerational Time Transfers and Childcare [J]. Review of Economic Dynamics, 2003, 6 (2): 431-454.

[159] Cardona-Sosa, L., Flórez, L. A., Morales, L. F. How does the Household Labour Supply Respond to the Unemployment of the Household Head? [J]. Labour, 2018, 32 (4): 174-212.

[160] Carroll, C. D. A Theory of the Consumption Function, with and without Liquidity Constraints [J]. Journal of Economic Perspectives, 2001, 15 (3): 23-45.

[161] Carroll, C. D. Portfolios of the Rich [Z]. 2000, NBER Working Paper No. 577.

[162] Cheng, Z., Smyth, R. Sex and Happiness [J]. Journal of Economic Behavior and Organization, 2015 (112): 26-32.

[163] Chiappori, P. A., Dias, M. C., Meghir, C. The Marriage Market, Labor Supply, and Education Choice [J]. Journal of Political Economy, 2018, 126 (S1): 26-72.

[164] Chiappori, P. A. Collective Labor Supply and Welfare [J]. Journal of political Economy, 1992, 100 (3): 437-467.

[165] Chiappori, P. A. Rational Household Labor Supply [J]. Econometrica, 1988, 56 (1): 63-90.

[166] Clark, A. K., Oswald, A. J. Unhappiness and Unemployment [J]. The Economic Journal, 1994, 104 (424): 648-659.

[167] Cloyne, J. S., Surico, P. Household Debt and the Dynamic Effects of In-

come Tax Changes [J]. The Review of Economic Studies, 2017, 84 (1): 45 - 81.

[168] Cobb-Clark, D. A., Kassenboehmer, S. C., Sinning, M. G. Locus of control and savings [J]. Journal of Banking & Finance, 2016 (73): 113 - 130.

[169] Cocco, J. F., Gomes, F. J., Maenhout, P. J. Consumption and Portfolio Choice over the Life-Cycle [J]. Review of Financial Studies, 2005, 18 (2): 491 - 533.

[170] Cole, H. L., Mailath, G. J., Postlewaite, A. Social norms, savings behavior, and growth [J]. Journal of Political Economy, 1992, 100 (6): 1092 - 1125.

[171] Constantinides, G. M. Rational asset prices [J]. The Journal of Finance, 2002, 57 (4): 1567 - 1591.

[172] Crossley, T. F., Low, H. W. Job loss, Credit Constraints, and Consumption Growth [J]. Review of Economics and Statistics, 2014, 96 (5): 876 - 884.

[173] Curtis, C. C., Lugauer, S., Mark, N. C. Demographic patterns and household saving in China [J]. American Economic Journal: Macroeconomics, 2015, 7 (2): 58 - 94.

[174] Davis, K., Murphy, J. Peer-to-peerlending: structures, risks and regulation [J]. The Finsia Journal of Applied Finance, 2016 (3): 37 - 44.

[175] Deaton, A., Paxson, C. Intertemporal Choice and Inequality [J]. Journal of Political Economy, 1994, 102 (3): 437 - 467.

[176] Deaton, A., Saving and Liquidity Constraints [J]. Econometrica, 1991, 59 (5): 1221 - 1248.

[177] Deaton, A., The Financial Crisis and the Well-being of Americans [J]. Oxford Economic Papers, 2012, 64 (1): 1 - 26.

[178] Deaton, A. Understanding Consumption [M]. Oxford: Oxford University Press, 1992.

[179] Del Boca, D., Flinn, C. Endogenous Household Interaction [J]. Journal of Econometrics, 2012, 166 (1): 49 - 65.

[180] Del Boca, D., Lusardi, A. Credit Market Constraints and Labor Market Decisions [J]. Labour Economics, 2003, 10 (6): 681 - 703.

[181] Demirgüç-Kunt, A., Klapper, L. Measuring financial inclusion: Explaining variation in use of financial services across and within countries [J]. Brookings Papers on Economic Activity, 2013 (1): 279 -340.

[182] Démurger, S., Sachs, J. D., Woo, W. T., Bao, S., Chang, G., Mellinger, A. Geography, economic policy, and regional development in China [J]. Asian Economic Papers, 2002, 1 (1): 146 -197.

[183] Dercon, S., Krishnan, P. In Sickness and in Health: Risk Sharing within Households in Rural Ethiopia [J]. Journal of Political Economy, 2000, 108 (4): 688 -727.

[184] Di Tella, R., MacCulloch, R. Gross National Happiness as an Answer to the Easterlin Paradox? [J]. Journal of Development Economics, 2008, 86 (1): 22 - 42.

[185] Tella, R. D., MacCulloch, R. J., Oswald, A. J. Preferences over Inflation and Unemployment: Evidence from Surveys of Happiness [J]. American Economic Review, 2001, 91 (1): 335 -341.

[186] Diener, E., Lucas, R. E. Personality and Subjective Well-Being [J]. The Science of Well-being, Springer Netherlands, 2009: 213 -229.

[187] Dimova, R., Wolff, F. C. Do Downward Private Transfers Enhance Maternal Labor Supply? Evidence from Around Europe [J]. Journal of Population Economics, 2011, 24 (3): 911 -93.

[188] Djankov, S., Nikolova, E., Zilinsky, J. The Happiness Gap in Eastern Europe [J]. Journal of Comparative Economics, 2016, 44 (1): 108 -124.

[189] Dogra, K., Gorbachev, O. Consumption Volatility, Liquidity Constraints and Household Welfare [J]. Economic Journal, 2018, 126 (597): 2012 -2037.

[190] Dolan, P., Peasgood, T., White, M. Do We Really Know What Makes Us Happy? A Review of the Economic Literature on the Factors Associated with Subjective Well-Being [J]. Journalof Economic Psychology, 2008, 29 (1): 94 -122.

[191] Donaldson, J. R., Piacentino, G., Thakor, A. Household debt overhang and unemployment [J]. The Journal of Finance, 2019, 74 (3): 1473 -1502.

[192] Dong, F., Liu, J., and Featherstone, A. Effects of Credit Constraints on Productivity and Rural Household Income in China [Z]. Working Paper, 2010.

[193] Dorn, D., Fischer, J. A. V., Kirchgçssner, G., Sousa-Poza, A. Is It Culture or Democracy? The Impact of Democracy and Culture on Happiness [J]. Social Indicators Research, 2007 (82): 505-526.

[194] Duchin, R., Gilbert, T., Harford, J., Hrdlicka, C. Precautionary Savings with Risky Assets: When Cash is not Cash [J]. The Journal of Finance, 2017, 72 (2), 793-852.

[195] Easterlin, R. A., Dose Economic Growth Improve the Human Lot? Some Empirical Evidence [J]. Nations and Households in Economic Growth, 1974, 89-125.

[196] Easterlin, R. A., Income and Happiness: Towards a Unified Theory [J]. Economic Journal, 2001, 111 (473): 465-484.

[197] Easterlin, R. A., Will Raising the Incomes of All Increase the Happiness of All [J]. Journal of Economic Behavior and Organization, 1995, 27 (1): 35-47.

[198] Easterlin, R. A., Zweig, J. S., Mcvey, L. A., Switek, M., Sawangfa, O. TheHappiness-Income Paradox Revisited the Happiness-Income Paradox Revisited [Z]. IZA Discussion Paper Series, 2011 (5799).

[199] Easterlin, R. A. Life Cycle Happiness and Its Sources: Intersections of Psychology, Economics, and Demography [J]. Journal of Economic Psychology, 2006, 27 (4): 463-482.

[200] Eissa, N., Liebman, J. B. Labor Supply Response to the Earned Income Tax Credit [J]. The Quarterly Journal of Economics, 1996, 111 (2): 605-637.

[201] Engelhardt, G. V. Consumption, Down Payments, and Liquidity Constraints [J]. Journal of Money, Credit, and Banking, 1996, 28 (2): 255-271.

[202] Evans, D. S., Jovanovic, B. An Estimated Model of Entrepreneurial Choice under Liquidity Constraints [J]. Journal of Political Economy, 1989, 97 (4): 808-827.

[203] Evans, D. S., Leighton, L. S. Some Empirical Aspects of Entrepreneurship [J]. The American Economic Review, 1989, 79 (3): 519-535.

[204] Fadlon, I., Nielsen, T. H. Household Labor Supply and the Gains from Social Insurance [J]. Journal of Public Economics, 2019, 18-28.

[205] Faruqui, U., Torchani, S. How Important Are Liquidity Constraints for

Canadian Households? Evidence from Micro-data [Z]. Bank of Canada Discussion Paper, 2012 -9.

[206] Faulkender, M. W., Hankins, K. W., Petersen, M. A. Understanding the Rise in Corporate Cash: Precautionary Savings or Foreign Taxes [J]. The Review of Financial Studies, 2019, 32 (9): 3299 -3334.

[207] Fave, A. D., Massimini, F., Bassi, M. Psychological Selection and Optimal Experience Across Cultures: Social Empowerment through Personal Growth [Z]. Springer Netherlands, 2011.

[208] Feder, G., Lau, L. J., Lin, J. Y., Luo, X. The Relationship Between Credit and Productivity in Chinese Agriculture: A Microeconomic Model of Disequilibrium [J]. American Journal of Agricultural Economics, 1990, 72 (5): 1151 - 1157.

[209] Fetter, D. K., Lockwood, L. M. GovernmentOld-Age Support and Labor Supply: Evidence from the Old Age Assistance Program [J]. American Economic Review, 2018, 108 (8): 2174 -2211.

[210] Flavin, M. A. Excess Sensitivity of Consumption to Current Income: Liquidity Constraints or Myopia? [J]. Canadian Journal of Economics, 1985, 18 (1): 117 -126.

[211] Flavin, M. A. The Adjustment of Consumption to Changing Expectations about Future Income [J]. Journal of Political Economy, 1981, 89 (5): 974 -1009.

[212] Fortin, N. M. Allocation Inflexibilities, Female Labor Supply, and Housing Assets Accumulation: Are Women Working to Pay the Mortgage? [J]. Journal of Labor Economics, 1995, 13 (3): 524 -557.

[213] Frey, B. S., A. Stutzer. Happiness and Economics: How the Economy and Institutions Affect Human Well-being [M]. New Jersey: Princeton University Press. 2002: 12 -15.

[214] Frey, B. S. Happiness: A Revolution in Economics [M]. Cambridge: MIT Press, 2008.

[215] Friedman, M., A Theory of Consumption Function [M]. Princeton: Princeton University Press, 1957: 167 -237.

[216] Frijters, P., Haisken-DeNew, J. P., Shields, M. A. Money Dose Mat-

ter! Evidence from Increasing Real Income and Life Satisfaction in East Germany [J]. American Economic Review, 2004, 94 (3): 730 - 740.

[217] Fungáčová, Z., Weill, L. Understanding Financial Inclusion in China [J]. China Economic Review, 2015 (34): 196 - 206.

[218] Gabor, D., Brooks, S. The Digital Revolution in Financial Inclusion: International Development in the Fintech Era [J]. New Political Economy, 2017, 22 (4): 423 - 436.

[219] Gakidis, H. Stocks for the old? Earnings Uncertainty and Life-Cycle Portfolio Choice [D]. Ph. D. Dissertation, MIT, 1998: 141 - 197.

[220] Garcia, R., Lusardi, A., Ng, S. Excess Sensitivity and Asymmetries in Consumption: An Empirical Investigation [J]. Journal of Money, Credit, and Banking, 1997, 154 - 176.

[221] Gardner, J., Oswald, A. J. Do Divorcing Couples Become Happier by Breaking up? [J]. Journal of the Royal Statistical Society. Series A: Statistics in Society, 2006, 169 (2): 319 - 336.

[222] Garner, T. I. Consumer Expenditures and Inequality: An Analysis Based on Decomposition of the Gini Coefficient [J]. The Review of Economics and Statistics, 1993: 134 - 138.

[223] Gatina, L. Does Money Buy Happiness? Financial and General Well-being of Immigrants in Australia [J]. Journal of Behavioral and Experimental Economics, 2016 (63): 91 - 105.

[224] Gerdtham, U. G., Johannesson, M. The Relationship Between Happiness, Health, and Socio-economic Factors: Results Based on Swedish Microdata [J]. Journal of Socio-Economics, 1997, 30 (6): 553 - 557.

[225] Giannetti, M. Liquidity Constraints and Occupational Choice [J]. Finance Research Letters, 2011, 8 (1): 37 - 44.

[226] Graham, C., Pettinato, S. Happiness, Markets, and Democracy: Latin America in Comparative Perspective [J]. Journal of Happiness Studies, 2001, 2 (3): 237 - 268.

[227] Gross, D. B., Souleles, N. S. Do Liquidity Constraints and Interest Rates Matter for Consumer Behavior? Evidence from Credit Card Data [J]. The Quarterly

Journal of Economics, 2002, 117 (1): 149 – 185.

[228] Gruber, J., Yelowitz, A. Public health insurance and private savings [J]. Journal of Political Economy, 1999, 107 (6): 1249 – 1274.

[229] Guiso, L., Jappelli, T., Terlizzese, D. Income Risk, Borrowing Constraints, and Portfolio Choice [J]. The American Economic Review, 1996: 158 – 172.

[230] Guiso, L., Sodini, P. Householdfinance: An emerging field [J]. In Handbook of the Economics of Finance, 2013 (2): 1397 – 1532.

[231] Hajivassiliou, V. A., Ioannides, Y. M. Unemployment and Liquidity Constraints [J]. Journal of Applied Econometrics, 2007, 22 (3): 479 – 510.

[232] Haliassos, M., C. Hassapis. Borrowing Constrains, Portfolio Choice, and Precautionary Motives: Theoretical Predictions and Empirical Complications [Z]. Working Paper, 1999 – 1121.

[233] Haliassos, M. C. C. Bertaut. Why do so Few Hold Stocks? [J]. The Economic Journal, 1995 (105): 1110 – 1129.

[234] Hall, R. E., Mishkin, F. S. The sensitivity of consumption to transitory income: estimates from panel data on households [J]. Econometrica: Journal of the Econometric Society, 1982: 461 – 481.

[235] Hall, R. E., Mishkin, F. S. The Sensitivity of Consumption to Transitory Income: Estimates from Panel Data on Households [Z]. Unpublished Working Paper, 1980.

[236] Hariri, J. G., Bjørnskov, C., Justesen, M. K. Economic Shocks and Subjective Well-being: Evidence from a Quasi-experiment [J]. The World Bank Economic Review, 2016, 30 (1), 55 – 77.

[237] Hayashi, F. The Effect of Liquidity Constraints on Consumption: ACross-sectional Analysis [J]. The Quarterly Journal of Economics, 1985, 100 (1): 183 – 206.

[238] Hayashi, F. The Permanent Income Hypothesis and Consumption Durability: Analysis Based on Japanese Panel Data [J]. The Quarterly Journal of Economics, 1985, 100 (4): 1083 – 1113.

[239] Heckman, J. J. Effects of Child-care Programs on Women's Work Effort

[J]. Journal of Political Economy, 1974, 82 (2, Part 2): S136 - S163.

[240] Helliwell, J. F., Huang, H., How's Your Government? International Evidence Linking Good Government and Well-Being [J]. British Journal of Political Science, 2008, 38 (4): 85 - 18.

[241] Holm, M. B. Consumption with Liquidity Constraints: An Analytical Characterization [J]. Economic Letters, 2018 (167): 40 - 42.

[242] Hooft, S. V. Understanding Virtue Ethics. Acumen, 2006.

[243] Horioka, C. Y., Wan, J. The Determinants of Household Saving in China: A Dynamic Panel Analysis of Provincial Data [J]. Journal of Money, Credit and Banking, 2007, 39 (8): 2077 - 2096

[244] Hubbard, R. G., Judd, K. L., Hall, R. E., Summers, L. Liquidity Constraints, Fiscal Policy, and Consumption [J]. Brookings Papers on Economic Activity, 1986, 6 (1): 1 - 59.

[245] Hubbard, R. G., Judd, K. L. Social Security and Individual Welfare: Precautionary Saving, Borrowing Constraints, and the Payroll Tax [J]. The American Economic Review, 1987: 630 - 646.

[246] Hundley, G. Why and When Are the Self-Employed More Satisfied with Their Work? [J]. Industrial Relations A Journal of Economy & Society, 2001, 40 (2): 293 - 316.

[247] Hurd, M. D. Savings of the Elderly and Desired Bequests [J]. The American Economic Review, 1987: 298 - 312.

[248] Idrees, M., Ahmad, E. Measurement and Decomposition of Consumption Inequality in Pakistan [J]. Lahore Journal of Economics, 2010, 15 (2): 97 - 122.

[249] Ishii, K. Online Communication with Strong Ties and Subjective Well-being in Japan [J]. Computers in Human Behavior, 2017 (66): 129 - 137.

[250] Iyigun, M., Walsh, R. P. Endogenous Gender Power, Household Labor Supply and the Demographic Transition [J]. Journal of Development Economics, 2007, 82 (1): 138 - 155.

[251] Jappelli, T., Pagano, M. Saving, Growth, and Liquidity Constraints [J]. The Quarterly Journal of Economics, 1994, 109 (1): 83 - 109.

[252] Jappelli, T., Pischke, J. S., Souleles, N. S. Testing for Liquidity Con-

straints in Euler Equations with Complementary Data Sources [J]. Review of Economics and Statistics, 1998, 80 (2): 251 -262.

[253] Jappelli, T. Who is Credit Constrained in the US Economy?[J]. The Quarterly Journal of Economics, 1990, 105 (1): 219 -234.

[254] Jiang, S., M. Lu, H. Sato. Identity, Inequality and Happiness: Evidence from Urban China [J]. World Development, 2012, 40 (6): 1190 -1200.

[255] Johnson, D. S., Parker, J. A., Souleles, N. S. Household Expenditure and the Income Tax Rebates of 2001 [J]. American Economic Review, 2006, 96 (5): 1589 -1610.

[256] Kanbur, R., Zhang, X. Fifty Years of Regional Inequality in China: A Journey through Central Planning, Reform, and Openness [J]. Review of development Economics, 2005, 9 (1): 87 -106.

[257] Karlan, D., Mullainathan, S., Roth, B. N. Debt traps? Market vendors and moneylender debt in India and the Philippines [J]. American Economic Review: Insights, 2019, 1 (1): 27 -42.

[258] Kohara, M., Horioka, C. Y. Do Borrowing Constraints Matter? An Analysis of Why the Permanent Income Hypothesis does not Apply in Japan [J]. Japan and the World Economy, 2006, 18 (4): 358 -377.

[259] Kon, Y., Storey, D. J. A theory of discouraged borrowers [J]. Small Business Economics, 2003, 21 (1): 37 -49.

[260] Kraay, A. Household saving in China [J]. The World Bank Economic Review, 2000, 14 (3): 545 -570.

[261] Krueger, D., Perri, F. Does Income Inequality Lead to Consumption Inequality? Evidence and Theory [J]. The Review of Economic Studies, 2006, 73 (1): 163 -193.

[262] Krusell, P., Smith, Jr, A. A. Consumption-savings Decisions with Quasi-geometric Discounting [J]. Econometrica, 2003, 71 (1): 365 -375.

[263] Ladd, H. F. Evidence on Discrimination in Mortgage Lending [J]. Journal of Economic Perspectives, 1998, 12 (2): 41 -62.

[264] Lee, J. J., Sawada, Y. Precautionary Saving under Liquidity Constraints: Evidence from Rural Pakistan [J]. Journal of Development Economics, 2010, 91

(1): 77 -86.

[265] Leff, N. H. Dependency Rates and Savings Rates [J]. The American Economic Review, 1969, 59 (5): 886 -896.

[266] Levhari, D., Srinivasan, T. N. Optimal Savings under Uncertainty [J]. The Review of Economic Studies, 1969, 36 (2): 153 -163.

[267] Lise, J., Seitz, S. Consumption Inequality and Intra-household Allocations [J]. The Review of Economic Studies, 2011, 78 (1): 328 -355.

[268] Loewenstein, G., Krishnamurti, T., Kopsic, J., Mcdonald, D., Does Increased Sexual Frequency Enhance Happiness [J]. Journal of Economic Behavior and Organization, 2015 (116): 206 -218.

[269] MacElroy, M. B., Horney, M. J. Nash Bargained Household Decisions [J]. International Economic Review, 1981, 21: 31 -44.

[270] Mariger, R. P. A Life-cycle Consumption Model with Liquidity Constraints: Theory and Empirical Results [J]. Econometrica: Journal of the Econometric Society, 1987, 533 -557.

[271] Mariger, R. P. Consumption Behavior and the Effects of Government Fiscal Policies [M]. Cambridge, MA: Harvard University Press, 1986.

[272] McBride, M. Money, Happiness, and Aspirations: An Experimental Study [J]. Journal of Economic Behavior and Organization, 2010, 74 (3): 262 -276.

[273] McBride, M. Relative-Income Effects on Subjective Well-being in the Cross-Section [J]. Journal of Economic Behavior and Organization, 2001, 45 (3): 251 -278.

[274] McLean, R. D. Share Issuance and Cash Savings [J]. Journal of Financial Economics, 2011, 99 (3): 693 -715.

[275] Merkle, C., Egan, D. P., Davies, G. B. Investor Happiness [J]. Journal of Economic Psychology, 2015, 49: 167 -186.

[276] Mian, A., Sufi, A., Verner, E. Household Debt and Business Cycles worldwide [J]. The Quarterly Journal of Economics, 2017, 132 (4): 1755 -1817.

[277] Mishra, S., Hing, L. S. S., Lalumiere, M. L. Inequality and risk-taking [J]. Evolutionary Psychology, 2015, 13 (3), DOI: 10.1177/1474704915596295.

［278］ Modigliani，F.，Brumberg，R. Utility analysis and the consumption function：An Interpretation of Cross-section Data ［J］. Franco Modigliani，1954，1（1）：388－436.

［279］ Modigliani，F.，Cao，S. L. The Chinese saving puzzle and the life-cycle hypothesis ［J］. Journal of Economic Literature，2004，42（1）：145－170.

［280］ Mujcic，R.，Oswald，A. J. Evolution of Well-being and Happiness after Increases in Consumption of Fruit and Vegetables ［J］. American Journal of Public Health，2016，106（8）：1504－1510.

［281］ Mushtaq，R.，Bruneau，C. Microfinance，Financial Inclusion and ICT：Implications for Poverty and Inequality ［J］. Technology in Society，2019，59：1011－1054.

［282］ Myers，B. D. G. Close Relationships and Quality of Life. Well-Being：The Foundations of Hedonic Psychology，2010.

［283］ Neumark，D.，Postlewaite，A. Relative Income Concerns and the Rise in Married Women's employment ［J］. Journal of Public Economics，1988，70：157－183.

［284］ Nicoletti，C.，Salvanes，K. G.，Tominey，E. The Family Peer Effect on Mothers´Labor Supply ［J］. American Economic Journal：Applied Economics，2018，10（3）：206－34.

［285］ Nirei，M. Quantifying Borrowing Constraints and Precautionary Savings ［J］. Review of Economic Dynamics，2006，9（2）：353－363.

［286］ Ogawa，N.，Ermisch，J. F. Family Structure，Home Time Demands，and the Employment Patterns of Japanese Married Women ［J］. Journal of Labor Economics，1996，14（4）：677－702.

［287］ Öneş，U.，Memiş，E.，Kızılırmak，B. Poverty and Intra-household Distribution of Work Time in Turkey：Analysis and Some Policy Implications ［J］. In Women's Studies International Forum，2013，（41）：55－64.

［288］ Ortigueira，S.，Siassi，N. How Important is Intra-household Risk Sharing for Savings and Labor Supply? ［J］. Journal of Monetary Economics，2013，60（6）：650－666.

［289］ Oswald，A. Happiness and Economic Performance ［J］. Economic Journal，1997，107（445）：1815－1831.

[290] Ozili, P. K. Impact of Digital Finance on Financial Inclusion and Stability [J]. Borsa Istanbul Review, 2018, 18 (4): 329 – 340.

[291] Paxson, C. Borrowing Constraints and portfolio Choice [J]. The Quarterly Journal of Economics, 1990, 105: 535 – 543.

[292] Peiró, A. Happiness, Satisfaction and Socio-economic Conditions: Some International Evidence [J]. Journal of Socio-economics, 2006, 35 (2): 348 – 365.

[293] Yue, P. P., Korkmaz, A. G., Yin, Z. C., Zhou, H. G. Liquidity Constraints and Family Labor Participation [J]. Journal of the Asia Pacific Economy, 2021, DOI: 10. 1080/13547860. 2020. 1864102.

[294] Rossi, M., Trucchi, S. Liquidity Constraints and Labor Supply [J]. European Economic Review, 2016, 87: 176 – 193.

[295] Rupert, P., Zanella, G. Grandchildren and Their Grandparents' Labor Supply [J]. Journal of Public Economics, 2018, 159: 89 – 103.

[296] Rybczynski, K. Are Liquidity Constraints Holding Women Back? An Analysis of Gender in Self-employment Earnings [J]. The Journal of Economic Asymmetries, 2009, 6 (1): 141 – 165.

[297] Ryff, C. D., Keyes C. L. M. The Structure of Psychological Well-being Revisited [J]. Journal of Personality & Social Psychology, 1995, 69 (4): 719 – 27

[298] Ryff, C. D. Psychological Well-being in Adult Life [J]. Current Directions in Psychological Science, 1995, 4 (4): 99 – 104.

[299] Sacks, D. W., Stevenson, B., Wolfers, J. Subjective Well-being, Income, Economic Development and Growth [J]. Social Science Electronic Publishing, 2010, 10: 561 – 562.

[300] Saez, E., Zucman, G. Wealth Inequality in the United States Since 1913: Evidence from Capitalized Income Tax Data [J]. The Quarterly Journal of Economics, 2016, 131 (2): 519 – 578.

[301] Salehi-Isfahani, D., Mostafavi-Dehzooei, M. H. Cash Transfers and Labor Supply: Evidence from a Large-scale Program in Iran [J]. Journal of Development Economics, 2018, 135: 349 – 367.

[302] Sasaki, M. The Causal Effect of Family Structure on Labor Force Participation among Japanese Married Women [J]. Journal of Human Resources, 2002, 429 – 440.

[303] Schneck, S. Why the Self-employed Are Happier: Evidence from 25 European Countries [J]. Journal of Business Research, 2014, 67 (6): 1043 -1048.

[304] Seligman, M. E. P., Parks, A. C., Steen, T. A Balanced Psychology and a Full Life [J]. Philosophical Transactions of the Royal Society B Biological Sciences, 2006, 359 (1449): 1379 -1381.

[305] Seligman, M. E. P., Pawelski, J. O. PositivePsychology: FAQs [J]. Psychological Inquiry, 2003, 14 (2): 159 -163.

[306] Shin, D. C. Does Rapid Economic Growth Improve the Human Lot? Some Empirical Evidence [J]. Social Indicators Research, 1980, 8 (2): 199 -221.

[307] Shore, S. H. For Better, for Worse: Intrahousehold Risk-sharing over the Business Cycle [J]. The Review of Economics and Statistics, 2010, 92 (3): 536 - 548.

[308] Stack, S., Eshleman J. R. Marital Status and Happiness: A 17-nation Study [J]. Journal of Marriage & Family, 1998, 60 (2): 527 -536.

[309] Stiglitz, J. E., A. Weiss, Credit Rationing in Market with Imperfect Information [J]. American Economic Review, 1981 (71): 393 -410.

[310] Storesletten, K., C. Telmer and A. Yaron. Persistent Idiosyncratic Shocks and Incomplete Markets [Z]. Working Paper, 1998, No. 1667.

[311] Sun, S. T., Yannelis, C. Credit Constraints and Demand for Higher Education: Evidence from Financial Deregulation [J]. Review of Economics and Statistics, 2016, 98 (1): 12 -24.

[312] Thaler, R. H. Anomalies: Saving, Fungibility, and Mental Accounts [J]. Journal of Economic Perspectives, 1990, 4 (1): 193 -205.

[313] Thaler, R. H. Psychology and Savings Policies [J]. The American Economic Review, 1994, 84 (2): 186 -192.

[314] Tsui, H. C. What Affects Happiness: Absolute Income, Relative Income or Expected Income? [J]. Journal of Policy Modeling, 2014, 36 (6): 994 -1007.

[315] Uchida, E., Rozelle, S., Xu, J. Conservation Payments, Liquidity Constraints, and Off-farm Labor: Impact of the Grain-for-Green Program on Rural Households in China [J]. American Journal of Agricultural Economics, 2009, 91 (1): 70 -86.

[316] Van Huizen, T. More Wealth, Shorter Hours? Evidence from the Nether-

lands [J]. Economics Letters, 2014, 125 (2): 323 -326.

[317] Verme, P. Happiness, Freedom and Control [J]. Journal of Economic Behavior and Organization, 2009, 71 (2): 146 -161.

[318] Wan, G., Lu, M., Chen, Z. Globalization and Regional Income Inequality: empirical evidence from within China [J]. Review of Income and Wealth, 2007, 53 (1): 35 -59.

[319] Waterman, A. S. Two Conceptions of Happiness: Contrasts of Personal Expressiveness (Eudaimonia) and Hedonic Enjoyment [J]. Journal of Personality & Social Psychology, 1993, 64 (4), 678 -691.

[320] Wei, Y. D., Kim, S. Widening Inter-county inequality in Jiangsu province, China, 1950 -95 [J]. Journal of Development Studies, 2002, 38 (6): 142 -164.

[321] Yamashita, T. House Price Appreciation, Liquidity Constraints, and Second Mortgages [J]. Journal of Urban Economics, 2007, 62 (3): 424 -440.

[322] Zamarro, G. Family Labor Participation and Child Care Decisions: The Role of Grannies [Z]. Working Paper, 2011.

[323] Zeldes, S. P. Consumption and Liquidity Constraints: An Empirical Investigation [J]. Journal of Political Economy, 1989, 97 (2): 305 -346.

[324] Zeldes, S. P. HouseholdFinance. [EB/OL] (2020). https://www.nber.org/programs-projects/programs-working-groups%23Groups/household-finance.

[325] Ziliak, J. P., Kniesner, T. J. The Effect of Income Taxation on Consumption and Labor Supply [J]. Journal of Labor Economics, 2005, 23 (4): 769 -796.